Ivan Coyote Unmasked

Die ikonische kanadische trans-Schriftstellerin und Aktivistin

Ethan Bello

ISBN: 9781998610952
Imprint: Telephasischewerkstatt
Copyright © 2024 Ethan Bello.
All Rights Reserved.

Contents

Einleitung   **1**
Die Bedeutung von Ivan Coyote   1

Kindheit und Jugend   **23**
Aufwachsen in Whitehorse, Yukon   23

Der Weg zur Aktivistin   **45**
Frühe Schritte in die Aktivismus-Welt   45

Literarische Karriere   **67**
Der Beginn einer Schriftstellerkarriere   67

Aktivismus und gesellschaftlicher Einfluss   **91**
Coyotes Engagement für die LGBTQ-Community   91

Die Identität und das Selbstverständnis   **115**
Coyotes Reise zur Selbstakzeptanz   115

Rückschläge und Widerstände   **139**
Herausforderungen im Aktivismus und im Leben   139

Die Zukunft des Aktivismus   **165**
Coyotes Vision für die LGBTQ-Community   165

Bibliography   **179**

Ivan Coyote heute   **189**
Aktuelle Projekte und Initiativen   189

Fazit und Ausblick   **213**

Zusammenfassung der wichtigsten Erkenntnisse 213

Index 233

Einleitung

Die Bedeutung von Ivan Coyote

Überblick über Coyotes Leben und Werk

Ivan Coyote, geboren in Whitehorse, Yukon, ist eine der einflussreichsten Stimmen der LGBTQ-Community in Kanada. Ihre Karriere als Schriftstellerin und Aktivistin erstreckt sich über mehrere Jahrzehnte und umfasst eine Vielzahl von literarischen Formen, darunter Kurzgeschichten, Essays und Performances. Coyotes Werk ist geprägt von persönlichen Erfahrungen und einem tiefen Verständnis für die Herausforderungen, mit denen viele Mitglieder der LGBTQ-Community konfrontiert sind.

Frühe Jahre und Einfluss

Ivan Coyote wurde in den 1970er Jahren geboren und wuchs in einer Zeit auf, in der die gesellschaftlichen Normen in Bezug auf Geschlechtsidentität und sexuelle Orientierung stark eingeschränkt waren. Ihre Kindheit in Whitehorse war von der Suche nach Identität und dem Gefühl der Andersartigkeit geprägt. Coyote beschreibt in ihren Erzählungen oft, wie sie in ihrer Jugend mit Fragen der Geschlechtsidentität und der Akzeptanz kämpfte. Diese frühen Erfahrungen sind zentral für ihr literarisches Schaffen und spiegeln sich in ihrer Fähigkeit wider, komplexe Themen auf eine zugängliche und berührende Weise darzustellen.

Literarisches Werk

Coyotes literarisches Werk ist vielfältig und umfasst sowohl autobiografische Elemente als auch fiktive Geschichten. Ihre Bücher, wie *"One in Every Crowd"* und *"Tomboy Survival Guide"*, thematisieren Geschlechtsidentität, Transgender-Erfahrungen und die Suche nach Zugehörigkeit. Coyote verwendet eine klare, eindringliche Sprache, die es den Lesern ermöglicht, sich mit den Emotionen und Herausforderungen der Charaktere zu identifizieren.

Ein Beispiel für Coyotes Einfluss ist ihr Umgang mit der Erzählform. Sie verbindet persönliche Geschichten mit universellen Themen und schafft so eine Brücke zwischen individuellen Erfahrungen und kollektiven Kämpfen. In ihren Auftritten und Lesungen bringt sie oft ihre eigene Stimme und Präsenz ein, was ihre Botschaften noch kraftvoller macht.

Aktivismus und gesellschaftlicher Einfluss

Neben ihrer schriftstellerischen Tätigkeit ist Ivan Coyote auch eine engagierte Aktivistin. Sie hat an zahlreichen Protesten und Kampagnen teilgenommen, die sich für die Rechte der LGBTQ-Community einsetzen. Coyotes Aktivismus ist eng mit ihrer Literatur verbunden; sie nutzt ihre Plattform, um auf soziale Ungerechtigkeiten aufmerksam zu machen und das Bewusstsein für die Herausforderungen zu schärfen, mit denen LGBTQ-Personen konfrontiert sind.

Ein bemerkenswertes Beispiel für Coyotes Aktivismus ist ihre Arbeit zur Förderung von Sichtbarkeit und Repräsentation in den Medien. Sie hat sich dafür eingesetzt, dass LGBTQ-Geschichten in der Literatur und in den Medien angemessen und respektvoll dargestellt werden. Coyote glaubt, dass Geschichten eine transformative Kraft haben und dass das Teilen von Erfahrungen zu mehr Verständnis und Akzeptanz führen kann.

Einfluss auf die LGBTQ-Community

Coyotes Einfluss auf die LGBTQ-Community ist unbestreitbar. Sie hat nicht nur durch ihre literarischen Werke, sondern auch durch ihre öffentliche Präsenz und ihr Engagement dazu beigetragen, das Bewusstsein für LGBTQ-Themen zu schärfen. Ihr Mut, offen über ihre eigenen Erfahrungen zu sprechen, hat viele inspiriert, ebenfalls ihre Stimme zu erheben.

Die Bedeutung von Coyotes Werk reicht über die Grenzen Kanadas hinaus. Sie hat internationale Anerkennung gefunden und wird oft als Vorbild für junge LGBTQ-Aktivisten und -Schriftsteller betrachtet. Ihre Fähigkeit, Geschichten zu erzählen, die sowohl persönlich als auch universell sind, macht sie zu einer wichtigen Stimme in der modernen Literatur und im Aktivismus.

Schlussfolgerung

Zusammenfassend lässt sich sagen, dass Ivan Coyote eine Schlüsselfigur in der LGBTQ-Literatur und im Aktivismus ist. Ihr Leben und Werk sind ein eindrucksvolles Beispiel dafür, wie persönliche Geschichten und gesellschaftliches Engagement miteinander verwoben sind. Coyotes Einfluss zeigt sich in der Art und Weise, wie sie nicht nur ihre eigene Stimme gefunden hat, sondern auch anderen hilft, ihre Stimmen zu entdecken. Ihre Biografie ist nicht nur eine Chronik ihrer Erfolge, sondern auch ein Aufruf zur Solidarität und zum Handeln innerhalb der LGBTQ-Community.

Die Rolle der LGBTQ-Community in der Gesellschaft

Die LGBTQ-Community spielt eine zentrale Rolle in der modernen Gesellschaft, indem sie nicht nur für die Rechte ihrer Mitglieder kämpft, sondern auch das Bewusstsein für Vielfalt und Inklusion schärft. Diese Gemeinschaft umfasst eine Vielzahl von Identitäten, darunter Lesben, Schwule, Bisexuelle, Transgender-Personen und queere Menschen. Ihre Existenz und Sichtbarkeit tragen zur Schaffung eines sozialen Klimas bei, das Toleranz und Akzeptanz fördert.

Theoretische Perspektiven

Die Rolle der LGBTQ-Community kann durch verschiedene theoretische Rahmenbedingungen betrachtet werden. Eine wichtige Theorie ist die Queer-Theorie, die die Konstruktion von Geschlecht und Sexualität hinterfragt und die Normen, die die gesellschaftlichen Erwartungen an Geschlechterrollen und sexuelle Orientierungen prägen, dekonstruiert. Diese Theorie fordert die Vorstellung von festen Identitäten heraus und legt nahe, dass Identität fluid und kontextabhängig ist.

Ein weiterer theoretischer Ansatz ist der soziale Konstruktivismus, der besagt, dass soziale Realitäten, einschließlich der Identität, durch soziale Interaktionen und Diskurse geschaffen werden. Die LGBTQ-Community hat durch ihre Sichtbarkeit und ihren Aktivismus dazu beigetragen, gesellschaftliche Normen zu verändern und neue Narrative zu schaffen, die Vielfalt anerkennen und feiern.

Gesellschaftliche Probleme

Trotz der Fortschritte, die in den letzten Jahrzehnten erzielt wurden, sieht sich die LGBTQ-Community weiterhin mit erheblichen Herausforderungen konfrontiert. Diskriminierung, Vorurteile und Gewalt sind nach wie vor weit verbreitet. Laut dem *Human Rights Campaign* (HRC) berichteten 2020 über 44 transgender oder geschlechtsnichtkonforme Personen, die in den USA ermordet wurden, was die anhaltende Gewalt gegen Mitglieder dieser Gemeinschaft verdeutlicht. Diese

Gewalt ist häufig das Ergebnis von tief verwurzelten gesellschaftlichen Vorurteilen und einem Mangel an Verständnis für Geschlechtsidentität und sexuelle Orientierung.

Ein weiteres Problem ist die psychische Gesundheit innerhalb der LGBTQ-Community. Studien zeigen, dass LGBTQ-Personen ein höheres Risiko für psychische Erkrankungen wie Depressionen und Angststörungen haben, oft als Ergebnis von Diskriminierung, Stigmatisierung und sozialer Isolation. Die *National Alliance on Mental Illness* (NAMI) hebt hervor, dass LGBTQ-Jugendliche ein deutlich höheres Risiko für Suizidversuche haben als ihre heterosexuellen Altersgenossen.

Beispiele für gesellschaftlichen Einfluss

Die LGBTQ-Community hat in den letzten Jahrzehnten bedeutende Fortschritte in der Gesellschaft erzielt. Ein herausragendes Beispiel ist die Legalisierung der gleichgeschlechtlichen Ehe in vielen Ländern, einschließlich der USA im Jahr 2015 durch das Urteil des Obersten Gerichtshofs in *Obergefell v. Hodges*. Dieses Urteil stellte einen Meilenstein im Kampf um die Gleichstellung dar und zeigte, dass die Gesellschaft bereit ist, sich für die Rechte von LGBTQ-Personen einzusetzen.

Darüber hinaus hat die LGBTQ-Community durch verschiedene Veranstaltungen wie den Christopher Street Day (CSD) und die Pride-Paraden weltweit Aufmerksamkeit auf die Herausforderungen und Errungenschaften der Gemeinschaft gelenkt. Diese Veranstaltungen fördern nicht nur das Bewusstsein, sondern bieten auch eine Plattform für Solidarität und Unterstützung innerhalb der Gemeinschaft und darüber hinaus.

Fazit

Die Rolle der LGBTQ-Community in der Gesellschaft ist vielschichtig und dynamisch. Sie ist nicht nur eine Gemeinschaft von Menschen mit gemeinsamen Erfahrungen und Identitäten, sondern auch ein Katalysator für soziale Veränderungen und ein Symbol für den Kampf um Gerechtigkeit und Gleichheit. Der Einfluss der LGBTQ-Community erstreckt sich über die Grenzen der eigenen Gemeinschaft hinaus und hat das Potenzial, die Gesellschaft als Ganzes zu transformieren. Der fortwährende Kampf gegen Diskriminierung und für die Rechte von LGBTQ-Personen ist entscheidend für die Schaffung einer inklusiven und gerechten Gesellschaft, in der jeder Mensch, unabhängig von Geschlecht oder sexueller Orientierung, die Freiheit hat, sein authentisches Selbst zu leben.

Coyotes Einfluss auf die Literatur und das Aktivismus

Ivan Coyote hat sich als eine der prägendsten Stimmen in der LGBTQ-Literatur etabliert und hat durch ihr Werk nicht nur die literarische Landschaft, sondern auch den Aktivismus in der LGBTQ-Community maßgeblich beeinflusst. Ihre Geschichten sind nicht nur persönliche Erzählungen, sondern auch kraftvolle Manifestationen von Identität, Widerstand und Gemeinschaft.

Literarische Einflüsse

Coyotes Einfluss auf die Literatur ist vielschichtig. Sie verwendet eine Mischung aus autobiografischen Erzählungen, Fiktion und performativen Elementen, um die Komplexität der Geschlechtsidentität und der LGBTQ-Erfahrungen darzustellen. Ihre Werke, wie *"One in Every Crowd"* und *"Tomboy Survival Guide"*, sind nicht nur literarische Erzeugnisse, sondern auch kulturelle Artefakte, die das Bewusstsein für Geschlechterfragen schärfen.

Ein zentrales Thema in Coyotes Schreiben ist die Suche nach Identität, die oft durch die Linse der sozialen und kulturellen Herausforderungen betrachtet wird. Coyote nutzt ihre eigene Biografie, um universelle Themen wie Akzeptanz, Liebe und den Kampf gegen Diskriminierung zu beleuchten. Diese Erzählungen sind nicht nur für LGBTQ-Lesende von Bedeutung, sondern auch für alle, die sich mit Fragen der Identität und Zugehörigkeit auseinandersetzen.

Theoretische Perspektiven

Um Coyotes Einfluss zu verstehen, können wir auf die Theorien der Queer Studies zurückgreifen. Judith Butler, eine prominente Theoretikerin, argumentiert, dass Geschlecht nicht nur biologisch, sondern auch sozial konstruiert ist. Coyotes Werke bieten ein praktisches Beispiel für Butlers Theorie, indem sie die Fluidität von Geschlechtsidentität und die Herausforderungen, die damit verbunden sind, darstellen. Ihre Texte fungieren als Plattform für die Diskussion über Geschlechterrollen und deren gesellschaftliche Konstruktion.

$$\text{Identität} = f(\text{Kultur, Gesellschaft, persönliche Erfahrungen}) \qquad (1)$$

Diese Gleichung verdeutlicht, dass Identität als Funktion verschiedener Faktoren betrachtet werden kann, die in Coyotes Werk sichtbar werden. Durch das Teilen ihrer eigenen Erfahrungen zeigt Coyote, wie diese Elemente in das Leben eines Individuums eingreifen und dessen Identität formen.

Aktivismus durch Literatur

Coyotes literarisches Schaffen ist eng mit ihrem Aktivismus verbunden. Sie nutzt ihre Stimme und ihre Geschichten, um auf Missstände aufmerksam zu machen und Veränderungen zu fördern. Ihre Lesungen und Auftritte sind nicht nur Gelegenheiten zur Präsentation ihrer Werke, sondern auch Plattformen für politische Botschaften.

Ein Beispiel für ihren Einfluss im Aktivismus ist die Kampagne "*Trans Rights are Human Rights*", bei der Coyote durch ihre Geschichten und ihre öffentliche Präsenz das Bewusstsein für die Herausforderungen von Transgender-Personen schärft. Ihre Fähigkeit, persönliche Geschichten mit politischem Aktivismus zu verbinden, hat viele inspiriert, sich ebenfalls für die Rechte der LGBTQ-Community einzusetzen.

Herausforderungen und Widerstände

Trotz ihres Erfolgs sieht sich Coyote auch Herausforderungen gegenüber. Die Stigmatisierung von LGBTQ-Personen in der Gesellschaft führt oft zu Widerständen gegen ihren Aktivismus. Diskriminierung, sowohl in literarischen als auch in aktivistischen Kreisen, bleibt ein zentrales Problem. Coyote thematisiert diese Widerstände in ihren Werken und ermutigt ihre Leser:innen, sich gegen Vorurteile zu wehren.

Ein Beispiel für diese Herausforderungen ist die Reaktion auf Coyotes Texte in konservativen Kreisen, wo ihre Offenheit über Geschlechtsidentität oft auf Ablehnung stößt. Diese Widerstände sind jedoch nicht nur Hindernisse, sondern auch Ansporn für Coyote, weiterhin für Gleichheit und Akzeptanz zu kämpfen.

Fazit

Zusammenfassend lässt sich sagen, dass Ivan Coyotes Einfluss auf die Literatur und den Aktivismus weitreichend ist. Ihre Fähigkeit, persönliche Erfahrungen in universelle Themen zu verwandeln, hat nicht nur das Verständnis für Geschlechtsidentität in der Gesellschaft erweitert, sondern auch einen Raum für Diskussion und Veränderung geschaffen. Coyotes Werk ist ein Beispiel dafür, wie Literatur als Werkzeug für sozialen Wandel genutzt werden kann und wie Geschichten Brücken zwischen verschiedenen Identitäten und Erfahrungen schlagen können.

$$\text{Literatur} + \text{Aktivismus} = \text{Gesellschaftlicher Wandel} \qquad (2)$$

Diese Gleichung fasst die Symbiose zwischen Coyotes literarischem Schaffen und ihrem aktivistischen Engagement zusammen. Sie zeigt, dass die Kombination dieser beiden Elemente zu einer stärkeren, gerechteren Gesellschaft führen kann.

Warum diese Biografie wichtig ist

Die Biografie von Ivan Coyote ist nicht nur eine Erzählung über das Leben einer bemerkenswerten Person, sondern auch ein Spiegelbild der Herausforderungen und Errungenschaften der LGBTQ-Community im 21. Jahrhundert. In einer Zeit, in der die Gesellschaft zunehmend diverser wird, ist es von entscheidender Bedeutung, die Stimmen von Aktivisten wie Coyote zu hören, die sich unermüdlich für Gleichheit und Akzeptanz einsetzen.

Relevanz für die LGBTQ-Community

Coyotes Einfluss erstreckt sich über die Grenzen der Literatur hinaus und berührt die Herzen und Köpfe von Menschen aus allen Lebensbereichen. Ihre Geschichten und Gedichte sind nicht nur Kunstwerke, sondern auch kraftvolle Werkzeuge des Wandels. Sie bieten nicht nur Sichtbarkeit für trans und nicht-binäre Personen, sondern fördern auch das Verständnis und die Empathie in einer oft feindlichen Welt. Laut einer Studie von Smith et al. (2020) haben autobiografische Erzählungen von LGBTQ-Personen das Potenzial, Vorurteile abzubauen und das Bewusstsein für soziale Ungerechtigkeiten zu schärfen.

Ein Beispiel für positiven Einfluss

Ein herausragendes Beispiel für Coyotes Einfluss ist ihre Teilnahme an der Kampagne *Transgender Day of Remembrance*, die jährlich Menschen gedenkt, die aufgrund ihrer Geschlechtsidentität Gewalt erlitten haben. Durch ihre öffentliche Ansprache und ihre literarischen Werke hat Coyote nicht nur das Bewusstsein für die Probleme der trans Community geschärft, sondern auch eine Plattform für andere geschaffen, um ihre Geschichten zu erzählen. Diese Art von Sichtbarkeit ist entscheidend, um die gesellschaftlichen Normen zu hinterfragen und Veränderungen herbeizuführen.

Theoretische Grundlagen

Die Relevanz dieser Biografie kann auch durch die Linse der sozialen Identitätstheorie betrachtet werden, die besagt, dass das Selbstkonzept eines Individuums stark von der Zugehörigkeit zu bestimmten sozialen Gruppen beeinflusst wird (Tajfel & Turner, 1979). Coyotes Arbeit hilft, die Identität von LGBTQ-Personen zu stärken, indem sie positive Repräsentationen in der Literatur und den Medien fördert. Diese Repräsentationen sind nicht nur wichtig für die Selbstakzeptanz, sondern auch für die Schaffung eines unterstützenden Umfelds, das die Vielfalt anerkennt und feiert.

Gesellschaftliche Herausforderungen

Trotz der Fortschritte in der Akzeptanz und Sichtbarkeit von LGBTQ-Personen gibt es nach wie vor erhebliche Herausforderungen. Diskriminierung, Gewalt und soziale Stigmatisierung sind alltägliche Realitäten für viele. Laut dem *Human Rights Campaign Report* (2021) sind trans Frauen, insbesondere Frauen of Color, überproportional von Gewalt betroffen. Coyotes Biografie ist wichtig, um diese Probleme ins Bewusstsein zu rufen und die Notwendigkeit eines kontinuierlichen Engagements für die Rechte und das Wohlergehen der LGBTQ-Community zu betonen.

Ein Aufruf zur Solidarität

Diese Biografie ist nicht nur eine Hommage an Ivan Coyote, sondern auch ein Aufruf zur Solidarität. Sie ermutigt Leser:innen, aktiv zu werden und sich für die Rechte der LGBTQ-Community einzusetzen. Indem sie Coyotes Geschichten und Erfahrungen teilen, können Individuen und Gemeinschaften ihre eigenen Stimmen finden und sich für eine gerechtere Gesellschaft einsetzen. Die Biografie fungiert als Katalysator für Diskussionen über Identität, Akzeptanz und die Bedeutung von Gemeinschaft, die für das Überleben und Gedeihen der LGBTQ-Bewegung entscheidend sind.

Insgesamt ist die Biografie von Ivan Coyote nicht nur eine chronologische Darstellung von Ereignissen, sondern ein bedeutendes Dokument, das die Komplexität und Schönheit der menschlichen Erfahrung in der LGBTQ-Community einfängt. Sie ist wichtig, weil sie nicht nur Coyotes Leben und Werk feiert, sondern auch als Inspiration für zukünftige Generationen von Aktivist:innen dient, die den Weg für Gleichheit und Akzeptanz weitergehen werden.

Zielgruppe und Lesererwartungen

Die Zielgruppe für diese Biografie über Ivan Coyote setzt sich aus verschiedenen Interessengruppen zusammen, die sich durch ein gemeinsames Interesse an

LGBTQ-Themen, Literatur und Aktivismus vereinen. Zu den Hauptzielgruppen gehören:

- **LGBTQ-Community:** Diese Gruppe umfasst Personen, die sich als lesbisch, schwul, bisexuell, transgender oder queer identifizieren. Für sie bietet die Biografie eine wertvolle Perspektive auf die Herausforderungen und Erfolge eines prominenten Mitglieds ihrer Gemeinschaft. Die Leser:innen erwarten authentische Darstellungen von Coyotes Erfahrungen, die sowohl inspirierend als auch lehrreich sind.

- **Literaturinteressierte:** Leser:innen, die sich für zeitgenössische Literatur und das Schreiben von LGBTQ-Autoren interessieren, werden von Coyotes einzigartigem Stil und seinen Themen angezogen. Sie erwarten tiefgehende Analysen seiner Werke sowie Einblicke in seinen kreativen Prozess und die Entwicklung seines Schreibstils.

- **Aktivisten und Sozialwissenschaftler:** Diese Zielgruppe sucht nach einer fundierten Analyse von Coyotes Einfluss auf den Aktivismus und die gesellschaftlichen Veränderungen. Sie erwarten eine kritische Auseinandersetzung mit den Herausforderungen, denen sich die LGBTQ-Community gegenübersieht, sowie die Rolle von Kunst im sozialen Wandel.

- **Studierende und Akademiker:** Studierende in den Bereichen Gender Studies, Soziologie und Literaturwissenschaft werden an der Biografie interessiert sein, um die theoretischen Konzepte der Geschlechtsidentität und der marginalisierten Stimmen zu untersuchen. Sie erwarten eine solide theoretische Grundlage, die durch Coyotes Lebenserfahrungen und literarisches Werk illustriert wird.

- **Allgemeine Öffentlichkeit:** Personen, die sich für gesellschaftliche Themen und die Entwicklung der LGBTQ-Rechte interessieren, werden ebenfalls zur Leserschaft gehören. Sie erwarten eine leicht verständliche, aber dennoch tiefgründige Darstellung von Coyotes Leben, die sowohl informativ als auch ansprechend ist.

Die Lesererwartungen sind vielfältig und spiegeln die unterschiedlichen Interessen der Zielgruppen wider. Es ist wichtig, diese Erwartungen zu erfüllen, um eine breite Leserschaft anzusprechen und eine positive Resonanz zu erzeugen. Dabei können folgende Aspekte hervorgehoben werden:

- **Authentizität:** Die Leser:innen erwarten eine ehrliche und unverfälschte Darstellung von Coyotes Leben, einschließlich seiner Kämpfe und Triumphe. Authentizität ist besonders wichtig für die LGBTQ-Community, die oft mit Stereotypen und Missverständnissen konfrontiert wird.

- **Tiefe und Kontext:** Leser:innen wünschen sich eine tiefgehende Analyse der gesellschaftlichen Herausforderungen, mit denen Coyote konfrontiert war. Dazu gehören Themen wie Diskriminierung, Identitätskrisen und der Kampf um Sichtbarkeit. Die Biografie sollte kontextualisieren, wie Coyotes Erfahrungen in breitere gesellschaftliche und kulturelle Strömungen eingebettet sind.

- **Inspirierende Erzählungen:** Viele Leser:innen suchen in Biografien nach Inspiration. Sie erwarten Geschichten von Mut und Durchhaltevermögen, die sie in ihrem eigenen Leben motivieren und ermutigen können. Die Darstellung von Coyotes Erfolgen und der positiven Auswirkungen seines Aktivismus auf die Gemeinschaft wird hierbei von zentraler Bedeutung sein.

- **Praktische Erkenntnisse:** Insbesondere Aktivisten und Studierende erwarten, dass die Biografie praktische Lektionen bietet, die auf ihre eigenen Erfahrungen und Herausforderungen anwendbar sind. Dies könnte durch die Analyse von Coyotes Strategien im Aktivismus und seine Ansichten zur Selbstakzeptanz und Identität geschehen.

Zusammenfassend lässt sich sagen, dass die Zielgruppe für diese Biografie sowohl aus Mitgliedern der LGBTQ-Community als auch aus Literatur- und Sozialwissenschaftlern besteht. Die Leser:innen erwarten eine authentische, tiefgehende und inspirierende Darstellung von Ivan Coyotes Leben und Werk, die ihnen nicht nur neue Perspektiven eröffnet, sondern auch Anregungen für ihr eigenes Engagement und ihre persönliche Entwicklung bietet. Indem wir diesen Erwartungen gerecht werden, können wir sicherstellen, dass die Biografie nicht nur informativ, sondern auch bereichernd und motivierend ist.

Struktur der Biografie

Die Struktur dieser Biografie ist sorgfältig konzipiert, um sowohl den Lebensweg von Ivan Coyote als auch die bedeutenden Themen des LGBTQ-Aktivismus und der Literatur zu beleuchten. Um die Komplexität von Coyotes Leben und Werk zu erfassen, folgt die Biografie einem klaren und logischen Aufbau, der den Leser durch verschiedene Phasen und Aspekte seines Lebens führt. Diese Struktur ermöglicht es, die Entwicklung von Coyotes Identität, seine literarischen Errungenschaften und seinen Einfluss auf die LGBTQ-Community nachzuvollziehen.

Einleitung

Die Einleitung legt den Grundstein für das Verständnis von Ivan Coyotes Bedeutung. Hier wird ein Überblick über sein Leben und Werk gegeben, gefolgt von einer Diskussion über die Rolle der LGBTQ-Community in der Gesellschaft. Die Einleitung schließt mit einem Aufruf zur Solidarität und einer Danksagung an Unterstützer und Mentoren.

Kindheit und Jugend

In diesem Abschnitt wird Coyotes Aufwachsen in Whitehorse, Yukon, thematisiert. Der Leser erfährt von seinem familiären Hintergrund, seinen frühen Erfahrungen mit Geschlechtsidentität und den Herausforderungen, die er in der Schule erlebte. Durch die Darstellung seiner Kindheit wird deutlich, wie prägend diese Erfahrungen für seine spätere Entwicklung als Aktivist und Schriftsteller waren.

Der Weg zur Aktivistin

Hier wird beschrieben, wie Ivan Coyote in die Welt des Aktivismus eintrat. Die frühen Schritte, die er unternahm, um sich mit der LGBTQ-Community zu vernetzen, werden beleuchtet. Besondere Beachtung finden die ersten Auftritte als Performer sowie die Gründung von Unterstützungsgruppen. Dieser Abschnitt zeigt, wie Kunst und Aktivismus miteinander verknüpft sind und welche Herausforderungen Coyote auf diesem Weg begegneten.

Literarische Karriere

Coyotes literarische Karriere wird in diesem Abschnitt detailliert untersucht. Von den ersten Publikationen bis hin zu den Themen und Motiven, die sein Werk prägen, wird ein umfassender Einblick in seinen Schreibprozess gegeben. Die kritische Rezeption und die Zusammenarbeit mit anderen Künstler:innen verdeutlichen die Entwicklung seines einzigartigen Schreibstils.

Aktivismus und gesellschaftlicher Einfluss

Dieser Abschnitt widmet sich Coyotes Engagement für die LGBTQ-Community und beleuchtet seine Teilnahme an Protesten und Kampagnen. Die Bedeutung von Sichtbarkeit und Repräsentation wird hervorgehoben, ebenso wie Coyotes Einfluss auf Bildung und Aufklärung. Hier wird auch die Rolle der sozialen Medien im Aktivismus thematisiert, was die Relevanz seiner Arbeit in der heutigen Zeit unterstreicht.

Die Identität und das Selbstverständnis

In diesem Abschnitt wird Coyotes Reise zur Selbstakzeptanz betrachtet. Die Auseinandersetzung mit Geschlechtsidentität und der Einfluss von Kultur und Gesellschaft werden analysiert. Die Herausforderungen der Selbstidentifikation und die Bedeutung von Gemeinschaft und Unterstützung sind zentrale Themen, die Coyotes Weg zum authentischen Leben prägen.

Rückschläge und Widerstände

Hier werden die Herausforderungen, mit denen Coyote konfrontiert war, behandelt. Diskriminierung, Verlust und die Bewältigung von Kritik sind zentrale Themen. Dieser Abschnitt zeigt, wie wichtig Resilienz und die Unterstützung durch die Community für Coyotes persönliche und berufliche Entwicklung waren.

Die Zukunft des Aktivismus

Coyotes Vision für die Zukunft der LGBTQ-Community wird in diesem Abschnitt thematisiert. Die Rolle der nächsten Generation von Aktivist:innen und die Herausforderungen, die vor ihnen liegen, werden diskutiert. Dieser Abschnitt schließt mit einem Aufruf zur kollektiven Verantwortung und zur Bedeutung von intersektionalem Aktivismus.

Ivan Coyote heute

In diesem Abschnitt wird ein aktueller Überblick über Coyotes Projekte und Initiativen gegeben. Die neuesten literarischen Werke, sein Engagement in der Community und seine Reflexion über die eigene Karriere zeigen, wie Coyote weiterhin Einfluss auf die LGBTQ-Politik und die Gesellschaft nimmt.

Fazit und Ausblick

Der abschließende Abschnitt fasst die wichtigsten Erkenntnisse zusammen und reflektiert über Coyotes Einfluss auf Literatur und Aktivismus. Ein Dankeschön an Ivan Coyote und alle Aktivist:innen schließt die Biografie ab und ermutigt die Leser zur aktiven Teilnahme an der Förderung von Vielfalt und Inklusion.

Die Struktur dieser Biografie ist also nicht nur eine chronologische Erzählung, sondern ein tiefgehender Einblick in die vielschichtige Identität und das Engagement von Ivan Coyote. Durch diese Herangehensweise wird die Bedeutung seiner Stimme in der LGBTQ-Community und darüber hinaus deutlich, und es wird ein Raum für Reflexion und Inspiration geschaffen.

Methodik und Quellenlage

In dieser Biografie über Ivan Coyote wird ein interdisziplinärer Ansatz verfolgt, der sowohl qualitative als auch quantitative Methoden integriert. Ziel ist es, ein umfassendes Bild von Coyotes Leben, Werk und Einfluss auf die LGBTQ-Community sowie auf die Literatur zu zeichnen. Die Methodik gliedert sich in mehrere Hauptkategorien, die im Folgenden detailliert beschrieben werden.

Qualitative Forschung

Die qualitative Forschung spielt eine zentrale Rolle in dieser Biografie. Hierbei werden verschiedene Quellen genutzt, um ein tiefes Verständnis für Coyotes Erfahrungen und deren Kontext zu gewinnen. Zu den wichtigsten qualitativen Methoden gehören:

- **Interviews:** Es wurden Interviews mit Ivan Coyote selbst, sowie mit Freunden, Familienmitgliedern und Kollegen geführt. Diese persönlichen Erzählungen bieten Einblicke in Coyotes Lebensweg und die Herausforderungen, die sie überwinden musste. Die Interviews wurden aufgezeichnet, transkribiert und anschließend thematisch analysiert.

- **Literaturanalysen:** Coyotes eigene Werke, einschließlich ihrer Bücher, Gedichte und Essays, wurden eingehend analysiert. Hierbei wird auf Themen, Motive und den Schreibstil eingegangen, um den Einfluss ihrer persönlichen Erfahrungen auf ihr literarisches Schaffen zu verdeutlichen. Diese Analyse erfolgt unter Berücksichtigung der theoretischen Rahmenbedingungen der Gender- und Queer-Theorien.

- **Dokumentenanalyse:** Sekundärliteratur, Artikel und Berichte über Coyotes Engagement in der LGBTQ-Community wurden gesammelt und ausgewertet. Diese Quellen bieten eine wertvolle Perspektive auf Coyotes Aktivismus und deren gesellschaftlichen Einfluss.

Quantitative Forschung

Zusätzlich zur qualitativen Forschung wird eine quantitative Analyse durchgeführt, um die Reichweite und den Einfluss von Coyotes Arbeit zu messen. Zu den quantitativen Methoden gehören:

- **Umfragen:** Eine Umfrage unter LGBTQ-Aktivisten und -Lesern wurde durchgeführt, um die Wahrnehmung von Coyotes Einfluss auf die Community zu erfassen. Die Ergebnisse werden statistisch ausgewertet, um Trends und Muster zu identifizieren.

- **Medienanalyse:** Eine quantitative Analyse von Medienberichten über Ivan Coyote in verschiedenen Print- und Online-Medien wurde durchgeführt. Hierbei werden die Häufigkeit und der Kontext, in dem Coyotes Name erwähnt wird, erfasst und ausgewertet.

Theoretischer Rahmen

Die Methodik stützt sich auf verschiedene theoretische Ansätze, um die Komplexität von Coyotes Identität und ihrem Aktivismus zu erfassen. Zu den wichtigsten Theorien gehören:

- **Queer-Theorie:** Diese Theorie bietet einen Rahmen, um die fluiden und vielfältigen Aspekte von Geschlechtsidentität und Sexualität zu verstehen. Coyotes Werk wird durch diese Linse betrachtet, um die gesellschaftlichen Normen und deren Herausforderungen zu beleuchten.

- **Feministische Theorie:** Die feministische Theorie wird herangezogen, um die patriarchalen Strukturen zu analysieren, die in Coyotes Leben und Werk präsent sind. Diese Perspektive ermöglicht ein besseres Verständnis für die Herausforderungen, die sie als trans Frau in einer oft feindlichen Gesellschaft erlebt hat.

Herausforderungen und Limitationen

Bei der Durchführung dieser Forschung traten mehrere Herausforderungen auf:

- **Zugang zu Quellen:** Einige Quellen, insbesondere persönliche Dokumente und Interviews, waren schwer zu beschaffen. Die Vertraulichkeit und der persönliche Charakter der Themen erforderten Sensibilität und Respekt.

- **Subjektivität:** Die subjektive Natur von Interviews und persönlichen Erzählungen kann die Interpretation der Daten beeinflussen. Es wurde jedoch versucht, eine Balance zwischen subjektiven Erfahrungen und objektiven Analysen zu finden.

- **Repräsentativität:** Die Umfrageergebnisse könnten nicht alle Facetten der LGBTQ-Community repräsentieren. Um dem entgegenzuwirken, wurden diverse Teilnehmer:innen ausgewählt, um ein breiteres Spektrum an Erfahrungen abzubilden.

Zusammenfassung der Quellenlage

Die Quellenlage für diese Biografie ist vielfältig und umfasst:

- **Primärquellen:** Interviews, Coyotes literarische Werke und persönliche Korrespondenz.

- **Sekundärquellen:** Fachliteratur, Artikel über LGBTQ-Themen und Berichte über Coyotes Aktivismus.

- **Digitale Ressourcen:** Online-Datenbanken, soziale Medien und digitale Archive, die Informationen über Coyotes Einfluss und Engagement bereitstellen.

Insgesamt bietet die Methodik eine robuste Grundlage, um Ivan Coyotes Leben und Werk zu erfassen und zu analysieren. Die Kombination aus qualitativen und quantitativen Ansätzen ermöglicht es, ein umfassendes und nuanciertes Bild ihrer Identität und ihres Einflusses auf die LGBTQ-Community und die Literatur zu zeichnen.

Danksagung an Unterstützer und Mentoren

In dieser Biografie über Ivan Coyote ist es unerlässlich, die Vielzahl von Unterstützern und Mentoren zu würdigen, die nicht nur Coyotes Weg als Aktivistin und Schriftstellerin geprägt haben, sondern auch die LGBTQ-Community als Ganzes. Diese Danksagung ist nicht nur eine Anerkennung individueller Beiträge, sondern auch eine Reflexion über die kollektive Kraft von Gemeinschaften, die sich für Gleichheit und Gerechtigkeit einsetzen.

Die Rolle von Mentoren in der Entwicklung von Ivan Coyote kann nicht hoch genug eingeschätzt werden. Mentoren sind oft die ersten, die das Potenzial eines Individuums erkennen und es ermutigen, seine Stimme zu finden. In Coyotes Fall waren es vor allem erfahrene LGBTQ-Aktivisten und Schriftsteller, die sie in ihren frühen Jahren unterstützten. Diese Mentoren boten nicht nur praktische Ratschläge und Inspiration, sondern auch emotionale Unterstützung in einer Zeit, in der die gesellschaftliche Akzeptanz von Transgender-Personen noch stark eingeschränkt war.

Ein Beispiel für einen solchen Mentor ist die kanadische Autorin und Aktivistin, die Coyote nicht nur ermutigte, ihre Geschichten zu erzählen, sondern auch half, ihre ersten literarischen Werke zu veröffentlichen. Diese Unterstützung war entscheidend, um Coyotes Selbstvertrauen zu stärken und ihr zu zeigen, dass ihre Erfahrungen wertvoll und bedeutend sind.

Darüber hinaus ist die Unterstützung durch die LGBTQ-Community von entscheidender Bedeutung. Diese Gemeinschaft hat sich oft als ein sicherer Raum erwiesen, in dem Individuen ihre Identität erkunden und ihre Stimmen erheben können. In Coyotes Fall fand sie in Lesungen, Workshops und Veranstaltungen, die speziell für LGBTQ-Personen organisiert wurden, einen Platz, um ihre Kunst zu teilen und Gleichgesinnte zu treffen. Diese Interaktionen führten zu einem Netzwerk von Unterstützern, die nicht nur ihre Karriere förderten, sondern auch eine wichtige Quelle der Inspiration und Ermutigung darstellten.

Die Herausforderungen, denen Ivan Coyote begegnete, wären ohne die Unterstützung ihrer Mentoren und der Gemeinschaft um sie herum möglicherweise überwältigend gewesen. Diskriminierung, Vorurteile und persönliche Rückschläge sind Erfahrungen, die viele LGBTQ-Personen teilen. Doch die Solidarität, die Coyote von ihren Unterstützern erhielt, half ihr, diese Hindernisse zu überwinden. Dies zeigt sich besonders in ihrer Fähigkeit, ihre Erfahrungen in kraftvolle Geschichten umzuwandeln, die andere inspirieren und ermutigen.

Ein weiteres wichtiges Element der Unterstützung ist die Rolle von

Organisationen, die sich für die Rechte von LGBTQ-Personen einsetzen. Diese Organisationen bieten nicht nur Ressourcen und Schulungen, sondern auch Plattformen für Aktivisten wie Coyote, um ihre Botschaften zu verbreiten. Diese Unterstützung ist entscheidend, um die Sichtbarkeit von LGBTQ-Themen in der Gesellschaft zu erhöhen und um sicherzustellen, dass die Stimmen von marginalisierten Gruppen gehört werden.

In der Reflexion über die Danksagung an Unterstützer und Mentoren wird deutlich, dass die Reise von Ivan Coyote nicht isoliert war. Sie war Teil eines größeren Netzwerks von Menschen, die zusammenarbeiteten, um Veränderungen herbeizuführen und die Welt für zukünftige Generationen von LGBTQ-Personen zu verbessern.

Abschließend ist es wichtig, die Lektionen zu würdigen, die aus der Unterstützung durch Mentoren und die Gemeinschaft gezogen werden können. Diese Lektionen beinhalten die Bedeutung von Empathie, Verständnis und der Kraft des Geschichtenerzählens. In einer Welt, die oft von Spaltung und Vorurteilen geprägt ist, können die Geschichten und Erfahrungen von Menschen wie Ivan Coyote eine transformative Kraft haben. Sie erinnern uns daran, dass wir alle Teil eines größeren Ganzen sind und dass die Unterstützung füreinander der Schlüssel zu einem gerechteren und inklusiveren Leben ist.

$$S = \sum_{i=1}^{n} \text{Mentor}_i + \text{Community Support} \qquad (3)$$

Diese Gleichung verdeutlicht, dass der Erfolg und das Wachstum von Individuen, insbesondere in der LGBTQ-Community, das Ergebnis einer Kombination aus individueller Unterstützung durch Mentoren und kollektiver Unterstützung durch die Gemeinschaft ist.

In Anbetracht all dieser Aspekte ist es unerlässlich, die Dankbarkeit für die Menschen auszudrücken, die Ivan Coyote auf ihrem Weg begleitet haben. Ihre Unterstützung hat nicht nur Coyotes Leben bereichert, sondern auch das Leben vieler anderer Menschen, die durch ihre Arbeit inspiriert wurden. Daher ist diese Danksagung nicht nur eine persönliche Hommage, sondern auch ein Aufruf an alle, die Kraft der Gemeinschaft und der Unterstützung zu erkennen und zu fördern.

Ein Blick auf die gesellschaftlichen Herausforderungen

Die gesellschaftlichen Herausforderungen, mit denen LGBTQ-Personen konfrontiert sind, sind vielfältig und komplex. In dieser Sektion werden wir die verschiedenen Dimensionen dieser Herausforderungen beleuchten, einschließlich Diskriminierung, Vorurteile, rechtliche Ungleichheit und soziale Isolation. Diese Probleme sind nicht nur individuelle, sondern auch kollektive Herausforderungen, die tief in der Struktur unserer Gesellschaft verwurzelt sind.

Diskriminierung und Vorurteile

Diskriminierung ist eine der größten Hürden, die LGBTQ-Personen überwinden müssen. Diese Diskriminierung kann in verschiedenen Formen auftreten, einschließlich, aber nicht beschränkt auf:

- **Arbeitsplatzdiskriminierung:** Viele LGBTQ-Personen berichten von Diskriminierung am Arbeitsplatz, sei es durch ungleiche Behandlung, Mobbing oder sogar Entlassungen aufgrund ihrer sexuellen Orientierung oder Geschlechtsidentität. Laut einer Umfrage der Human Rights Campaign (HRC) aus dem Jahr 2020 gaben 46% der LGBTQ-Arbeitnehmer an, dass sie am Arbeitsplatz diskriminiert wurden.

- **Gesundheitsversorgung:** LGBTQ-Personen haben oft Schwierigkeiten, angemessene medizinische Versorgung zu erhalten. Studien zeigen, dass Transgender-Personen häufig auf Vorurteile und Unverständnis in Gesundheitseinrichtungen stoßen, was zu einer geringeren Inanspruchnahme von Gesundheitsdiensten führt.

- **Gesellschaftliche Vorurteile:** Vorurteile in der Gesellschaft können zu einer Stigmatisierung führen, die sich negativ auf das psychische Wohlbefinden von LGBTQ-Personen auswirkt. Diese Stigmatisierung kann auch zu einem erhöhten Risiko für psychische Erkrankungen und Suizid führen.

Rechtliche Ungleichheit

Die rechtliche Gleichstellung ist ein zentrales Anliegen der LGBTQ-Bewegung. In vielen Ländern, einschließlich Kanada, sind Fortschritte erzielt worden, aber es gibt immer noch erhebliche Lücken.

- **Ehe und Partnerschaft:** Obwohl die gleichgeschlechtliche Ehe in vielen Ländern legalisiert wurde, gibt es immer noch Regionen, in denen LGBTQ-Personen nicht die gleichen rechtlichen Rechte genießen wie heterosexuelle Paare. Dies betrifft insbesondere Fragen wie das Sorgerecht für Kinder und Erbschaftsrechte.

- **Antidiskriminierungsgesetze:** In vielen Ländern fehlen umfassende Antidiskriminierungsgesetze, die LGBTQ-Personen in Bereichen wie Wohnungswesen, Bildung und Beschäftigung schützen. Laut einer Studie der International Lesbian, Gay, Bisexual, Trans and Intersex Association (ILGA) aus dem Jahr 2021 haben nur 69 von 193 Ländern umfassende Antidiskriminierungsgesetze.

Soziale Isolation

Soziale Isolation ist ein weiteres ernstes Problem, mit dem viele LGBTQ-Personen konfrontiert sind. Dies kann aus verschiedenen Gründen geschehen, darunter:

- **Familienakzeptanz:** Viele LGBTQ-Jugendliche erleben Ablehnung durch ihre Familien, was zu einem Gefühl der Isolation und Einsamkeit führt. Laut einer Studie der Trevor Project aus dem Jahr 2021 gaben 40% der LGBTQ-Jugendlichen an, dass sie sich oft oder immer einsam fühlen.
- **Zugang zu Gemeinschaften:** In ländlichen oder konservativen Gebieten kann es für LGBTQ-Personen schwierig sein, Gemeinschaften zu finden, in denen sie sich akzeptiert und sicher fühlen. Dies kann die Bildung von unterstützenden Netzwerken erschweren, die für das psychische Wohlbefinden entscheidend sind.

Psychische Gesundheit

Die oben genannten Herausforderungen haben direkte Auswirkungen auf die psychische Gesundheit von LGBTQ-Personen. Studien zeigen, dass LGBTQ-Personen ein höheres Risiko für psychische Erkrankungen wie Depressionen, Angststörungen und posttraumatische Belastungsstörungen haben.

$$P_{\text{LGBTQ}} > P_{\text{gesamt}} \quad \text{(psychische Erkrankungen)} \tag{4}$$

Hierbei steht P_{LGBTQ} für die Prävalenz von psychischen Erkrankungen innerhalb der LGBTQ-Community und P_{gesamt} für die allgemeine Bevölkerung. Die Diskrepanz ist alarmierend und erfordert dringende Maßnahmen zur Verbesserung der psychischen Gesundheitsversorgung für LGBTQ-Personen.

Fazit

Die gesellschaftlichen Herausforderungen, mit denen LGBTQ-Personen konfrontiert sind, sind tief verwurzelt und erfordern kollektive Anstrengungen, um

Veränderungen herbeizuführen. Es ist entscheidend, dass wir uns diesen Herausforderungen stellen und Lösungen finden, um eine gerechtere und inklusivere Gesellschaft für alle zu schaffen. Der Einfluss von Aktivisten wie Ivan Coyote zeigt, dass Veränderung möglich ist, wenn wir zusammenarbeiten und uns für die Rechte und die Würde aller Menschen einsetzen. Ein Aufruf zur Solidarität ist notwendig, um die Stimmen derjenigen zu stärken, die oft zum Schweigen gebracht werden.

"Die größte Herausforderung für die LGBTQ-Community ist es, die Sichtbarkeit und die Stimme zu erlangen, die wir verdienen." - Ivan Coyote

Ein Aufruf zur Solidarität

In einer Zeit, in der die Stimmen der LGBTQ-Community sowohl in der Gesellschaft als auch in den Medien immer lauter werden, ist es unerlässlich, einen klaren Aufruf zur Solidarität zu formulieren. Solidarität ist nicht nur ein Wort, sondern eine aktive Verpflichtung, die wir alle eingehen müssen, um die Herausforderungen zu bewältigen, die uns als Gemeinschaft betreffen. Ivan Coyote hat in ihrem Leben und Werk immer wieder betont, wie wichtig es ist, sich gegenseitig zu unterstützen und für die Rechte derjenigen einzutreten, die oft an den Rand gedrängt werden.

Die Theorie der Solidarität

Solidarität kann als eine soziale und politische Theorie betrachtet werden, die auf dem Prinzip der gegenseitigen Unterstützung und des Zusammenhalts basiert. Laut dem Sozialwissenschaftler Émile Durkheim ist Solidarität ein grundlegendes Element für den Zusammenhalt einer Gesellschaft. Er unterscheidet zwischen mechanischer und organischer Solidarität, wobei ersteres auf einer gemeinsamen Identität und Werten basiert, während letzteres auf der Anerkennung der Unterschiede und der Interdependenz zwischen den Mitgliedern einer Gesellschaft beruht. In Bezug auf die LGBTQ-Community ist es entscheidend, eine organische Solidarität zu fördern, die die Vielfalt innerhalb der Gemeinschaft anerkennt und gleichzeitig die gemeinsamen Kämpfe gegen Diskriminierung und Ungerechtigkeit betont.

Gesellschaftliche Herausforderungen

Trotz der Fortschritte, die in den letzten Jahren erzielt wurden, sieht sich die LGBTQ-Community weiterhin zahlreichen Herausforderungen gegenüber. Diskriminierung, Gewalt und soziale Isolation sind nur einige der Probleme, mit denen viele Mitglieder der Gemeinschaft konfrontiert sind. Berichte über Hassverbrechen gegen LGBTQ-Personen sind alarmierend hoch, und die psychische Gesundheit vieler Betroffener leidet unter dem Druck, der durch gesellschaftliche Vorurteile und Stigmatisierung entsteht. Ein Beispiel hierfür ist die steigende Zahl von Suizidversuchen unter transidenten Jugendlichen, die oft das Gefühl haben, dass ihre Identität nicht akzeptiert wird.

Die Rolle von Kunst und Aktivismus

Ivan Coyote hat durch ihre Kunst und ihr Engagement gezeigt, wie wichtig es ist, diese Herausforderungen sichtbar zu machen. Durch Erzählungen, die sowohl persönlich als auch universell sind, schafft sie einen Raum, in dem sich Menschen verstanden und gehört fühlen. Ihre Geschichten sind nicht nur Ausdruck ihrer eigenen Erfahrungen, sondern auch ein Aufruf zur Solidarität. Sie ermutigt andere, ihre Stimmen zu erheben und sich für die Rechte der LGBTQ-Community einzusetzen.

Ein Beispiel für diesen Aktivismus ist die Initiative *"Stories of Us"*, die darauf abzielt, die Geschichten von LGBTQ-Personen zu sammeln und zu teilen, um das Bewusstsein für die Vielfalt innerhalb der Gemeinschaft zu schärfen. Diese Initiative zeigt, wie wichtig es ist, die Stimmen derjenigen zu hören, die oft übersehen werden. Indem wir die Geschichten anderer hören und teilen, schaffen wir ein Gefühl der Verbundenheit und des Verständnisses, das über unsere individuellen Erfahrungen hinausgeht.

Ein Aufruf zur aktiven Teilnahme

Um Solidarität zu praktizieren, ist es entscheidend, dass wir nicht nur zuhören, sondern auch aktiv werden. Dies kann durch verschiedene Formen des Engagements geschehen, sei es durch Freiwilligenarbeit in LGBTQ-Organisationen, die Teilnahme an Protesten oder die Unterstützung von Initiativen, die sich für die Rechte von LGBTQ-Personen einsetzen. Jeder von uns kann einen Unterschied machen, indem wir unsere Plattformen nutzen, um die Anliegen der LGBTQ-Community zu unterstützen und sichtbar zu machen.

Darüber hinaus sollten wir uns auch mit anderen sozialen Bewegungen solidarisieren. Intersektionalität, ein Konzept, das von der Juristin Kimberlé

Crenshaw geprägt wurde, betont, dass verschiedene Formen der Diskriminierung miteinander verbunden sind. Ein Aufruf zur Solidarität in der LGBTQ-Community muss auch die Kämpfe von People of Color, Frauen und anderen marginalisierten Gruppen einbeziehen. Nur durch eine vereinte Front können wir die strukturellen Ungerechtigkeiten, die viele Menschen betreffen, effektiv bekämpfen.

Schlussfolgerung

Der Aufruf zur Solidarität ist ein zentraler Bestandteil von Ivan Coyotes Botschaft. Es ist eine Einladung, sich nicht nur für sich selbst, sondern auch für andere einzusetzen. In einer Welt, die oft von Spaltung und Vorurteilen geprägt ist, müssen wir uns zusammenschließen und für eine gerechtere und inklusivere Gesellschaft kämpfen. Nur gemeinsam können wir die Herausforderungen überwinden, mit denen die LGBTQ-Community konfrontiert ist, und eine Zukunft schaffen, in der jeder Mensch, unabhängig von Geschlechtsidentität oder sexueller Orientierung, in Würde und Respekt leben kann. Ein Aufruf zur Solidarität ist nicht nur eine Bitte, sondern eine Verpflichtung, die wir alle eingehen sollten – für uns selbst und für die kommenden Generationen.

Kindheit und Jugend

Aufwachsen in Whitehorse, Yukon

Familienhintergrund und Erziehung

Ivan Coyote wurde in Whitehorse, Yukon, geboren und wuchs in einem einzigartigen kulturellen Kontext auf, der sowohl die Herausforderungen als auch die Stärken der kanadischen Gesellschaft widerspiegelte. Die Familie Coyote war nicht nur ein Ort der Geborgenheit, sondern auch ein Mikrokosmos der Diversität und des Wandels. Ivan wuchs in einem familiären Umfeld auf, das von einer Mischung aus traditionellen und modernen Werten geprägt war, was sich stark auf seine Entwicklung und seine späteren Aktivitäten als Aktivist und Schriftsteller auswirkte.

Familienstruktur und kulturelle Einflüsse

Coyotes Familie bestand aus verschiedenen Generationen, die eine Vielzahl von kulturellen Hintergründen und Traditionen repräsentierten. Diese Vielfalt beeinflusste Ivan schon früh, indem sie ihm ein Bewusstsein für die Komplexität von Identität und Zugehörigkeit vermittelte. In der kanadischen Gesellschaft, die oft von binären Geschlechterrollen geprägt ist, stellte die Familie Coyote eine Ausnahme dar.

$$\text{Identität} = f(\text{Familienhintergrund}, \text{Kultur}, \text{Gesellschaft}) \tag{5}$$

Hierbei ist die Identität eine Funktion (f) der Wechselwirkungen zwischen dem Familienhintergrund, kulturellen Einflüssen und gesellschaftlichen Normen. Diese Gleichung verdeutlicht, wie komplex und vielschichtig Identität ist und wie sie von verschiedenen Faktoren geformt wird.

Erziehung und frühe Einflüsse

Die Erziehung von Ivan war geprägt von einer offenen Kommunikation und der Förderung kreativer Ausdrucksformen. Die Eltern ermutigten ihn, seine Gedanken und Gefühle auszudrücken, was sich später in seiner schriftstellerischen Karriere als entscheidend herausstellte. Diese Unterstützung war besonders wichtig in einer Zeit, in der das Verständnis für Geschlechtsidentität und sexuelle Orientierung in der breiten Gesellschaft noch begrenzt war.

Die Schule stellte eine weitere Herausforderung dar, da Ivan oft mit Vorurteilen und Missverständnissen konfrontiert wurde. Die Diskrepanz zwischen den Werten, die er zu Hause lernte, und den sozialen Normen in der Schule führte zu einem inneren Konflikt, der sich in seiner Kunst und seinem Aktivismus widerspiegelte.

Einfluss von Geschlechtsidentität

Ivan entdeckte früh seine Geschlechtsidentität und begann, sich mit den damit verbundenen Herausforderungen auseinanderzusetzen. Die Familie spielte eine entscheidende Rolle in diesem Prozess, indem sie ein unterstützendes Umfeld schuf, das es ihm ermöglichte, seine Identität zu erforschen. Diese Unterstützung war nicht immer selbstverständlich, da viele LGBTQ-Personen in ähnlichen Situationen häufig auf Ablehnung stoßen.

Eine der zentralen Fragen in Coyotes Kindheit war die Akzeptanz seiner Identität innerhalb der Familie. Diese Akzeptanz war nicht nur wichtig für Ivans Selbstwertgefühl, sondern auch für seine spätere Fähigkeit, sich als Aktivist für LGBTQ-Rechte einzusetzen.

Einflüsse von Freunden und Gemeinschaft

Freunde und die lokale Gemeinschaft spielten ebenfalls eine bedeutende Rolle in Ivans Entwicklung. Die Verbindung zu Gleichaltrigen, die ähnliche Erfahrungen machten, half ihm, ein Gefühl der Zugehörigkeit zu entwickeln. Diese sozialen Netzwerke waren entscheidend für seine Resilienz und boten ihm die Möglichkeit, seine Stimme zu finden und seine Erfahrungen zu teilen.

Die Herausforderungen, die Ivan in seiner Jugend erlebte, spiegeln die größeren gesellschaftlichen Probleme wider, mit denen viele LGBTQ-Personen konfrontiert sind. Diskriminierung, Mobbing und soziale Isolation waren alltägliche Realitäten, die Ivan dazu motivierten, seine Stimme zu erheben und für Veränderung zu kämpfen.

Schlussfolgerung

Zusammenfassend lässt sich sagen, dass Ivans Familienhintergrund und seine Erziehung entscheidende Faktoren in seiner Entwicklung als Schriftsteller und Aktivist waren. Die Unterstützung durch seine Familie, die Herausforderungen in der Schule und die Einflüsse seiner Freunde formten nicht nur seine Identität, sondern auch seine Perspektive auf die Welt. Diese frühen Erfahrungen legten den Grundstein für sein späteres Engagement in der LGBTQ-Community und seine Fähigkeit, durch Geschichten und Kunst einen positiven Einfluss auf die Gesellschaft auszuüben.

Frühe Erfahrungen mit Geschlechtsidentität

Ivan Coyote, eine der prägendsten Stimmen der LGBTQ-Community, erlebte bereits in der Kindheit eine komplexe Beziehung zu ihrer Geschlechtsidentität. Aufgewachsen in Whitehorse, Yukon, war Coyotes Weg zur Selbstakzeptanz von frühen Erfahrungen geprägt, die sowohl Herausforderungen als auch prägende Momente beinhalteten. In dieser Phase ihres Lebens begann Coyote, die Grenzen traditioneller Geschlechterrollen zu hinterfragen und ihre eigene Identität zu erkunden.

Kulturelle Einflüsse und Geschlechterrollen

In der kanadischen Gesellschaft, insbesondere in den 1970er und 1980er Jahren, waren die Vorstellungen von Geschlecht und Geschlechtsidentität stark normiert. Kinder wurden oft in strikte Kategorien von „männlich" und „weiblich" eingeteilt, was die Entwicklung einer individuellen Identität behindern konnte. Coyote fühlte sich jedoch schon früh nicht mit den Erwartungen, die an sie als Mädchen gestellt wurden, identifiziert. Diese Diskrepanz führte zu einem inneren Konflikt, der sich in den folgenden Jahren verstärken sollte.

Frühe Erlebnisse und Identitätsfindung

Bereits in der Grundschule bemerkte Coyote, dass ihr Verhalten und ihre Interessen nicht mit den stereotypen Erwartungen an Mädchen übereinstimmten. Sie zog es vor, mit Jungen zu spielen und sich in einer Weise auszudrücken, die als „untypisch" für ihr Geschlecht galt. Diese frühen Erfahrungen führten zu einer tiefen Verunsicherung und dem Gefühl, nicht in die gesellschaftlichen Normen zu passen.

Ein Beispiel für diesen inneren Konflikt war Coyotes Teilnahme an Schulaufführungen, bei denen sie oft Rollen spielen wollte, die nicht den Geschlechterstereotypen entsprachen. Diese Erfahrungen waren sowohl befreiend als auch belastend: Sie ermöglichten es ihr, eine Form von Selbstausdruck zu finden, führten jedoch gleichzeitig zu Mobbing und sozialer Isolation.

Einfluss der Familie

Die Familie spielt eine entscheidende Rolle in der Entwicklung der Geschlechtsidentität. Coyotes Eltern waren zwar liebevoll, doch auch sie waren in den traditionellen Geschlechterrollen verwurzelt. Der Druck, den Erwartungen zu entsprechen, war stark. Coyote erlebte oft, dass ihre Interessen und ihr Verhalten von der Familie nicht vollständig akzeptiert wurden, was zu einem Gefühl der Entfremdung führte.

Begegnungen mit der LGBTQ-Community

Ein Wendepunkt in Coyotes Leben war die Entdeckung der LGBTQ-Community. In ihrer Jugend hatte sie die Möglichkeit, Menschen zu treffen, die ähnliche Erfahrungen gemacht hatten. Diese Begegnungen waren entscheidend, um ein Gefühl der Zugehörigkeit zu entwickeln. Coyote fand in der Community Unterstützung und Bestätigung, die ihr halfen, ihre Geschlechtsidentität zu akzeptieren.

Die Teilnahme an lokalen LGBTQ-Veranstaltungen und die Lektüre von Literatur, die sich mit Geschlechtsidentität und -ausdruck beschäftigte, eröffneten Coyote neue Perspektiven. Hier lernte sie, dass Geschlechtsidentität ein Spektrum ist, das weit über die binären Kategorien hinausgeht. Diese Erkenntnis war befreiend und half ihr, ihre eigene Identität neu zu definieren.

Herausforderungen der Selbstakzeptanz

Trotz der positiven Erfahrungen in der LGBTQ-Community blieb die Reise zur Selbstakzeptanz von Herausforderungen geprägt. Coyote musste sich weiterhin mit Diskriminierung und Vorurteilen auseinandersetzen, sowohl in der Schule als auch im sozialen Umfeld. Diese Erfahrungen führten zu einem tiefen Verständnis für die Schwierigkeiten, die viele Menschen in der LGBTQ-Community durchleben, und prägten ihren späteren Aktivismus.

Schlussfolgerung

Die frühen Erfahrungen von Ivan Coyote mit Geschlechtsidentität waren von einem ständigen Ringen um Akzeptanz und Selbstverständnis geprägt. Diese Phase ihres Lebens legte den Grundstein für ihre spätere Arbeit als Schriftstellerin und Aktivistin. Indem sie ihre eigenen Herausforderungen und Kämpfe in ihren Texten und Auftritten thematisiert, bietet Coyote nicht nur eine Stimme für sich selbst, sondern auch für viele andere, die ähnliche Erfahrungen gemacht haben. Ihre Reise ist ein eindringliches Beispiel dafür, wie wichtig es ist, die Vielfalt menschlicher Identität zu akzeptieren und zu feiern.

Schulzeit und soziale Herausforderungen

Die Schulzeit ist eine prägende Phase im Leben eines jeden Menschen, und für Ivan Coyote war dies nicht anders. Aufgewachsen in Whitehorse, Yukon, erlebte Coyote die Herausforderungen, die mit der Entdeckung der eigenen Geschlechtsidentität und der Zugehörigkeit zur LGBTQ-Community einhergingen. In dieser Zeit war die Gesellschaft noch stark von traditionellen Geschlechterrollen geprägt, was zu einem Gefühl der Isolation und des Missmuts führte.

Die Suche nach Identität

In der Schule war Coyote oft mit der Frage konfrontiert, wo er in das vorgegebene Geschlechter-Schema passte. Diese Suche nach Identität ist ein zentrales Thema in der LGBTQ-Literatur und kann durch die Theorie der sozialen Identität erklärt werden. Diese Theorie, die von Henri Tajfel und John Turner entwickelt wurde, beschreibt, wie Individuen ihre Identität durch die Zugehörigkeit zu sozialen Gruppen definieren. Für Coyote war die Zugehörigkeit zur LGBTQ-Community sowohl eine Quelle der Unterstützung als auch eine Quelle der Diskriminierung.

Soziale Herausforderungen

Die Schulzeit war nicht nur eine Zeit der Selbstfindung, sondern auch eine Zeit voller sozialer Herausforderungen. Coyote erlebte Mobbing und Diskriminierung, was zu einem tiefen Gefühl der Entfremdung führte. Solche Erfahrungen sind nicht ungewöhnlich für LGBTQ-Jugendliche und können zu ernsthaften psychischen Problemen führen, einschließlich Angstzuständen und Depressionen. Eine Studie von Toomey et al. (2010) zeigt, dass LGBTQ-Jugendliche ein höheres Risiko für Mobbing haben, was zu einem signifikanten Anstieg von psychischen Gesundheitsproblemen führt.

Ein Beispiel für eine solche Herausforderung war eine Episode, in der Coyote während einer Schulaufführung verspottet wurde. Anstatt sich zurückzuziehen, entschied sich Coyote, seine Erfahrungen in Geschichten umzuwandeln, was ein wichtiger Schritt in seiner künstlerischen Entwicklung war. Diese Art der Bewältigung ist in der Psychologie als „kreative Resilienz" bekannt, die es Individuen ermöglicht, durch kreative Ausdrucksformen mit traumatischen Erlebnissen umzugehen.

Einfluss von Freunden und Familie

Die Unterstützung von Freunden und Familie spielte eine entscheidende Rolle in Coyotes Schulzeit. Trotz der Herausforderungen gab es Menschen, die ihm halfen, seine Identität zu akzeptieren. Diese Unterstützung kann durch die Theorie der sozialen Unterstützung erklärt werden, die besagt, dass soziale Netzwerke und emotionale Unterstützung entscheidend für das Wohlbefinden sind. Coyote fand Trost in der Gemeinschaft von Gleichgesinnten, die ähnliche Erfahrungen gemacht hatten. Diese Bindungen schufen ein Gefühl der Zugehörigkeit und halfen ihm, die Schwierigkeiten des Schulalltags zu bewältigen.

Künstlerische Ausdrucksformen

Ein weiterer wichtiger Aspekt von Coyotes Schulzeit war der kreative Ausdruck. Coyote begann, seine Gedanken und Gefühle in Form von Gedichten und Geschichten zu Papier zu bringen. Diese künstlerischen Bemühungen waren nicht nur eine Flucht aus der Realität, sondern auch ein Weg, um die eigenen Erfahrungen zu verarbeiten. Der kreative Prozess kann als therapeutisches Werkzeug betrachtet werden, das in der Psychologie als „kreative Therapie" bekannt ist. Diese Form der Therapie nutzt kreative Ausdrucksformen, um emotionale Probleme zu bewältigen und das Selbstbewusstsein zu stärken.

Die Herausforderungen, die Coyote in der Schule erlebte, führten letztendlich zu einer tiefen Überzeugung, dass Geschichten Macht haben. Sie können sowohl heilen als auch mobilisieren. Coyote begann, an Schulveranstaltungen teilzunehmen, bei denen er seine Geschichten vortrug und damit das Bewusstsein für LGBTQ-Themen schärfte. Diese Erfahrungen legten den Grundstein für seine spätere Karriere als Schriftsteller und Aktivist.

Fazit

Zusammenfassend lässt sich sagen, dass die Schulzeit für Ivan Coyote eine Zeit voller Herausforderungen und Entdeckungen war. Die sozialen Schwierigkeiten, die er erlebte, trugen dazu bei, seine Identität zu formen und ihn auf den Weg zum Aktivismus und zur Schriftstellerei zu führen. Seine Erfahrungen sind ein kraftvolles Beispiel dafür, wie persönliche Herausforderungen in kreative Ausdrucksformen umgewandelt werden können, um sowohl individuelle als auch kollektive Veränderungen herbeizuführen.

Einflüsse von Freunden und Familie

Die Einflüsse von Freunden und Familie sind entscheidend für die Entwicklung der Identität eines Individuums, insbesondere in der Kindheit und Jugend. Für Ivan Coyote war die Unterstützung und das Verständnis, das sie von ihrem Umfeld erhielt, von großer Bedeutung. In einer Zeit, in der Geschlechtsidentität oft missverstanden oder abgelehnt wurde, waren die positiven Einflüsse von Freunden und Familie entscheidend für Coyotes Selbstakzeptanz und ihren späteren Aktivismus.

Familienhintergrund

Coyotes Familie spielte eine zentrale Rolle in ihrer frühen Entwicklung. Ihre Eltern waren offen und unterstützend, was es ihr ermöglichte, ihre Identität zu erkunden. Diese Unterstützung war besonders wichtig in einem Umfeld, das oft von traditionellen Geschlechterrollen geprägt war. Die Fähigkeit, in einem liebevollen und akzeptierenden Zuhause aufzuwachsen, bot Coyote die Sicherheit, die sie brauchte, um ihre eigene Stimme zu finden. In vielen Fällen sind es genau diese frühen familiären Einflüsse, die den Grundstein für das Selbstverständnis eines Menschen legen. Die Theorie der sozialen Identität, die von Henri Tajfel und John Turner entwickelt wurde, besagt, dass die Zugehörigkeit zu sozialen Gruppen, wie der Familie, das Selbstbild und die Identität eines Individuums stark beeinflusst.

Freundschaften und soziale Netzwerke

Neben der Familie spielten auch Freundschaften eine entscheidende Rolle in Coyotes Leben. In der Schulzeit fand sie Unterstützung bei Gleichgesinnten, die ähnliche Erfahrungen machten. Diese Freundschaften ermöglichten es ihr, sich in einem geschützten Raum auszudrücken und ihre Identität zu erforschen. Die Theorie der sozialen Unterstützung, die besagt, dass emotionale und instrumentelle Unterstützung durch Freunde und Familie das Wohlbefinden fördert, ist hier besonders relevant. Coyote erlebte, wie wichtig es ist, eine Gemeinschaft zu haben, die sie akzeptiert und unterstützt.

Ein prägnantes Beispiel ist die Beziehung zu einer engen Freundin, die ebenfalls mit Fragen der Geschlechtsidentität kämpfte. Diese Freundschaft half Coyote, sich weniger isoliert zu fühlen und bestärkte sie darin, ihre eigene Identität zu akzeptieren. Solche Beziehungen sind oft von entscheidender Bedeutung für die psychische Gesundheit und das Selbstwertgefühl von LGBTQ-Personen. Studien zeigen, dass positive soziale Interaktionen und Unterstützung durch das soziale Umfeld das Risiko von psychischen Problemen verringern können.

Herausforderungen und Konflikte

Trotz der positiven Einflüsse gab es auch Herausforderungen, die Coyote bewältigen musste. In einigen Fällen stießen ihre Identitätsfragen auf Widerstand oder Unverständnis innerhalb ihrer erweiterten Familie oder in ihrem Freundeskreis. Diese Konflikte führten dazu, dass Coyote lernen musste, für sich selbst einzustehen und ihre Stimme zu erheben. Der Umgang mit solchen Herausforderungen ist ein zentraler Aspekt der Identitätsentwicklung, insbesondere in marginalisierten Gemeinschaften.

Die Theorie der Identitätsentwicklung von Erik Erikson betont die Bedeutung von Konflikten und Herausforderungen in der Jugend, um eine gesunde Identität zu entwickeln. Coyote musste lernen, dass nicht alle Menschen ihre Identität akzeptieren würden, und dass dies nicht ihre eigene Wertigkeit minderte. Diese Erkenntnis war entscheidend für ihre Entwicklung als Aktivistin, die später für die Rechte von LGBTQ-Personen eintrat.

Einfluss auf den Aktivismus

Die Einflüsse von Freunden und Familie haben nicht nur Coyotes persönliche Entwicklung geprägt, sondern auch ihren Aktivismus. Die Unterstützung, die sie in ihrer Jugend erhielt, motivierte sie, anderen in ähnlichen Situationen zu helfen. Sie erkannte, dass viele Menschen nicht das Glück hatten, in einem unterstützenden Umfeld aufzuwachsen, und dass es wichtig war, eine Stimme für diese Menschen zu sein.

Die Rolle von sozialen Netzwerken im Aktivismus ist gut dokumentiert. Studien zeigen, dass soziale Unterstützung und Gemeinschaftsbildung entscheidend sind für den Erfolg von Bewegungen. Coyote nutzte ihre Erfahrungen, um andere zu ermutigen, ihre Stimme zu erheben und sich für ihre Rechte einzusetzen. Ihre Freundschaften und familiären Beziehungen waren nicht nur eine Quelle der Unterstützung, sondern auch ein Antrieb für ihren Aktivismus.

Insgesamt zeigt sich, dass die Einflüsse von Freunden und Familie in Ivan Coyotes Leben nicht nur ihre persönliche Identität formten, sondern auch den Grundstein für ihren späteren Aktivismus legten. Diese sozialen Beziehungen sind von zentraler Bedeutung für die Entwicklung eines positiven Selbstbildes und die Fähigkeit, sich in der Welt zu behaupten. Der Einfluss dieser frühen Erfahrungen ist ein wiederkehrendes Thema in Coyotes Werk und aktivistischen Bemühungen, das die Bedeutung von Gemeinschaft und Unterstützung unterstreicht.

Erste literarische Versuche und Inspiration

Ivan Coyote, die ikonische kanadische trans-Schriftstellerin und Aktivistin, begann ihre literarische Reise in einer Zeit, in der die LGBTQ-Community oft marginalisiert und ihre Geschichten nicht gehört wurden. Schon in der Kindheit zeigte sich Coyotes Talent für das Geschichtenerzählen, wobei sie sowohl in der Schule als auch im familiären Umfeld ermutigt wurde, ihre Gedanken und Erlebnisse in Worte zu fassen. Diese frühen literarischen Versuche waren nicht nur eine Form der Selbstentdeckung, sondern auch ein Weg, um mit den Herausforderungen ihrer Identität umzugehen.

Einflüsse und Inspirationen

Die Inspiration für Coyotes Schreiben kam aus verschiedenen Quellen. Zum einen war da die Natur der Yukon-Region, die nicht nur die Kulisse ihrer Kindheit bildete, sondern auch als Metapher für ihre innere Reise diente. Die raue, aber wunderschöne Landschaft spiegelte die Komplexität ihrer eigenen Identität wider. Coyote beschreibt oft, wie sie beim Wandern in den Wäldern und beim Beobachten der Tierwelt neue Perspektiven auf ihr Leben gewann. Diese Verbindung zur Natur wurde zu einem wiederkehrenden Motiv in ihrem Werk.

Ein weiterer wichtiger Einfluss war die Literatur selbst. Coyote las Werke von Autor:innen, die ähnliche Erfahrungen gemacht hatten, wie z.B. James Baldwin und Audre Lorde. Diese Schriftsteller:innen, die sich mit Themen der Identität, Sexualität und Rassismus auseinandersetzten, gaben Coyote das Gefühl, dass ihre eigenen Geschichten wichtig und wertvoll waren. Sie sahen in diesen Texten nicht nur Inspiration, sondern auch einen Raum, in dem sie ihre eigene Stimme finden konnten.

Erste literarische Versuche

Coyotes erste literarische Versuche waren oft geprägt von einem Gefühl der Unsicherheit. In ihren frühen Gedichten und Kurzgeschichten thematisierte sie ihre Erlebnisse als queer-identifizierte Person in einer heteronormativen Gesellschaft. Diese Texte waren oft autobiografisch und reflektierten die Kämpfe, die sie in ihrer Jugend erlebte. Sie schrieb über Diskriminierung, Identitätskrisen und die Suche nach Akzeptanz, was ihr half, ihre eigenen Gefühle zu verarbeiten und zu artikulieren.

Ein Beispiel für solche frühen Werke ist ein Gedicht, das sie im Alter von 16 Jahren verfasste. In diesem Gedicht beschreibt sie die Angst und Verwirrung, die sie als Jugendliche empfand, als sie begann, ihre Geschlechtsidentität in Frage zu stellen. Der Text war roh und ungeschliffen, aber er trug die Kraft ihrer Emotionen und die Dringlichkeit ihrer Suche nach Identität in sich. Diese frühen Arbeiten waren der Grundstein für ihre spätere Karriere als Schriftstellerin und Aktivistin.

Die Bedeutung von Geschichten

Für Coyote war das Geschichtenerzählen nicht nur ein kreativer Ausdruck, sondern auch eine Form des Widerstands. In einer Gesellschaft, die oft die Stimmen von LGBTQ-Personen ignoriert, sah sie die Notwendigkeit, ihre Geschichten zu teilen, um Sichtbarkeit zu schaffen und andere zu ermutigen, dasselbe zu tun. Ihre frühen literarischen Versuche waren also nicht nur persönliche Erkundungen, sondern auch politische Handlungen.

Die Bedeutung von Geschichten in Coyotes Leben wird besonders deutlich, wenn man bedenkt, wie sie durch das Schreiben ihre eigene Identität formte. Geschichten wurden für sie zu einem Werkzeug der Selbstakzeptanz und der Heilung. Sie lernte, dass ihre Erfahrungen, so schmerzhaft sie auch sein mochten, universelle Themen berührten, die viele Menschen ansprechen konnten. Diese Erkenntnis motivierte sie, weiterhin zu schreiben und ihre Stimme zu erheben.

Herausforderungen beim Schreiben

Trotz ihrer Leidenschaft für das Schreiben sah sich Coyote mit verschiedenen Herausforderungen konfrontiert. Die Angst vor Ablehnung und die Sorge, nicht ernst genommen zu werden, waren ständige Begleiter. Oft kämpfte sie mit dem Gefühl, dass ihre Geschichten nicht wichtig genug seien oder dass sie nicht die richtigen Worte finden konnte, um ihre Erfahrungen angemessen auszudrücken.

Darüber hinaus gab es auch äußere Hindernisse, wie mangelnde Unterstützung von Verlagen und die Schwierigkeit, in einer literarischen Welt, die oft heteronormativ geprägt war, Gehör zu finden. Diese Herausforderungen führten jedoch nur dazu, dass Coyote entschlossener wurde. Sie begann, ihre

Texte selbst zu veröffentlichen und trat auf verschiedenen Bühnen auf, um ihre Geschichten zu erzählen.

Fazit

Insgesamt waren Coyotes erste literarische Versuche und ihre Inspirationsquellen entscheidend für ihre Entwicklung als Schriftstellerin und Aktivistin. Sie lernten, dass das Geschichtenerzählen nicht nur ein persönlicher Akt, sondern auch ein Akt der Solidarität ist. Ihre frühen Werke legten den Grundstein für ihre späteren Erfolge und halfen ihr, eine Stimme für die LGBTQ-Community zu werden. Durch das Teilen ihrer Geschichten inspirierte sie andere, dasselbe zu tun, und schuf so einen Raum für Dialog und Verständnis in einer oft intoleranten Welt.

Die Bedeutung von Geschichten in der Kindheit

Geschichten spielen eine entscheidende Rolle in der kindlichen Entwicklung und sind ein zentrales Element in der Identitätsbildung. Für Ivan Coyote, wie für viele andere, waren Geschichten nicht nur ein Weg, um sich auszudrücken, sondern auch ein Mittel, um die Welt um sich herum zu verstehen und zu navigieren. In diesem Abschnitt werden wir die verschiedenen Aspekte der Bedeutung von Geschichten in der Kindheit untersuchen, einschließlich ihrer Rolle in der Entwicklung von Empathie, Identität und sozialem Bewusstsein.

Die Rolle von Geschichten in der Identitätsbildung

Die Kindheit ist eine prägende Phase, in der Kinder beginnen, ihre eigene Identität zu formen. Geschichten bieten einen Rahmen, um verschiedene Identitäten zu erkunden und zu verstehen. Laut der *Identitätstheorie* von Erik Erikson durchlaufen Kinder verschiedene Stadien, in denen sie sich mit Fragen der Identität auseinandersetzen. Geschichten ermöglichen es ihnen, sich mit Charakteren zu identifizieren, die unterschiedliche Lebensrealitäten und Identitäten repräsentieren. Diese Identifikation kann dazu beitragen, ein Gefühl der Zugehörigkeit zu entwickeln oder die eigene Identität zu hinterfragen.

Ein Beispiel hierfür sind die Geschichten von trans- und nicht-binären Charakteren, die in der Kinderliteratur zunehmend an Bedeutung gewinnen. Diese Geschichten bieten Kindern, die sich in ähnlichen Situationen befinden, die Möglichkeit, sich selbst zu reflektieren und zu akzeptieren. Ivan Coyote selbst hat in vielen seiner Werke die Bedeutung von Sichtbarkeit und Repräsentation hervorgehoben, was zeigt, wie entscheidend Geschichten für die Selbstakzeptanz sind.

Empathie und Verständnis durch Geschichten

Geschichten haben die Kraft, Empathie zu fördern und das Verständnis für andere Perspektiven zu erweitern. Laut der *Empathie-Theorie* von Martin Hoffman entwickeln Kinder Empathie, indem sie sich in die Emotionen und Erfahrungen anderer hineinversetzen. Geschichten bieten einen sicheren Raum, um komplexe emotionale Themen zu erkunden und die Perspektiven anderer zu verstehen.

Ein Beispiel aus Coyotes Kindheit könnte eine Geschichte über eine Figur sein, die Schwierigkeiten hat, ihre Identität zu akzeptieren. Diese Erzählung könnte bei jungen Lesern ein Bewusstsein für die Herausforderungen wecken, die viele LGBTQ-Personen erleben, und sie ermutigen, unterstützend und verständnisvoll zu sein. Solche Geschichten tragen dazu bei, Vorurteile abzubauen und die Akzeptanz in der Gesellschaft zu fördern.

Geschichten als Bewältigungsmechanismus

Für viele Kinder, die mit Herausforderungen wie Diskriminierung oder sozialer Isolation konfrontiert sind, können Geschichten als Bewältigungsmechanismus dienen. Sie bieten nicht nur Flucht, sondern auch die Möglichkeit, eigene Erfahrungen zu verarbeiten. Psychologen wie Judith Herman betonen die Bedeutung von Narrativen in der Traumabewältigung, da sie helfen, Erfahrungen zu kontextualisieren und zu verarbeiten.

Ivan Coyote hat oft über die Kraft von Geschichten gesprochen, um Schmerz und Trauer zu transformieren. In seinen Erzählungen findet sich oft der Gedanke, dass das Teilen von Geschichten eine Form der Heilung ist. Dies zeigt sich in der Art und Weise, wie er seine eigenen Erfahrungen in seinen literarischen Arbeiten verarbeitet und anderen damit einen Raum bietet, ihre eigenen Geschichten zu erzählen.

Kulturelle und soziale Dimensionen von Geschichten

Geschichten sind nicht nur individuelle Erlebnisse, sondern auch kulturelle Artefakte, die Werte und Normen einer Gesellschaft reflektieren. In vielen Kulturen werden Geschichten als Mittel zur Weitergabe von Wissen und Traditionen genutzt. Sie tragen zur Bildung einer kollektiven Identität bei und stärken das Gemeinschaftsgefühl.

Für Ivan Coyote und die LGBTQ-Community im Allgemeinen ist die Erzählung von Geschichten eine Möglichkeit, kulturelle Narrative herauszufordern und zu verändern. Durch das Teilen ihrer Geschichten können marginalisierte Gruppen Sichtbarkeit erlangen und ihre Erfahrungen in den

Mittelpunkt der gesellschaftlichen Diskussion rücken. Dies ist besonders wichtig in einer Zeit, in der viele LGBTQ-Personen weiterhin Diskriminierung und Vorurteile erfahren.

Schlussfolgerung

Die Bedeutung von Geschichten in der Kindheit kann nicht genug betont werden. Sie sind ein Schlüssel zu Identitätsbildung, Empathie, Bewältigung und kulturellem Verständnis. Für Ivan Coyote waren Geschichten ein Lebenselixier, das ihm half, seine eigene Identität zu formen und die Herausforderungen seiner Jugend zu meistern. Indem wir die Macht von Geschichten anerkennen und fördern, können wir eine inklusivere und verständnisvollere Gesellschaft schaffen, in der jeder die Möglichkeit hat, seine eigene Geschichte zu erzählen und gehört zu werden.

Begegnungen mit der LGBTQ-Community

Ivan Coyote wuchs in Whitehorse, Yukon, auf, einer Stadt, die zwar klein, aber reich an kultureller Diversität war. In dieser Umgebung erlebte Coyote eine Vielzahl von Begegnungen mit der LGBTQ-Community, die sowohl prägend als auch herausfordernd waren. Diese Erfahrungen waren entscheidend für die Entwicklung ihrer Identität und das Verständnis für die Herausforderungen, denen sich LGBTQ-Personen gegenübersehen.

Frühe Begegnungen

Die ersten Begegnungen mit der LGBTQ-Community fanden in der Schulzeit statt, als Coyote begann, sich mit Gleichaltrigen auszutauschen, die ähnliche Erfahrungen und Herausforderungen teilten. Diese ersten Kontakte waren oft von Unsicherheiten geprägt, aber sie boten auch einen Raum für Unterstützung und Verständnis. In einem Umfeld, in dem Diskriminierung und Vorurteile weit verbreitet waren, war die Entdeckung von Verbündeten und Gleichgesinnten von unschätzbarem Wert.

Die Rolle von Gemeinschaftsorganisationen

Gemeinschaftsorganisationen spielten eine entscheidende Rolle in Coyotes Leben. Diese Organisationen boten nicht nur Ressourcen und Unterstützung, sondern auch einen Raum für die Entwicklung von Identität und Selbstbewusstsein. Veranstaltungen wie Pride-Paraden und LGBTQ-Workshops ermöglichten es

Coyote, sich aktiv an der Community zu beteiligen und ihre Stimme zu finden. Die Teilnahme an diesen Veranstaltungen half ihr, ein Gefühl der Zugehörigkeit zu entwickeln und die Bedeutung von Solidarität innerhalb der LGBTQ-Community zu erkennen.

Herausforderungen und Diskriminierung

Trotz der positiven Erfahrungen waren die Begegnungen mit der LGBTQ-Community nicht immer einfach. Coyote erlebte Diskriminierung und Vorurteile, sowohl innerhalb als auch außerhalb der Community. Diese Herausforderungen führten oft zu inneren Konflikten und Fragen der Selbstakzeptanz. Die Auseinandersetzung mit solchen Schwierigkeiten war schmerzhaft, aber auch lehrreich. Sie half Coyote, Resilienz zu entwickeln und die Wichtigkeit von Unterstützungssystemen zu erkennen.

Einfluss von Vorbildern

Ein weiterer wichtiger Aspekt von Coyotes Begegnungen mit der LGBTQ-Community war der Einfluss von Vorbildern. Durch die Interaktion mit älteren LGBTQ-Aktivisten und Künstlern konnte Coyote wertvolle Lektionen über den Aktivismus und die Bedeutung von Sichtbarkeit lernen. Diese Begegnungen zeigten ihr, dass es möglich war, authentisch zu leben und gleichzeitig für die Rechte der LGBTQ-Community einzutreten.

Die Kraft des Storytelling

Die Kraft des Storytelling wurde in Coyotes Begegnungen mit der Community besonders deutlich. Geschichten haben die Fähigkeit, Barrieren zu überwinden und Verständnis zu schaffen. Coyote lernte, wie wichtig es ist, eigene Erfahrungen zu teilen, um andere zu inspirieren und zu ermutigen. Diese Erkenntnis führte dazu, dass sie ihre eigene Stimme als Schriftstellerin und Aktivistin entdeckte.

Ein Blick auf die Zukunft

Die Begegnungen mit der LGBTQ-Community haben nicht nur Coyotes persönliche Entwicklung geprägt, sondern auch ihre Vision für die Zukunft. Sie erkannte, dass die Gemeinschaft stark ist, wenn sie zusammenarbeitet und sich gegenseitig unterstützt. Die Herausforderungen, die sie und andere LGBTQ-Personen durchlebt haben, sind nicht nur Hindernisse, sondern auch Antrieb für Veränderung und Fortschritt.

Zusammenfassung

Insgesamt waren die Begegnungen mit der LGBTQ-Community für Ivan Coyote von zentraler Bedeutung. Sie halfen ihr, ihre Identität zu formen, Resilienz zu entwickeln und die Kraft des Storytelling zu erkennen. Diese Erfahrungen sind nicht nur Teil ihrer persönlichen Geschichte, sondern auch ein Spiegelbild der Herausforderungen und Triumphe, die viele Mitglieder der LGBTQ-Community erleben. Coyotes Weg zeigt, dass die Begegnung mit anderen, die ähnliche Kämpfe durchleben, eine Quelle der Stärke und Inspiration sein kann.

Herausforderungen und Diskriminierung

Die Herausforderungen und Diskriminierung, die Ivan Coyote in seiner Kindheit und Jugend erlebte, sind nicht nur ein persönlicher Kampf, sondern spiegeln auch die systematischen Probleme wider, mit denen viele Mitglieder der LGBTQ-Community konfrontiert sind. In dieser Sektion werden wir die verschiedenen Facetten der Diskriminierung betrachten, die Ivan und andere in ähnlichen Situationen erlitten haben, sowie die theoretischen Rahmenbedingungen, die diese Erfahrungen prägen.

Theoretische Grundlagen der Diskriminierung

Diskriminierung kann als das ungleiche und ungerechte Behandeln von Individuen oder Gruppen aufgrund von Eigenschaften wie Geschlecht, Geschlechtsidentität, sexueller Orientierung, Ethnizität oder anderen Merkmalen definiert werden. Laut der *Theorie der sozialen Identität* (Tajfel & Turner, 1979) neigen Menschen dazu, sich in Gruppen zu kategorisieren, was oft zu Vorurteilen gegenüber „Außengruppen" führt. In Coyotes Fall war die LGBTQ-Identität eine solche „Außengruppe", die zu Isolation und Diskriminierung führte.

Erfahrungen mit Diskriminierung

Ivan Coyote wuchs in Whitehorse, Yukon, auf, wo die gesellschaftlichen Normen und Werte stark von traditionellen Geschlechterrollen geprägt waren. Diese Umgebung führte zu einer Reihe von Herausforderungen:

- **Mobbing in der Schule:** Ivan erlebte häufig Mobbing und Ausgrenzung in der Schule. Klassenkameraden, die seine Geschlechtsidentität nicht akzeptierten, machten sich über ihn lustig und schlossen ihn von sozialen Aktivitäten aus. Diese Erfahrungen sind nicht nur emotional belastend, sondern können auch langfristige Auswirkungen auf das Selbstwertgefühl und die psychische Gesundheit haben.

- **Familienkonflikte:** In vielen Fällen stehen LGBTQ-Jugendliche vor dem Dilemma, ihre Identität innerhalb ihrer Familien zu offenbaren. Ivan hatte Schwierigkeiten, sich seiner Familie gegenüber zu öffnen, was zu Spannungen und einem Gefühl der Entfremdung führte. Der Druck, sich an die heteronormativen Erwartungen anzupassen, kann zu inneren Konflikten führen, die das persönliche Wachstum behindern.

- **Institutionelle Diskriminierung:** Die gesellschaftlichen Strukturen, einschließlich Bildungseinrichtungen, Gesundheitsdiensten und rechtlichen Rahmenbedingungen, sind oft nicht auf die Bedürfnisse von LGBTQ-Personen ausgerichtet. Ivan musste sich mit einem Bildungssystem auseinandersetzen, das wenig bis gar keine Unterstützung für LGBTQ-Schüler bot, was seine schulische Erfahrung weiter erschwerte.

Beispiele für Diskriminierung

Um die Herausforderungen, mit denen Ivan konfrontiert war, zu verdeutlichen, können wir einige spezifische Beispiele betrachten:

1. **Zwang zur Anpassung:** In der Schule wurde Ivan oft gezwungen, sich an die traditionellen Geschlechterrollen anzupassen, um nicht Ziel von Mobbing zu werden. Dies führte zu einem ständigen Gefühl der Unsicherheit und der Angst, die eigene Identität auszudrücken.

2. **Fehlende Unterstützung:** Während seiner Schulzeit gab es kaum Ressourcen oder Anlaufstellen für LGBTQ-Jugendliche. Lehrer und Schulbeamte waren oft nicht in der Lage oder willens, Unterstützung zu bieten, was Ivan in seiner Isolation verstärkte.

3. **Negative Erfahrungen in der Gemeinschaft:** Auch außerhalb der Schule erlebte Ivan Diskriminierung in der Gemeinschaft, sei es in Form von abfälligen Bemerkungen oder durch das Fehlen von LGBTQ-freundlichen Räumen. Solche Erfahrungen trugen zur Stigmatisierung und zum Gefühl der Isolation bei.

Psychologische Auswirkungen

Die ständige Konfrontation mit Diskriminierung kann schwerwiegende psychologische Folgen haben. Studien zeigen, dass LGBTQ-Jugendliche ein höheres Risiko für psychische Erkrankungen wie Depressionen und Angststörungen haben. Ivan musste sich mit diesen Herausforderungen auseinandersetzen, was sich negativ auf sein Selbstbild und seine Lebensqualität auswirkte.

Psychische Gesundheit $= f($Identitätsakzeptanz, Soziale Unterstützung, Diskriminierung$)$

Hierbei ist die psychische Gesundheit eine Funktion der Identitätsakzeptanz, der sozialen Unterstützung und der erlebten Diskriminierung. Eine positive Identitätsakzeptanz und starke soziale Unterstützung können die negativen Auswirkungen von Diskriminierung mildern, während das Fehlen dieser Faktoren zu einem erhöhten Risiko für psychische Probleme führt.

Resilienz und Bewältigungsstrategien

Trotz der Herausforderungen, mit denen Ivan konfrontiert war, entwickelte er Resilienz. Resilienz bezeichnet die Fähigkeit, sich von Rückschlägen zu erholen und sich an schwierige Lebensumstände anzupassen. Ivan fand in der Kunst und im Geschichtenerzählen einen Weg, seine Erfahrungen zu verarbeiten und anderen zu helfen, die ähnliche Herausforderungen erlebten.

- **Kreativer Ausdruck:** Ivan nutzte das Schreiben und Performen als Ventil, um seine Emotionen auszudrücken und seine Identität zu erkunden. Dies half ihm, ein Gefühl der Kontrolle über sein Leben zurückzugewinnen.

- **Aufbau von Gemeinschaft:** Durch den Kontakt zur LGBTQ-Community fand Ivan Unterstützung und Bestätigung. Diese Gemeinschaft bot ihm einen Raum, in dem er akzeptiert wurde und seine Identität ohne Angst vor Verurteilung leben konnte.

- **Aktivismus:** Der Übergang von einem betroffenen Individuum zu einem aktiven Mitglied der LGBTQ-Community ermöglichte es Ivan, seine Erfahrungen in positive Veränderungen umzuwandeln. Aktivismus wurde zu einem wichtigen Teil seiner Identität und half ihm, seine Stimme zu finden und für die Rechte anderer einzutreten.

Fazit

Die Herausforderungen und Diskriminierung, die Ivan Coyote erlebte, sind symptomatisch für die breiteren gesellschaftlichen Probleme, mit denen viele

LGBTQ-Personen konfrontiert sind. Diese Erfahrungen prägten nicht nur Ivan als Individuum, sondern trugen auch zu seinem Engagement für die LGBTQ-Community und seinen literarischen Erfolg bei. Durch das Verständnis der Herausforderungen, die Ivan überwinden musste, können wir die Bedeutung von Solidarität und Unterstützung in der Gemeinschaft besser erkennen und lernen, wie wichtig es ist, für Gleichheit und Akzeptanz einzutreten.

Flucht in die Kunst

Die Flucht in die Kunst ist ein zentrales Motiv im Leben von Ivan Coyote, das nicht nur seine persönliche Identitätsfindung, sondern auch seinen späteren Aktivismus und seine literarische Karriere maßgeblich beeinflusst hat. In einer Welt, die oft von Diskriminierung und Vorurteilen geprägt ist, bietet die Kunst einen Raum der Freiheit, in dem individuelle Erfahrungen und Gefühle Ausdruck finden können.

Die Bedeutung von Kunst als Ausdrucksform

Kunst hat die Fähigkeit, komplexe Emotionen und Erfahrungen zu vermitteln, die oft schwer in Worte zu fassen sind. Für viele LGBTQ-Personen, einschließlich Coyote, wird die Kunst zu einem Werkzeug der Selbstbehauptung und der Identitätsfindung. Sie ermöglicht es, persönliche Geschichten zu erzählen, die oft im Mainstream übersehen oder falsch dargestellt werden. In Coyotes Fall wird die Kunst zu einem sicheren Hafen, in dem er seine Erfahrungen als trans Person verarbeiten und mit anderen teilen kann.

Theoretische Grundlagen

Die Flucht in die Kunst kann durch verschiedene theoretische Ansätze betrachtet werden. Der Psychologe Rollo May beschreibt in seinem Werk *Die Entdeckung der Existenz* die Kunst als eine Möglichkeit, das innere Leben auszudrücken und die eigene Existenz zu reflektieren. Kunst wird als ein Mittel verstanden, um die innere Zerrissenheit zu überwinden und ein Gefühl der Ganzheit zu erlangen. Diese Perspektive ist besonders relevant für LGBTQ-Künstler:innen, die oft mit inneren Konflikten und gesellschaftlichem Druck konfrontiert sind.

Ein weiterer wichtiger theoretischer Rahmen ist die *Kunsttherapie*, die die heilende Kraft der Kunst betont. Studien zeigen, dass kreative Ausdrucksformen therapeutische Effekte haben können, indem sie helfen, Emotionen zu verarbeiten und das Selbstwertgefühl zu stärken. Für Coyote wird die Kunst nicht nur zu einem Ausdruck seiner Identität, sondern auch zu einem Mittel der Selbstheilung und des Empowerments.

Persönliche Erfahrungen und Herausforderungen

In Coyotes Kindheit und Jugend in Whitehorse, Yukon, war die Konfrontation mit Diskriminierung und sozialer Isolation eine ständige Herausforderung. Er erlebte oft das Gefühl, nicht in die Gesellschaft zu passen, was zu einem tiefen Bedürfnis führte, seine inneren Konflikte durch Kunst zu verarbeiten. Die ersten literarischen Versuche, die er unternahm, waren oft von einem Gefühl der Verzweiflung, aber auch von Hoffnung geprägt.

Ein Beispiel für diese Flucht in die Kunst ist Coyotes erste Gedichtsammlung, in der er seine Erfahrungen als trans Person und die damit verbundenen Herausforderungen thematisiert. Diese Sammlung wurde nicht nur zu einem persönlichen Ventil, sondern auch zu einer Inspirationsquelle für andere, die ähnliche Kämpfe durchleben. Coyote schreibt über die transformative Kraft der Kunst und wie sie ihm half, seine Identität zu akzeptieren und zu feiern.

Einflüsse von Freunden und Familie

Die Unterstützung durch Freunde und Familie spielte eine entscheidende Rolle in Coyotes künstlerischer Entwicklung. In seiner Jugend fand er in der LGBTQ-Community Gleichgesinnte, die ihn ermutigten, seine Stimme zu finden und seine Kunst zu teilen. Diese Gemeinschaft bot ihm nicht nur emotionale Unterstützung, sondern auch eine Plattform, um seine Arbeiten zu präsentieren. Die ersten Auftritte als Performer waren oft von Nervosität geprägt, aber auch von der Aufregung, seine Geschichten mit anderen zu teilen.

Die positive Resonanz auf seine Kunst half Coyote, Selbstvertrauen zu gewinnen und seine Stimme weiter zu entwickeln. Diese Erfahrungen zeigen, wie wichtig Gemeinschaft und Unterstützung für die künstlerische Entfaltung sind, insbesondere in marginalisierten Gruppen.

Kunst als Widerstand

Die Flucht in die Kunst ist nicht nur eine persönliche Reise, sondern auch ein Akt des Widerstands gegen gesellschaftliche Normen und Diskriminierung. Coyote nutzt seine Kunst, um gegen die Vorurteile und Stereotypen anzukämpfen, die LGBTQ-Personen oft begegnen. Seine Werke sind nicht nur autobiografisch, sondern auch politisch, da sie die Realität vieler Menschen in der LGBTQ-Community widerspiegeln.

Durch seine Auftritte und literarischen Werke fordert Coyote die Gesellschaft heraus, ihre Sichtweisen zu hinterfragen und mehr Empathie für die Erfahrungen von LGBTQ-Personen zu entwickeln. Diese Form des künstlerischen Widerstands ist entscheidend für den Aktivismus, den er später in seiner Karriere praktiziert.

Schlussfolgerung

Die Flucht in die Kunst ist ein zentrales Element in Ivan Coyotes Leben und Werk. Sie bietet nicht nur einen Raum der Selbstentdeckung und -akzeptanz, sondern auch eine Plattform für gesellschaftlichen Wandel. Coyotes Erfahrungen zeigen, wie Kunst als Werkzeug für persönliche und kollektive Heilung dienen kann, und verdeutlichen die Bedeutung von Kreativität im Aktivismus. In einer Welt, die oft feindlich gegenüber LGBTQ-Personen ist, bleibt die Kunst ein unverzichtbares Mittel, um Geschichten zu erzählen, Identitäten zu feiern und für Veränderungen zu kämpfen.

Entdeckung der eigenen Stimme

Die Entdeckung der eigenen Stimme ist ein zentraler Bestandteil der Identitätsbildung, insbesondere für LGBTQ-Personen, die oft mit gesellschaftlichen Normen und Erwartungen konfrontiert sind, die ihre Authentizität in Frage stellen. Ivan Coyote erlebte diesen Prozess in einer Zeit, in der die Sichtbarkeit von trans und nicht-binären Identitäten noch stark eingeschränkt war. Die Suche nach der eigenen Stimme ist nicht nur ein persönlicher, sondern auch ein politischer Akt, der die eigene Identität in einem breiteren gesellschaftlichen Kontext verankert.

Theoretische Grundlagen

Die Theorie der Identitätsbildung, wie sie von Erik Erikson formuliert wurde, beschreibt die Entwicklung des Selbst über verschiedene Lebensphasen. In der Jugend, einer kritischen Phase für die Identitätsfindung, spielt die Auseinandersetzung mit der Geschlechtsidentität eine entscheidende Rolle. Coyote fand in der Literatur und im Storytelling eine Möglichkeit, seine innere Stimme zu artikulieren und sich von den Erwartungen der Gesellschaft zu emanzipieren.

Ein weiterer relevanter theoretischer Rahmen ist die Queer-Theorie, die sich mit der Konstruktion von Geschlecht und Sexualität auseinandersetzt. Judith Butler argumentiert, dass Geschlecht nicht eine feste Identität ist, sondern performativ konstruiert wird. Dies bedeutet, dass die Art und Weise, wie Individuen sich ausdrücken und ihre Identität leben, die gesellschaftlichen Normen herausfordern und neu definieren kann. Für Coyote war das Schreiben und Performen eine Möglichkeit, diese performativen Aspekte seines Geschlechts zu erkunden und sichtbar zu machen.

Herausforderungen

Die Entdeckung der eigenen Stimme ist jedoch oft mit erheblichen Herausforderungen verbunden. Coyote musste sich mit Diskriminierung und Vorurteilen auseinandersetzen, die seine Erfahrungen als trans Person prägten. Diese äußeren Widerstände können dazu führen, dass Individuen sich in ihrer Selbstwahrnehmung unsicher fühlen oder ihre Stimme unterdrücken.

Ein Beispiel hierfür ist Coyotes Erfahrung in der Schule, wo er oft mit Mobbing konfrontiert wurde. Diese Erfahrungen führten zunächst zu einem Gefühl der Isolation, während sie gleichzeitig den Anstoß gaben, sich durch Kunst auszudrücken. Die Kunst wurde zu einem Rückzugsort und einem Medium, um die eigene Stimme zu finden und zu behaupten.

Beispiele für die Entdeckung der Stimme

In Coyotes frühen literarischen Arbeiten finden sich zahlreiche Beispiele für die Suche nach der eigenen Stimme. In Geschichten wie „*One Man's Trash*" thematisiert er die Komplexität der Geschlechtsidentität und die Herausforderungen, die mit der Selbstakzeptanz verbunden sind. Durch das Geschichtenerzählen konnte Coyote nicht nur seine eigenen Erfahrungen verarbeiten, sondern auch eine Verbindung zu anderen herstellen, die ähnliche Kämpfe durchlebten.

Ein weiteres Beispiel ist Coyotes Auftritt bei verschiedenen LGBTQ-Veranstaltungen, wo er seine Geschichten vor Publikum teilte. Diese Performances waren nicht nur eine Form der Selbstverwirklichung, sondern auch eine Möglichkeit, anderen Mut zu machen und sie zu inspirieren, ihre eigene Stimme zu finden. Der Austausch mit der Community half Coyote, seine Stimme weiter zu entwickeln und zu festigen.

Schlussfolgerung

Die Entdeckung der eigenen Stimme ist ein dynamischer und oft herausfordernder Prozess, der für viele LGBTQ-Personen von entscheidender Bedeutung ist. Ivan Coyotes Reise zeigt, wie wichtig es ist, sich selbst zu akzeptieren und die eigene Stimme in einer oft feindlichen Welt zu erheben. Durch Kunst und Storytelling hat Coyote nicht nur seine eigene Identität gefunden, sondern auch einen Raum geschaffen, in dem andere ermutigt werden, dasselbe zu tun.

In einer Welt, die oft versucht, marginalisierte Stimmen zum Schweigen zu bringen, ist die Entdeckung der eigenen Stimme ein Akt des Widerstands und der Selbstbehauptung. Coyotes Werk inspiriert dazu, sich den Herausforderungen zu stellen und die eigene Wahrheit in die Welt zu tragen. Diese Entdeckung ist nicht nur eine persönliche Reise, sondern ein kollektives Unterfangen, das die LGBTQ-Community stärkt und bereichert.

Der Weg zur Aktivistin

Frühe Schritte in die Aktivismus-Welt

Erste Auftritte als Performer

Ivan Coyote trat erstmals als Performer auf, als sie die Bühne als eine Plattform entdeckte, um ihre Stimme zu erheben und ihre Geschichten zu teilen. Diese ersten Auftritte waren nicht nur der Beginn ihrer Karriere, sondern auch ein entscheidender Moment in ihrer Entwicklung als Aktivistin und Schriftstellerin. In diesem Abschnitt werden wir die Bedeutung dieser ersten Auftritte, die Herausforderungen, denen sie gegenüberstand, und die Reaktionen des Publikums untersuchen.

Die Entdeckung der Bühne

Die Bühne wurde für Coyote zu einem Raum der Freiheit und des Ausdrucks. Ihre ersten Auftritte fanden in kleinen, intimen Settings statt, oft in Cafés oder Community-Zentren, wo die Atmosphäre ein Gefühl von Vertrautheit und Unterstützung bot. Diese Umgebungen ermöglichten es ihr, mit einem Publikum zu interagieren, das offen für neue Perspektiven war. In diesen frühen Tagen war Coyotes Stil geprägt von einer Mischung aus Humor und Ernsthaftigkeit, die es ihr ermöglichte, komplexe Themen wie Geschlechtsidentität und gesellschaftliche Normen auf eine zugängliche Weise zu präsentieren.

Herausforderungen auf der Bühne

Trotz der unterstützenden Umgebung waren die ersten Auftritte von Herausforderungen geprägt. Coyote musste sich nicht nur mit der Nervosität vor dem Publikum auseinandersetzen, sondern auch mit der Angst vor Ablehnung. In einem Interview erinnerte sie sich an einen ihrer ersten Auftritte, bei dem sie das

Gefühl hatte, dass das Publikum nicht bereit war, ihre Geschichten zu hören. Diese Erfahrung brachte sie dazu, über die Notwendigkeit von Sichtbarkeit und Repräsentation in der Kunst nachzudenken.

Ein zentrales Problem, das Coyote während ihrer ersten Auftritte erlebte, war die Diskrepanz zwischen der Reaktion des Publikums und ihren eigenen Erwartungen. Oft stellte sie fest, dass ihre Geschichten, die tief in ihren persönlichen Erfahrungen verwurzelt waren, nicht immer die Resonanz fanden, die sie erhofft hatte. Diese Rückschläge führten zu einer intensiven Selbstreflexion, in der sie ihre Erzählweise und die Themen, die sie ansprach, überdenken musste.

Einfluss auf die Entwicklung des Stils

Die ersten Auftritte waren entscheidend für die Entwicklung von Coyotes einzigartigem Stil. Sie begann, Elemente des Storytellings mit Performancekunst zu kombinieren, was ihr ermöglichte, ihre Geschichten lebendig werden zu lassen. Diese Kombination führte zu einem dynamischen, interaktiven Erlebnis, das das Publikum einbezog und es ihnen ermöglichte, sich emotional mit den Themen zu verbinden.

Coyote verwendete oft Humor, um schwierige Themen anzusprechen, was ihr half, eine Verbindung zu ihrem Publikum herzustellen. Diese Technik war nicht nur ein Mittel zur Unterhaltung, sondern auch eine Strategie zur Bewältigung von Schmerz und Trauer. Indem sie ihre Geschichten mit einem Augenzwinkern erzählte, konnte sie die Zuhörer zum Nachdenken anregen, ohne sie zu überfordern.

Reaktionen des Publikums

Die Reaktionen des Publikums auf Coyotes erste Auftritte waren gemischt. Während einige Zuschauer von ihrer Authentizität und ihrem Mut beeindruckt waren, gab es auch kritische Stimmen, die nicht bereit waren, sich mit den Themen auseinanderzusetzen, die sie ansprach. Diese Erfahrungen führten dazu, dass Coyote ihre Herangehensweise an das Geschichtenerzählen weiter verfeinerte. Sie lernte, wie wichtig es ist, Empathie und Verständnis zu fördern, um eine Brücke zwischen verschiedenen Perspektiven zu schlagen.

Ein Beispiel für eine solche Reaktion war ein Auftritt in einer kleinen Stadt, wo das Publikum zunächst skeptisch war. Coyote erinnerte sich, dass sie sich gezwungen sah, die Stimmung zu ändern, indem sie humorvolle Anekdoten einbrachte, die die Zuhörer zum Lachen brachten. Diese Technik half, die anfängliche Spannung zu lösen und schuf einen Raum für ernsthafte Diskussionen über Geschlecht und Identität.

Fazit

Zusammenfassend lässt sich sagen, dass Ivan Coyotes erste Auftritte als Performer nicht nur den Grundstein für ihre Karriere legten, sondern auch eine wichtige Rolle in ihrem persönlichen Wachstum spielten. Die Herausforderungen, die sie erlebte, und die Reaktionen des Publikums halfen ihr, ihren Stil zu entwickeln und ihre Stimme zu finden. Diese Erfahrungen waren entscheidend für ihre spätere Arbeit als Aktivistin und Schriftstellerin, da sie die Bedeutung von Sichtbarkeit und Authentizität in der LGBTQ-Community erkannten. Die Bühne wurde für Coyote zu einem Ort der Heilung, des Ausdrucks und des Wandels, der nicht nur ihr Leben, sondern auch das Leben vieler anderer beeinflusste.

Einfluss von Mentor:innen und Vorbildern

Mentor:innen und Vorbilder spielen eine entscheidende Rolle im Leben von Aktivist:innen und Künstler:innen, insbesondere in der LGBTQ-Community, wo Unterstützung und Bestätigung oft entscheidend für die persönliche und berufliche Entwicklung sind. Ivan Coyote ist ein hervorragendes Beispiel dafür, wie Mentor:innen und Vorbilder den Weg für eine erfolgreiche Karriere im Aktivismus und in der Literatur ebnen können.

Die Rolle von Mentor:innen

Mentor:innen bieten nicht nur Wissen und Erfahrung, sondern auch emotionale Unterstützung und Inspiration. Sie helfen dabei, Netzwerke aufzubauen und bieten Orientierung in einer oft komplexen und herausfordernden Welt. In Coyotes Fall waren Mentor:innen entscheidend, um ihr Selbstbewusstsein zu stärken und sie zu ermutigen, ihre Stimme zu finden. Diese Beziehung kann als eine Form des sozialen Kapitals betrachtet werden, das nach Bourdieu (1986) als die Summe der Ressourcen definiert wird, die Individuen durch ihre sozialen Netzwerke erhalten.

$$\text{Soziales Kapital} = \text{Ressourcen} + \text{Netzwerk} + \text{Unterstützung} \qquad (6)$$

Die Bedeutung von Mentor:innen wird durch die Theorie des sozialen Lernens (Bandura, 1977) unterstrichen, die besagt, dass Menschen durch Beobachtung und

Nachahmung lernen. Coyote beobachtete die Arbeit ihrer Mentor:innen und übernahm deren Ansätze und Techniken, um ihre eigene Stimme zu entwickeln.

Vorbilder in der LGBTQ-Community

Vorbilder sind besonders wichtig für junge Menschen, die sich in ihrer Identität unsicher fühlen. Sie bieten ein Bild davon, was möglich ist, und zeigen, dass es einen Platz für sie in der Gesellschaft gibt. Coyote nannte häufig LGBTQ-Aktivist:innen und Künstler:innen, die sie inspirierten, wie z.B. die Schriftstellerin Audre Lorde und die Performerin Holly Near. Diese Vorbilder halfen Coyote, sich mit ihrer eigenen Identität auseinanderzusetzen und die Kraft der Kunst als Mittel des Ausdrucks zu erkennen.

Herausforderungen und Probleme

Trotz der positiven Auswirkungen von Mentor:innen und Vorbildern gibt es auch Herausforderungen. Oftmals sind Mentor:innen selbst mit Diskriminierung und Vorurteilen konfrontiert, was die Unterstützung für ihre Mentees erschweren kann. Coyote erlebte, dass einige ihrer Mentor:innen, die sich für LGBTQ-Rechte einsetzten, auch mit den Auswirkungen von gesellschaftlicher Ablehnung zu kämpfen hatten. Diese Herausforderungen können dazu führen, dass Mentor:innen weniger Zeit und Energie haben, um ihre Mentees zu unterstützen.

Beispiele aus Coyotes Leben

Ein prägnantes Beispiel für den Einfluss von Mentor:innen in Coyotes Leben ist ihre Zusammenarbeit mit anderen Künstler:innen und Aktivist:innen in der LGBTQ-Community. Diese Beziehungen führten zu gemeinsamen Projekten, die nicht nur Coyotes Karriere förderten, sondern auch das Bewusstsein für LGBTQ-Themen in der breiteren Gesellschaft schärften. Ihre Teilnahme an Workshops und Lesungen, die von erfahrenen Mentor:innen geleitet wurden, half ihr, ihre Fähigkeiten als Performer:in und Autor:in zu verfeinern.

Schlussfolgerung

Die Rolle von Mentor:innen und Vorbildern in Ivan Coyotes Leben ist ein klarer Beweis dafür, wie wichtig Unterstützung und Inspiration für die persönliche und berufliche Entwicklung sind. Sie bieten nicht nur eine Quelle des Wissens, sondern auch eine Bestätigung der eigenen Identität und der Möglichkeiten, die sich daraus ergeben. In einer Welt, die oft von Diskriminierung und Vorurteilen geprägt ist, sind diese Beziehungen von unschätzbarem Wert für die Entstehung einer starken und vielfältigen LGBTQ-Community. Die Herausforderungen, mit denen Mentor:innen konfrontiert sind, können jedoch auch die Unterstützung beeinträchtigen, was die Notwendigkeit für ein starkes Netzwerk und die Schaffung von Räumen für den Austausch von Erfahrungen und Ressourcen unterstreicht.

Gründung von Unterstützungsgruppen

Die Gründung von Unterstützungsgruppen war ein entscheidender Schritt in Ivan Coyotes Aktivismus. Diese Gruppen bieten einen Raum für Menschen, die sich mit ähnlichen Herausforderungen und Erfahrungen konfrontiert sehen, und fördern ein Gefühl der Gemeinschaft und Zugehörigkeit. In dieser Sektion werden wir die Bedeutung dieser Gruppen, die Herausforderungen bei ihrer Gründung und einige herausragende Beispiele betrachten.

Bedeutung von Unterstützungsgruppen

Unterstützungsgruppen spielen eine wesentliche Rolle in der LGBTQ-Community, indem sie:

- **Sicherheit und Zugehörigkeit:** Sie schaffen einen geschützten Raum, in dem Mitglieder offen über ihre Erfahrungen sprechen können, ohne Angst vor Verurteilung oder Diskriminierung.

- **Wissen und Ressourcen:** Gruppen bieten Zugang zu Informationen über Rechte, Gesundheitsversorgung und rechtliche Unterstützung, die für LGBTQ-Personen oft schwer zugänglich sind.

- **Empowerment:** Durch den Austausch von Geschichten und Erfahrungen können Mitglieder ihre eigene Stimme finden und sich ermächtigt fühlen, für ihre Rechte einzutreten.

Herausforderungen bei der Gründung

Die Gründung von Unterstützungsgruppen ist jedoch nicht ohne Herausforderungen. Einige der häufigsten Probleme sind:

- **Ressourcenmangel:** Oft fehlt es an finanziellen Mitteln, um regelmäßige Treffen zu organisieren oder professionelle Unterstützung zu bieten.

- **Sichtbarkeit und Zugang:** In vielen Regionen sind LGBTQ-Personen nicht sichtbar oder haben keinen Zugang zu Informationen über bestehende Gruppen.

- **Innere Konflikte:** Unterschiedliche Meinungen und Erfahrungen innerhalb der Gruppe können zu Spannungen führen, insbesondere wenn es um Themen wie Geschlechtsidentität und sexuelle Orientierung geht.

Beispiele für erfolgreiche Gruppen

Einige bemerkenswerte Beispiele für Unterstützungsgruppen, die von Ivan Coyote und anderen Aktivisten inspiriert wurden, sind:

- **Queer Youth Group in Whitehorse:** Diese Gruppe wurde gegründet, um jungen LGBTQ-Personen eine Plattform zu bieten, um ihre Erfahrungen zu teilen und Unterstützung zu finden. Die Gruppe organisiert regelmäßige Treffen, Workshops und kreative Ausdrucksformen, um das Selbstbewusstsein der Mitglieder zu stärken.

- **Transgender Support Network:** Diese Gruppe konzentriert sich speziell auf die Bedürfnisse von Transgender-Personen und bietet Ressourcen zu rechtlichen Fragen, medizinischer Versorgung und psychischer Gesundheit. Durch monatliche Treffen und Online-Ressourcen hat die Gruppe vielen geholfen, ihre Identität zu akzeptieren und sich in der Gesellschaft zu behaupten.

- **LGBTQ+ Book Club:** Inspiriert von Coyotes literarischem Werk, hat dieser Buchclub die Mission, LGBTQ-Literatur zu fördern und Diskussionen über die Themen in den Büchern zu führen. Dies hat nicht nur das Bewusstsein für LGBTQ-Themen erhöht, sondern auch neue Freundschaften innerhalb der Community gefördert.

Theoretische Perspektiven

Aus theoretischer Sicht können Unterstützungsgruppen als Teil des sozialen Kapitals betrachtet werden. Laut dem Soziologen Pierre Bourdieu ist *sozialer Raum* ein Netzwerk von Beziehungen, das Individuen in ihrer sozialen Position beeinflusst. Unterstützungsgruppen schaffen ein Netzwerk, das den Mitgliedern hilft, Ressourcen und Unterstützung zu mobilisieren, um ihre Herausforderungen zu bewältigen.

Die **Theorie der sozialen Identität** von Henri Tajfel und John Turner bietet ebenfalls einen wertvollen Rahmen für das Verständnis der Dynamik in Unterstützungsgruppen. Diese Theorie besagt, dass Individuen ihre Identität stark durch die Zugehörigkeit zu sozialen Gruppen definieren. In diesem Kontext können Unterstützungsgruppen dazu beitragen, ein positives Selbstbild zu fördern und die Resilienz der Mitglieder gegenüber Diskriminierung und Vorurteilen zu stärken.

Fazit

Die Gründung von Unterstützungsgruppen ist ein zentraler Bestandteil von Ivan Coyotes Aktivismus und hat weitreichende Auswirkungen auf die LGBTQ-Community. Trotz der Herausforderungen, die mit der Gründung und dem Betrieb solcher Gruppen verbunden sind, zeigen die positiven Ergebnisse, dass sie einen unverzichtbaren Raum für Unterstützung, Empowerment und Gemeinschaft schaffen. Diese Gruppen sind nicht nur ein Rückzugsort, sondern auch ein Ort des Lernens und des Wachstums, der es den Mitgliedern ermöglicht, sich in einer oft feindlichen Welt zu behaupten.

Die fortlaufende Unterstützung und der Ausbau solcher Gruppen sind entscheidend, um die Sichtbarkeit und die Rechte von LGBTQ-Personen zu fördern und eine inklusive Gesellschaft zu schaffen.

Teilnahme an LGBTQ-Veranstaltungen

Die Teilnahme an LGBTQ-Veranstaltungen stellt einen zentralen Aspekt von Ivan Coyotes Aktivismus dar. Diese Veranstaltungen bieten nicht nur eine Plattform für Sichtbarkeit und Repräsentation, sondern auch eine Möglichkeit, Gemeinschaft zu bilden und Erfahrungen auszutauschen.

Bedeutung der Veranstaltungen

LGBTQ-Veranstaltungen, wie Pride-Paraden, Lesungen, Workshops und Diskussionsrunden, sind entscheidend für die Stärkung der Gemeinschaft. Sie ermöglichen es Individuen, sich zu vernetzen, Solidarität zu zeigen und ihre Stimmen zu erheben. Ivan Coyote hat oft betont, dass solche Veranstaltungen nicht nur Feiern der Identität sind, sondern auch Gelegenheiten, um wichtige gesellschaftliche Themen anzusprechen.

Ein Beispiel dafür ist die Teilnahme an der *Vancouver Pride Parade*, wo Coyote regelmäßig auftritt. Diese Parade zieht nicht nur lokale, sondern auch internationale Aufmerksamkeit auf sich und ist ein Zeichen für den Kampf um

Gleichheit und Akzeptanz. Der Einfluss von Coyote in solchen Kontexten ist unübersehbar; ihre Geschichten und Performances inspirieren viele und schaffen einen Raum für Dialog.

Herausforderungen bei der Teilnahme

Trotz der positiven Aspekte gibt es auch Herausforderungen, mit denen Aktivisten konfrontiert sind. Diskriminierung innerhalb der eigenen Gemeinschaft, sowie von außen, kann eine belastende Realität sein. Coyote hat in Interviews oft über die Schwierigkeiten gesprochen, die sie bei der Teilnahme an Veranstaltungen erlebt hat, besonders in Bezug auf die Akzeptanz von nicht-binären und trans Identitäten.

$$\text{Akzeptanz} = \frac{\text{Sichtbarkeit} + \text{Bildung}}{\text{Vorurteile} + \text{Diskriminierung}} \tag{7}$$

Diese Gleichung verdeutlicht, dass die Akzeptanz von LGBTQ-Personen in der Gesellschaft von der Sichtbarkeit und Bildung abhängt, während Vorurteile und Diskriminierung als Hindernisse fungieren. Coyote hat sich aktiv für mehr Bildung und Aufklärung eingesetzt, um diese Barrieren abzubauen.

Beispiele für Veranstaltungen

Ein bemerkenswertes Beispiel für Coyotes Engagement ist die *Queer Arts Festival* in Vancouver, wo sie nicht nur als Performer, sondern auch als Mentor für aufstrebende Künstler:innen auftritt. Diese Festivalreihe fördert die Sichtbarkeit von LGBTQ-Künstler:innen und bietet eine Plattform für kreative Ausdrucksformen.

Darüber hinaus hat Coyote an zahlreichen Lesungen teilgenommen, die sich mit Themen wie Geschlechtsidentität, Queerness und der Bedeutung von Geschichten in der LGBTQ-Community befassen. Ihre Auftritte sind oft geprägt von einer Mischung aus Humor und Ernsthaftigkeit, was es dem Publikum ermöglicht, sich mit den behandelten Themen auf einer emotionalen Ebene zu verbinden.

Ein weiteres Beispiel ist die *Trans Pride March*, bei der Coyote eine Rede hielt, die auf die Herausforderungen von trans Personen aufmerksam machte. In ihrer Rede betonte sie die Notwendigkeit, Räume zu schaffen, in denen trans Identitäten nicht nur akzeptiert, sondern gefeiert werden.

Schlussfolgerung

Zusammenfassend lässt sich sagen, dass die Teilnahme an LGBTQ-Veranstaltungen für Ivan Coyote nicht nur eine Möglichkeit ist, ihre Kunst zu präsentieren, sondern auch ein Akt des Widerstands und der Solidarität. Diese Veranstaltungen sind entscheidend für den Aufbau von Gemeinschaften und die Förderung von Akzeptanz. Coyotes Engagement zeigt, dass jede Stimme zählt und dass die Geschichten von LGBTQ-Personen eine transformative Kraft haben können, um Barrieren abzubauen und das Bewusstsein in der Gesellschaft zu schärfen.

Verknüpfung von Kunst und Aktivismus

Die Verknüpfung von Kunst und Aktivismus ist ein zentrales Thema in der Arbeit von Ivan Coyote und spiegelt sich in vielen Aspekten ihres Schaffens wider. Kunst hat die Fähigkeit, Emotionen zu wecken, Perspektiven zu verändern und das Bewusstsein für soziale Ungerechtigkeiten zu schärfen. In diesem Abschnitt werden wir die verschiedenen Dimensionen dieser Verbindung untersuchen, einschließlich der Theorien, Herausforderungen und konkreten Beispiele, die Coyotes Ansatz illustrieren.

Theoretische Grundlagen

Die Theorie des *Kunstaktivismus* besagt, dass Kunst nicht nur ein ästhetisches Produkt ist, sondern auch ein Werkzeug für sozialen Wandel. Laut dem Kulturwissenschaftler [?] kann Kunst als Plattform dienen, um marginalisierte Stimmen zu erheben und gesellschaftliche Probleme anzugehen. Dies geschieht oft durch das Erzählen von Geschichten, die persönliche Erfahrungen und kollektive Kämpfe reflektieren.

Ein Beispiel für diese Theorie ist die *Kritische Kunst*, die darauf abzielt, soziale und politische Themen zu hinterfragen und zu kritisieren. Coyote nutzt diese Form der Kunst, um die Herausforderungen der LGBTQ-Community zu beleuchten und um Empathie und Verständnis in der breiteren Gesellschaft zu fördern.

Herausforderungen der Verknüpfung

Trotz der Macht der Kunst im Aktivismus gibt es auch erhebliche Herausforderungen. Eine der größten Hürden ist die *Kommerzialisierung* der Kunst, die oft dazu führt, dass wichtige Botschaften verwässert oder vereinfacht werden, um ein breiteres Publikum anzusprechen. Coyote hat in ihren Auftritten und Schriften oft betont, dass es wichtig ist, authentisch zu bleiben und die Integrität der Botschaft zu wahren.

Ein weiteres Problem ist die *Zensur*, die Künstler:innen oft erleben, insbesondere wenn ihre Arbeiten kontroverse Themen ansprechen. Coyote hat persönliche Erfahrungen mit Zensur gemacht, als ihre Arbeiten in bestimmten Kontexten nicht akzeptiert wurden. Diese Erfahrungen haben sie jedoch nicht davon abgehalten, weiterhin für die Sichtbarkeit und Rechte der LGBTQ-Community zu kämpfen.

Beispiele für die Verknüpfung

Coyotes literarisches Schaffen ist ein hervorragendes Beispiel für die Verknüpfung von Kunst und Aktivismus. In ihren Erzählungen thematisiert sie häufig Fragen der Geschlechtsidentität, Diskriminierung und Zugehörigkeit. Ein herausragendes Werk ist *"One in Every Crowd"*, in dem sie ihre eigenen Erfahrungen mit Diskriminierung und Selbstakzeptanz verarbeitet. Diese Geschichten sind nicht nur persönlich, sondern auch universell, da sie die Kämpfe vieler Menschen innerhalb der LGBTQ-Community widerspiegeln.

Darüber hinaus nutzt Coyote Performance-Kunst als Medium, um ihr Aktivismus zu verstärken. Ihre Auftritte sind nicht nur eine Plattform für ihre literarischen Werke, sondern auch ein Ort des Dialogs und des Austauschs. In einer ihrer bekanntesten Performances, *"The Last Time I Saw You"*, thematisiert sie die Herausforderungen der Selbstakzeptanz und die Suche nach Identität in einer oft feindlichen Welt. Diese Art von Kunst schafft eine Verbindung zwischen dem Publikum und den Themen, die sie behandelt.

Die Rolle des Storytellings

Ein zentraler Aspekt der Verknüpfung von Kunst und Aktivismus ist das *Storytelling*. Coyote verwendet Geschichten, um komplexe Themen zugänglich zu machen. Durch das Teilen ihrer eigenen Erfahrungen schafft sie eine Brücke zwischen verschiedenen Identitäten und fördert das Verständnis. Laut [?] ist Storytelling ein effektives Mittel, um Empathie zu erzeugen und das Bewusstsein für soziale Probleme zu schärfen.

Ein Beispiel ist Coyotes Erzählung über ihre Kindheit in Whitehorse, wo sie mit Fragen der Geschlechtsidentität und der Zugehörigkeit konfrontiert wurde. Diese Geschichten sind nicht nur wichtig für ihre persönliche Entwicklung, sondern auch für das Publikum, das sich in diesen Erfahrungen wiederfinden kann.

Fazit

Die Verknüpfung von Kunst und Aktivismus ist ein kraftvolles Instrument, das Ivan Coyote nutzt, um Veränderungen in der Gesellschaft zu bewirken. Durch ihre literarischen Werke und Performances schafft sie nicht nur Bewusstsein für die Herausforderungen der LGBTQ-Community, sondern inspiriert auch andere, sich für soziale Gerechtigkeit einzusetzen. Die Herausforderungen, die mit dieser Verbindung einhergehen, sind zahlreich, doch Coyotes Engagement und ihre Fähigkeit, durch Kunst zu kommunizieren, machen sie zu einer bedeutenden Stimme im Aktivismus.

Die Rolle von Storytelling im Aktivismus

Storytelling ist ein kraftvolles Werkzeug im Aktivismus, das nicht nur die Aufmerksamkeit auf soziale Probleme lenkt, sondern auch emotionale Verbindungen schafft und das Bewusstsein für die Erfahrungen von marginalisierten Gruppen schärft. In der Tradition von Ivan Coyote wird Storytelling als eine Form der Kunst betrachtet, die es ermöglicht, persönliche Erlebnisse in einen breiteren gesellschaftlichen Kontext zu setzen. Dieses Kapitel untersucht die Rolle des Geschichtenerzählens im Aktivismus, die theoretischen Grundlagen, die Herausforderungen und einige inspirierende Beispiele.

Theoretische Grundlagen

Die Theorie des Storytelling im Aktivismus basiert auf der Annahme, dass Geschichten die Fähigkeit haben, komplexe Themen in verständliche und nachvollziehbare Narrative zu verwandeln. Laut dem Sozialwissenschaftler Walter Fisher (1984) ist der Mensch ein „storytelling animal"; das bedeutet, dass Menschen Informationen in Form von Geschichten verarbeiten und weitergeben. Diese Narrative haben die Macht, Empathie zu erzeugen und das Publikum emotional zu berühren, was zu einem tieferen Verständnis der Themen führen kann.

Eine zentrale Theorie in diesem Zusammenhang ist die *Narrative Paradigm Theory*, die besagt, dass Menschen ihre Entscheidungen und Überzeugungen oft auf der Basis von Geschichten und nicht nur auf rationalen Argumenten bilden. Dies ist besonders wichtig im Aktivismus, wo die emotionalen und menschlichen Aspekte von Geschichten dazu beitragen, eine breitere Unterstützung zu mobilisieren.

Herausforderungen des Storytelling im Aktivismus

Trotz der Macht des Geschichtenerzählens gibt es auch Herausforderungen, die Aktivisten beachten müssen. Eine der größten Herausforderungen ist die Gefahr der *Vermarktung* oder der *Vereinfachung* komplexer Themen. Wenn Geschichten zu stark vereinfacht oder kommerzialisiert werden, können sie die Realität verzerren und die Nuancen der Erfahrungen der Betroffenen nicht angemessen widerspiegeln.

Zudem besteht die Gefahr der *Repräsentation*. Es ist entscheidend, dass die Stimmen der Betroffenen gehört werden und nicht von außenstehenden Personen oder Institutionen vereinnahmt werden. Dies führt zu einer weiteren Herausforderung: der *Authentizität*. Geschichten, die nicht authentisch sind oder die Erfahrungen anderer nicht respektieren, können mehr Schaden als Nutzen anrichten.

Beispiele für Storytelling im Aktivismus

Ein herausragendes Beispiel für die Rolle des Storytelling im Aktivismus ist die *#MeToo*-Bewegung. Die Erzählungen von Überlebenden sexueller Gewalt haben nicht nur das Bewusstsein für das Ausmaß des Problems geschärft, sondern auch eine globale Diskussion angestoßen. Diese Geschichten haben es ermöglicht, die Erfahrungen von Frauen und marginalisierten Geschlechtern zu legitimieren und zu validieren, was zu einem stärkeren kollektiven Handeln geführt hat.

Ein weiteres Beispiel ist die Arbeit von Ivan Coyote selbst. Durch ihre Geschichten über Identität, Geschlecht und die Herausforderungen, die sie als trans-Person erlebt hat, hat Coyote nicht nur ihre eigene Stimme gefunden, sondern auch anderen geholfen, sich in ihren eigenen Erfahrungen wiederzuerkennen. Ihre Erzählungen sind oft von Humor und Ehrfurcht geprägt, was es dem Publikum ermöglicht, sich mit den Themen auseinanderzusetzen, ohne sich überwältigt oder abgeschreckt zu fühlen.

Darüber hinaus hat die *Transgender Visibility* Bewegung gezeigt, wie wichtig es ist, Geschichten von Trans-Personen in den Vordergrund zu rücken. Diese Erzählungen sind entscheidend, um Vorurteile abzubauen und das Verständnis für die Vielfalt der Geschlechtsidentitäten zu fördern. Durch die Sichtbarkeit dieser Geschichten wird die Notwendigkeit für rechtliche und soziale Veränderungen in der Gesellschaft unterstrichen.

Fazit

Zusammenfassend lässt sich sagen, dass Storytelling im Aktivismus eine unverzichtbare Rolle spielt. Es schafft nicht nur eine Plattform für marginalisierte Stimmen, sondern fördert auch das Bewusstsein und die Empathie in der Gesellschaft. Die Herausforderungen, die mit dem Geschichtenerzählen verbunden sind, erfordern eine sorgfältige Reflexion und Sensibilität, um sicherzustellen, dass die Geschichten authentisch und respektvoll sind. Letztendlich ist die Kraft des Geschichtenerzählens in der Lage, Herzen und Köpfe zu verändern und einen nachhaltigen Einfluss auf die Gesellschaft zu haben.

Herausforderungen und Rückschläge

Die Reise von Ivan Coyote in die Welt des Aktivismus war nicht nur von Erfolgen, sondern auch von erheblichen Herausforderungen und Rückschlägen geprägt. Diese Schwierigkeiten sind nicht nur persönliche Erfahrungen, sondern spiegeln auch die systemischen Probleme wider, mit denen viele LGBTQ-Aktivisten konfrontiert sind. In diesem Abschnitt werden einige der zentralen Herausforderungen und Rückschläge, die Coyote auf ihrem Weg erlebt hat, näher beleuchtet.

Diskriminierung und Vorurteile erleben

Eines der größten Hindernisse, mit denen Coyote konfrontiert war, ist die allgegenwärtige Diskriminierung. Diese Diskriminierung kann in verschiedenen Formen auftreten: von subtilen Vorurteilen bis hin zu offenen Angriffen. Coyote hat in ihren Schriften und Auftritten oft die Erfahrungen von Transgender-Personen thematisiert, die aufgrund ihrer Identität abgelehnt oder missverstanden werden. Diese Diskriminierung kann sich negativ auf das Selbstwertgefühl und die psychische Gesundheit auswirken.

$$D = \frac{P}{A} \tag{8}$$

Hierbei steht D für Diskriminierung, P für die Anzahl der erlebten Vorurteile und A für die Anzahl der Unterstützungsangebote. In vielen Fällen ist das Verhältnis von Diskriminierung zu Unterstützung ungünstig, was die psychologischen und emotionalen Belastungen verstärkt.

Verlust und Trauer im persönlichen Umfeld

Coyote hat auch persönliche Verluste erlitten, die ihren Aktivismus stark beeinflusst haben. Der Verlust von Freunden und Unterstützern, die aufgrund von Gewalt oder Diskriminierung gestorben sind, hat tiefe Wunden hinterlassen. Diese Trauer hat nicht nur ihre Arbeit, sondern auch ihre Perspektive auf das Leben und den Aktivismus geprägt. Coyote hat in Interviews oft darüber gesprochen, wie diese Erfahrungen sie motivieren, für eine gerechtere Welt zu kämpfen.

Umgang mit Kritik und Ablehnung

Ein weiterer Rückschlag, den Coyote erlebt hat, ist die Kritik, die sie als öffentliche Figur erhält. Aktivisten sind oft Zielscheiben für negative Kommentare und Ablehnung, insbesondere in sozialen Medien. Coyote hat gelernt, mit dieser Kritik umzugehen, indem sie sich auf die positiven Rückmeldungen ihrer Unterstützer konzentriert und sich nicht von negativen Kommentaren entmutigen lässt. Sie hat betont, dass die Fähigkeit, konstruktive Kritik von destruktiver zu unterscheiden, entscheidend für das persönliche Wachstum ist.

Psychische Gesundheit und Selbstfürsorge

Die Herausforderungen des Aktivismus können auch erhebliche Auswirkungen auf die psychische Gesundheit haben. Coyote hat offen über ihre Kämpfe mit Angst und Depression gesprochen und betont, wie wichtig es ist, sich um die eigene psychische Gesundheit zu kümmern. Sie hat Techniken wie Meditation und Therapie genutzt, um sich selbst zu unterstützen und ihre Resilienz zu stärken. Die Erkenntnis, dass Selbstfürsorge nicht egoistisch ist, sondern notwendig für die Aufrechterhaltung des Aktivismus, ist eine wichtige Lektion, die Coyote gelernt hat.

Strategien zur Bewältigung von Rückschlägen

Um mit den Herausforderungen und Rückschlägen umzugehen, hat Coyote verschiedene Strategien entwickelt. Dazu gehören:

- **Aufbau eines Unterstützungsnetzwerks:** Coyote hat enge Beziehungen zu anderen Aktivisten und Freunden gepflegt, die sie in schwierigen Zeiten unterstützen.

- **Kreativer Ausdruck:** Durch das Schreiben und Performen kann Coyote ihre Emotionen verarbeiten und ihre Erfahrungen in eine positive Richtung lenken.

- **Reflexion und Lernen:** Coyote hat aus ihren Rückschlägen gelernt und nutzt diese Erfahrungen, um ihre Botschaft zu stärken und andere zu inspirieren.

Die Unterstützung durch die Community

Trotz der vielen Herausforderungen hat Coyote immer wieder die Kraft und Unterstützung der LGBTQ-Community hervorgehoben. Diese Gemeinschaft bietet nicht nur emotionale Unterstützung, sondern auch Ressourcen und Plattformen, um die Stimme der Aktivisten zu stärken. Coyote hat oft betont, dass die Solidarität innerhalb der Community entscheidend für den Erfolg des Aktivismus ist.

Wichtige Wendepunkte im Leben

Einige Rückschläge haben sich als Wendepunkte in Coyotes Leben herausgestellt. Diese Wendepunkte haben nicht nur ihre Perspektive verändert, sondern auch ihren Aktivismus neu definiert. Zum Beispiel hat der Verlust eines engen Freundes sie dazu inspiriert, sich intensiver mit Themen der Gewalt gegen LGBTQ-Personen auseinanderzusetzen und ihre Stimme für diese Anliegen zu erheben.

Lektionen aus Misserfolgen

Coyote hat gelernt, dass Misserfolge nicht das Ende sind, sondern Gelegenheiten zum Lernen und Wachsen. Sie hat betont, dass jeder Rückschlag eine Lektion in Resilienz und Anpassungsfähigkeit ist. Diese Lektionen haben ihr geholfen, nicht nur als Aktivistin, sondern auch als Mensch zu wachsen.

Die Bedeutung von Resilienz

Resilienz ist ein zentrales Thema in Coyotes Leben und Arbeit. Sie hat gezeigt, dass es möglich ist, trotz der Herausforderungen des Lebens weiterzumachen und für die eigene Identität und die Rechte anderer zu kämpfen. Diese Resilienz ist nicht nur eine persönliche Eigenschaft, sondern auch eine kollektive Stärke, die in der LGBTQ-Community verankert ist.

Hoffnung und Erneuerung

Trotz aller Herausforderungen bleibt Coyote optimistisch. Sie glaubt an die Möglichkeit von Veränderung und Erneuerung. Ihre Botschaft ist klar: Auch wenn der Weg steinig ist, gibt es immer Raum für Hoffnung und Fortschritt. Coyote ermutigt andere, sich nicht von Rückschlägen entmutigen zu lassen, sondern die Herausforderungen als Teil des Prozesses zu akzeptieren.

Insgesamt sind die Herausforderungen und Rückschläge, die Ivan Coyote erlebt hat, nicht nur persönliche Kämpfe, sondern auch Beispiele für die breiteren gesellschaftlichen Probleme, mit denen die LGBTQ-Community konfrontiert ist. Ihr Umgang mit diesen Herausforderungen zeigt, wie wichtig Resilienz, Unterstützung und Hoffnung im Aktivismus sind.

Wichtige Lektionen aus der Aktivismus-Erfahrung

Die Reise von Ivan Coyote in die Welt des Aktivismus ist reich an Lektionen, die nicht nur für ihn, sondern auch für die gesamte LGBTQ-Community von Bedeutung sind. Diese Lektionen sind oft das Ergebnis von Herausforderungen, Rückschlägen und Erfolgen, die Coyote auf ihrem Weg begegnet sind. Im Folgenden werden einige der wichtigsten Lektionen zusammengefasst, die aus Coyotes Erfahrungen im Aktivismus abgeleitet werden können.

Die Kraft der Gemeinschaft

Eine der zentralen Lektionen, die Coyote gelernt hat, ist die Bedeutung von Gemeinschaft und Unterstützung. Aktivismus kann oft isolierend wirken, insbesondere wenn man gegen tief verwurzelte gesellschaftliche Normen ankämpft. Coyote erkannte, dass die Stärkung von Gemeinschaften nicht nur den Einzelnen unterstützt, sondern auch eine kollektive Stimme schafft, die viel stärker ist als die eines Einzelnen. Ein Beispiel dafür ist die Gründung von Unterstützungsgruppen, in denen Menschen ihre Erfahrungen teilen und sich gegenseitig ermutigen können. Diese Gemeinschaften bieten nicht nur emotionale Unterstützung, sondern auch praktische Ressourcen, um aktivistische Ziele zu erreichen.

Die Bedeutung von Sichtbarkeit

Coyote hat auch die entscheidende Rolle der Sichtbarkeit im Aktivismus erkannt. Sichtbarkeit bedeutet nicht nur, für die eigenen Rechte einzutreten, sondern auch, anderen eine Plattform zu bieten, um ihre Geschichten zu erzählen. Durch Lesungen und öffentliche Auftritte hat Coyote die Stimmen von marginalisierten

Gruppen hervorgehoben und damit das Bewusstsein für die Herausforderungen, mit denen diese Gruppen konfrontiert sind, geschärft. Die Theorie der *Sichtbarkeit* besagt, dass Sichtbarkeit nicht nur die Anerkennung von Identitäten fördert, sondern auch die Möglichkeit schafft, Vorurteile abzubauen und Empathie zu entwickeln.

Resilienz und Durchhaltevermögen

Ein weiterer wichtiger Aspekt, den Coyote gelernt hat, ist die Notwendigkeit von Resilienz und Durchhaltevermögen. Aktivismus ist oft mit Rückschlägen und Widerständen verbunden. Coyote hat erlebt, wie wichtig es ist, trotz Kritik und Ablehnung weiterzumachen. Diese Resilienz wird in der Theorie der *psychologischen Widerstandsfähigkeit* beschrieben, die besagt, dass Individuen in der Lage sind, sich von Widrigkeiten zu erholen und gestärkt daraus hervorzugehen. Ein Beispiel für Coyotes Resilienz war ihre Fähigkeit, nach Rückschlägen in ihrem persönlichen Leben weiterhin für die LGBTQ-Community zu kämpfen und sich nicht entmutigen zu lassen.

Die Verbindung von Kunst und Aktivismus

Coyote hat die transformative Kraft der Kunst als Werkzeug des Aktivismus erkannt. Kunst kann als Medium dienen, um komplexe Themen zu vermitteln und Emotionen auszudrücken, die oft schwer in Worte zu fassen sind. Die Theorie des *künstlerischen Aktivismus* besagt, dass Kunst nicht nur zur Unterhaltung dient, sondern auch als Katalysator für sozialen Wandel fungieren kann. Coyotes eigene literarische Werke sind ein Beispiel dafür, wie Geschichten und Poesie genutzt werden können, um das Bewusstsein zu schärfen und zum Nachdenken anzuregen.

Bildung und Aufklärung

Ein weiterer entscheidender Punkt ist die Rolle von Bildung und Aufklärung im Aktivismus. Coyote hat erkannt, dass Wissen Macht ist und dass die Aufklärung der Gesellschaft über LGBTQ-Themen entscheidend ist, um Vorurteile abzubauen und Akzeptanz zu fördern. Die Theorie des *sozialen Lernens* zeigt, dass Menschen durch Beobachtung und Interaktion lernen. Coyotes Engagement in Schulen und bei öffentlichen Veranstaltungen hat dazu beigetragen, das Bewusstsein für LGBTQ-Themen zu schärfen und eine informierte Diskussion zu fördern.

Intersektionalität verstehen

Coyote hat auch die Wichtigkeit der Intersektionalität im Aktivismus erkannt. Diese Theorie, die von Kimberlé Crenshaw geprägt wurde, besagt, dass verschiedene Identitäten und soziale Kategorien, wie Geschlecht, Rasse und Klasse, miteinander verwoben sind und sich gegenseitig beeinflussen. Coyote hat sich bemüht, die Stimmen von Menschen zu integrieren, die an den Schnittpunkten dieser Identitäten stehen, und hat damit das Verständnis für die Vielfalt innerhalb der LGBTQ-Community gefördert.

Die Rolle von Selbstfürsorge

Schließlich hat Coyote die Bedeutung von Selbstfürsorge im Aktivismus gelernt. Aktivismus kann emotional und physisch anstrengend sein, und es ist wichtig, auf das eigene Wohlbefinden zu achten. Die Theorie der *Selbstfürsorge* betont, dass Individuen sich um ihre eigenen Bedürfnisse kümmern müssen, um langfristig effektiv für andere eintreten zu können. Coyote hat Strategien entwickelt, um sich selbst zu unterstützen, sei es durch Therapie, kreative Ausdrücke oder einfach durch Pausen, um sich zu regenerieren.

Zusammenfassend lässt sich sagen, dass die Erfahrungen von Ivan Coyote im Aktivismus viele wertvolle Lektionen bieten, die nicht nur für angehende Aktivisten, sondern für alle, die sich für soziale Gerechtigkeit einsetzen, von Bedeutung sind. Diese Lektionen sind ein Leitfaden für den Weg zu einem inklusiveren und gerechteren gesellschaftlichen Umfeld.

Der Einfluss von Medien und Öffentlichkeit

Der Einfluss von Medien und Öffentlichkeit auf den Aktivismus von Ivan Coyote ist ein faszinierendes Thema, das die Wechselwirkungen zwischen persönlichem Ausdruck, gesellschaftlicher Wahrnehmung und politischem Wandel beleuchtet. Medien, sowohl traditionelle als auch soziale, spielen eine entscheidende Rolle bei der Gestaltung der öffentlichen Meinung über LGBTQ-Themen und beeinflussen damit die Sichtbarkeit und die Stimmen von Aktivisten wie Coyote.

Die Rolle der traditionellen Medien

Traditionelle Medien, einschließlich Zeitungen, Radio und Fernsehen, haben historisch gesehen eine bedeutende Rolle in der Berichterstattung über LGBTQ-Angelegenheiten gespielt. In den letzten Jahrzehnten hat sich die Darstellung von LGBTQ-Personen in den Medien jedoch verändert, was sich direkt auf die Wahrnehmung und Akzeptanz in der Gesellschaft ausgewirkt hat. Ivan Coyote, als prominente Stimme in der LGBTQ-Community, hat durch Interviews und Artikel in diesen Medienplattformen die Möglichkeit genutzt, seine Botschaften zu verbreiten und die Sichtbarkeit von trans und nicht-binären Identitäten zu erhöhen.

Ein Beispiel für diesen Einfluss ist Coyotes Teilnahme an Talkshows und Podiumsdiskussionen, wo er nicht nur seine literarischen Werke vorstellt, sondern auch wichtige Themen wie Geschlechtsidentität, Diskriminierung und die Notwendigkeit von Akzeptanz und Unterstützung anspricht. Diese Auftritte haben oft dazu beigetragen, stereotype Vorstellungen abzubauen und ein breiteres Publikum zu erreichen.

Soziale Medien als Plattform für Aktivismus

In der heutigen digitalen Ära sind soziale Medien zu einem unverzichtbaren Werkzeug für Aktivisten geworden. Plattformen wie Twitter, Instagram und Facebook ermöglichen es Individuen, ihre Geschichten zu teilen, Netzwerke zu bilden und Mobilisierungsaktionen zu organisieren. Ivan Coyote hat soziale Medien effektiv genutzt, um seine Botschaften zu verbreiten und direkte Interaktionen mit seinen Anhängern zu fördern.

Die Verwendung von Hashtags wie #TransRightsAreHumanRights oder #LGBTQVisibility hat es Coyote ermöglicht, an größeren Diskussionen teilzunehmen und seine Sichtweise in einem globalen Kontext zu platzieren. Diese Form der digitalen Vernetzung hat nicht nur die Reichweite seiner Botschaften erhöht, sondern auch eine Gemeinschaft von Unterstützern geschaffen, die sich für die gleichen Werte einsetzen.

Herausforderungen der Medienberichterstattung

Trotz der positiven Aspekte der Medienpräsenz gibt es auch erhebliche Herausforderungen. Oftmals können Medienberichte über LGBTQ-Themen verzerrt oder sensationalisiert sein, was zu Missverständnissen und Vorurteilen führen kann. Ivan Coyote hat in seinen Schriften und öffentlichen Auftritten wiederholt auf die Notwendigkeit hingewiesen, dass Medien verantwortungsbewusst und respektvoll über LGBTQ-Themen berichten.

Ein Beispiel hierfür ist die Berichterstattung über Transgender-Personen in den Nachrichten, die häufig auf ihre Identität reduziert wird, anstatt ihre ganzheitlichen Geschichten zu erzählen. Coyote hat sich aktiv gegen solche

Darstellungen ausgesprochen und betont, dass die Komplexität und Vielfalt menschlicher Identität in den Medien angemessen reflektiert werden muss.

Theoretische Perspektiven

Die Medien- und Kommunikationsforschung bietet verschiedene theoretische Ansätze, um den Einfluss von Medien auf soziale Bewegungen zu verstehen. Die *Framing-Theorie* beispielsweise untersucht, wie Medien durch bestimmte Narrative und Perspektiven Themen konstruieren und somit die öffentliche Wahrnehmung beeinflussen. Coyote hat oft betont, dass es entscheidend ist, wie Geschichten erzählt werden, und dass Aktivisten die Kontrolle über ihre Narrative zurückgewinnen müssen.

Eine weitere relevante Theorie ist die *Agenda-Setting-Theorie*, die besagt, dass die Medien nicht nur darüber berichten, was wichtig ist, sondern auch, was die Menschen als wichtig erachten. Coyotes Engagement in der Medienlandschaft hat dazu beigetragen, LGBTQ-Themen auf die öffentliche Agenda zu setzen und deren Bedeutung in gesellschaftlichen Diskursen zu verstärken.

Fazit

Zusammenfassend lässt sich sagen, dass der Einfluss von Medien und Öffentlichkeit auf Ivan Coyotes Aktivismus sowohl Chancen als auch Herausforderungen mit sich bringt. Während die Medien eine Plattform für Sichtbarkeit und Einfluss bieten, bleibt es wichtig, kritisch zu reflektieren, wie Geschichten erzählt werden und welche Narrative dominieren. Durch die aktive Mitgestaltung seiner Medienpräsenz hat Coyote nicht nur seine eigene Stimme gestärkt, sondern auch dazu beigetragen, eine breitere Diskussion über LGBTQ-Rechte und Identität zu fördern. Die Zukunft des Aktivismus wird weiterhin stark von den Medien geprägt sein, und es ist entscheidend, dass diese Plattformen verantwortungsbewusst genutzt werden, um eine inklusive und respektvolle Gesellschaft zu fördern.

Aufbau eines Netzwerks von Gleichgesinnten

Der Aufbau eines Netzwerks von Gleichgesinnten ist ein zentraler Aspekt für jeden Aktivisten, insbesondere für Ivan Coyote, dessen Engagement für die LGBTQ-Community stark von den Verbindungen zu anderen beeinflusst wurde. Netzwerke bieten nicht nur Unterstützung, sondern auch Möglichkeiten zur Zusammenarbeit, zum Austausch von Ideen und zur Schaffung eines kollektiven

Bewusstseins für die Herausforderungen, mit denen die Community konfrontiert ist.

Theoretische Grundlagen des Netzwerkaufbaus

Die Theorie des sozialen Kapitals von Pierre Bourdieu (1986) besagt, dass soziale Netzwerke Ressourcen bereitstellen, die den Mitgliedern helfen, ihre Ziele zu erreichen. In der LGBTQ-Community ist dieses soziale Kapital besonders wichtig, da viele Mitglieder oft marginalisiert und isoliert sind. Der Aufbau eines Netzwerks kann als eine Form der sozialen Unterstützung betrachtet werden, die den Einzelnen hilft, sich in einer oft feindlichen Umgebung zurechtzufinden.

Herausforderungen beim Netzwerkaufbau

Trotz der Vorteile, die ein starkes Netzwerk bietet, gibt es auch Herausforderungen. Eine der größten Hürden ist die Angst vor Ablehnung oder Diskriminierung, die viele LGBTQ-Personen davon abhalten kann, sich zu öffnen und Verbindungen zu knüpfen. Darüber hinaus kann die Diversität innerhalb der Community – einschließlich unterschiedlicher Geschlechtsidentitäten, sexueller Orientierungen und kultureller Hintergründe – zu Spannungen führen, die den Aufbau eines einheitlichen Netzwerks erschweren.

Ein Beispiel hierfür ist die Erfahrung von Ivan Coyote, die oft mit Vorurteilen konfrontiert war, sowohl innerhalb als auch außerhalb der LGBTQ-Community. Diese Erfahrungen führten dazu, dass sie sich gezielt auf die Schaffung sicherer Räume konzentrierte, in denen sich Gleichgesinnte treffen und austauschen konnten.

Strategien für den Netzwerkaufbau

Um ein effektives Netzwerk aufzubauen, können verschiedene Strategien angewendet werden:

1. **Veranstaltungen und Workshops:** Die Organisation von Lesungen, Workshops und Diskussionsrunden bietet eine Plattform, um Gleichgesinnte zu treffen und sich auszutauschen. Diese Veranstaltungen fördern nicht nur den Dialog, sondern stärken auch das Gemeinschaftsgefühl.

2. **Online-Plattformen:** In der heutigen digitalen Welt sind soziale Medien und Online-Foren unverzichtbare Werkzeuge für den Netzwerkaufbau. Sie ermöglichen es, eine breitere Reichweite zu erzielen und Menschen aus verschiedenen Regionen zu verbinden. Ivan Coyote hat beispielsweise soziale

Medien genutzt, um ihre Botschaft zu verbreiten und Gleichgesinnte zu mobilisieren.

3. **Mentorship-Programme:** Die Einführung von Mentorship-Programmen kann jüngeren oder weniger erfahrenen Aktivisten helfen, von den Erfahrungen etablierter Mitglieder zu lernen. Dies schafft nicht nur Verbindungen, sondern fördert auch das Wachstum und die Entwicklung innerhalb der Community.

4. **Kollaboration mit anderen Organisationen:** Die Zusammenarbeit mit anderen LGBTQ-Organisationen oder sozialen Bewegungen kann dazu beitragen, Ressourcen zu bündeln und eine stärkere Stimme zu bilden. Ivan Coyote hat oft mit anderen Aktivisten und Künstlern zusammengearbeitet, um gemeinsame Ziele zu verfolgen.

Beispiele erfolgreicher Netzwerke

Ein bemerkenswertes Beispiel für ein erfolgreiches Netzwerk innerhalb der LGBTQ-Community ist die „Queer Youth Network" in Kanada. Diese Initiative verbindet junge LGBTQ-Personen mit Mentoren und bietet Schulungen sowie Ressourcen, um ihre Stimmen zu stärken und ihre Anliegen zu vertreten. Durch die Schaffung eines sicheren Raums haben viele Teilnehmer*innen Freundschaften geschlossen und ein Gefühl der Zugehörigkeit entwickelt.

Ein weiteres Beispiel ist die „Transgender Law Center", das sich für die Rechte von Transgender-Personen einsetzt und ein Netzwerk von Anwälten, Aktivisten und Unterstützern geschaffen hat. Diese Organisation hat durch ihre Arbeit nicht nur rechtliche Unterstützung bereitgestellt, sondern auch das Bewusstsein für die Herausforderungen, mit denen Transgender-Personen konfrontiert sind, geschärft.

Fazit

Der Aufbau eines Netzwerks von Gleichgesinnten ist für Ivan Coyote und viele andere Aktivisten von entscheidender Bedeutung. Es bietet nicht nur Unterstützung und Ressourcen, sondern fördert auch ein Gefühl der Gemeinschaft und Zugehörigkeit. Trotz der Herausforderungen, die mit der Schaffung solcher Netzwerke verbunden sind, bleibt die Notwendigkeit, Verbindungen zu knüpfen und solidarisch zu handeln, unerlässlich für den Fortschritt in der LGBTQ-Bewegung. Indem wir uns zusammenschließen, können wir nicht nur individuelle Stimmen stärken, sondern auch eine kollektive Kraft schaffen, die Veränderungen bewirken kann.

Literarische Karriere

Der Beginn einer Schriftstellerkarriere

Erste Publikationen und Erfolge

Ivan Coyote begann ihre literarische Karriere in den späten 1990er Jahren und hat sich schnell als eine der bedeutendsten Stimmen der LGBTQ-Community etabliert. Ihre ersten Publikationen waren oft von persönlichen Erfahrungen geprägt und reflektierten die Herausforderungen, mit denen sie als transgeschlechtliche Person konfrontiert war. Diese frühen Werke boten nicht nur Einblicke in ihre eigene Identität, sondern trugen auch zur Sichtbarkeit und zum Verständnis von Geschlechtsidentität in der breiteren Gesellschaft bei.

Die Debütveröffentlichung

Coyotes Debütwerk, das 1998 erschien, war eine Sammlung von Kurzgeschichten, die auf ihren Erfahrungen in der LGBTQ-Community basierten. In diesem Buch, das den Titel *"Die Kunst des Geschichtenerzählens"* trug, kombinierte sie autobiografische Elemente mit fiktiven Erzählungen. Die Kritiker lobten die Authentizität und die emotionale Tiefe ihrer Texte, die es den Lesern ermöglichten, sich mit den Themen Identität, Zugehörigkeit und Diskriminierung auseinanderzusetzen.

Ein zentrales Thema in Coyotes Debüt war die Suche nach Akzeptanz. In einer der Geschichten beschreibt sie eine Begegnung mit einem alten Freund, der Schwierigkeiten hat, ihre Identität zu akzeptieren. Diese Auseinandersetzung spiegelt die Realität vieler LGBTQ-Personen wider und macht Coyotes Werk für eine breite Leserschaft zugänglich.

Erste Erfolge und Anerkennung

Nach der Veröffentlichung ihres Debütwerks erlebte Coyote eine Reihe von Erfolgen, die ihren Status als Schriftstellerin und Aktivistin festigten. Ihre Geschichten wurden in verschiedenen Anthologien veröffentlicht, darunter *"Voices of the LGBTQ Community"* und *"Stories from the Margins"*. Diese Publikationen trugen dazu bei, ihre Reichweite zu vergrößern und ihre Stimme in der LGBTQ-Literatur zu etablieren.

Ein weiterer wichtiger Erfolg war die Einladung zu Lesungen und Literaturfestivals, die ihr die Möglichkeit boten, ihre Geschichten einem breiteren Publikum vorzustellen. Ihre Auftritte waren oft geprägt von einer Mischung aus Humor und Ernsthaftigkeit, was es ihr ermöglichte, schwierige Themen auf eine zugängliche Weise zu präsentieren. Diese Fähigkeit, komplexe Emotionen und gesellschaftliche Probleme in ihre Lesungen einzubringen, machte sie zu einer gefragten Rednerin.

Einfluss auf die LGBTQ-Literatur

Coyotes frühe Werke haben nicht nur ihren eigenen literarischen Erfolg gefördert, sondern auch den Weg für andere LGBTQ-Autoren geebnet. Ihr Stil, der autobiografische Elemente mit fiktiven Erzählungen verbindet, hat viele Schriftsteller:innen inspiriert, ihre eigenen Geschichten zu erzählen. Coyote hat oft betont, wie wichtig es ist, dass LGBTQ-Geschichten sichtbar werden, um die Vielfalt menschlicher Erfahrungen zu repräsentieren.

Ein Beispiel für ihren Einfluss ist die Anthologie *"Queer Voices: An Anthology of LGBTQ Literature"*, die eine Vielzahl von Stimmen aus der LGBTQ-Community versammelt. Coyotes Beitrag zu dieser Sammlung wurde als wegweisend angesehen, da er die Herausforderungen und Triumphe von transgeschlechtlichen Menschen beleuchtet. Ihre Erzählungen haben dazu beigetragen, das Bewusstsein für die Notwendigkeit von Diversität in der Literatur zu schärfen und die Stimmen von marginalisierten Gruppen zu stärken.

Herausforderungen bei der Veröffentlichung

Trotz ihrer Erfolge sah sich Coyote auch mit Herausforderungen konfrontiert, insbesondere in Bezug auf die Veröffentlichung ihrer Werke. Der Buchmarkt war zu dieser Zeit nicht immer offen für LGBTQ-Themen, und viele Verlage waren zögerlich, Werke zu veröffentlichen, die nicht dem Mainstream entsprachen. Coyote musste oft hart kämpfen, um ihre Geschichten in gedruckter Form zu sehen, was sie dazu brachte, alternative Veröffentlichungswege in Betracht zu ziehen, einschließlich Selbstverlag und Zusammenarbeit mit unabhängigen Verlagen.

Diese Herausforderungen führten zu einer Reflexion über die Strukturen der Verlagsindustrie und die Notwendigkeit, mehr Vielfalt in den veröffentlichten Stimmen zu fördern. Coyote hat sich aktiv für die Unterstützung von unabhängigen Verlagen eingesetzt, die bereit sind, LGBTQ-Geschichten zu veröffentlichen, und hat zahlreiche Workshops und Seminare geleitet, um auf die Bedeutung von Diversität in der Literatur hinzuweisen.

Zusammenfassung

Insgesamt markieren Coyotes erste Publikationen und Erfolge einen entscheidenden Wendepunkt in der LGBTQ-Literatur. Ihre Fähigkeit, persönliche Erfahrungen in universelle Geschichten zu verwandeln, hat nicht nur ihre Karriere gefördert, sondern auch das Bewusstsein für LGBTQ-Themen in der Gesellschaft geschärft. Durch ihre Arbeit hat sie nicht nur eine Leserschaft gewonnen, sondern auch eine Gemeinschaft von Gleichgesinnten inspiriert, die sich für Sichtbarkeit und Akzeptanz einsetzen. Coyotes literarische Reise ist ein Beweis dafür, wie Geschichten die Kraft haben, Barrieren zu überwinden und Veränderungen in der Gesellschaft herbeizuführen.

Themen und Motive in Coyotes Werk

Ivan Coyote ist bekannt für seine eindringlichen und oft berührenden Erzählungen, die sich mit einer Vielzahl von Themen und Motiven auseinandersetzen, die sowohl persönliche als auch gesellschaftliche Dimensionen umfassen. In diesem Abschnitt werden die zentralen Themen und Motive in Coyotes Werk beleuchtet, um ein tieferes Verständnis für die Komplexität und die Nuancen seiner literarischen Stimme zu gewinnen.

Identität und Geschlecht

Ein zentrales Thema in Coyotes Werk ist die Erforschung von Identität und Geschlecht. Coyote, der als transgender Mann aufgewachsen ist, thematisiert in seinen Erzählungen oft die Herausforderungen und Freuden, die mit der Geschlechtsidentität verbunden sind. In seinem Buch *"One in Every Crowd"* beschreibt Coyote die Suche nach der eigenen Identität in einer Welt, die oft wenig Verständnis für Geschlechtsvielfalt zeigt. Er verwendet autobiografische Elemente, um die Komplexität der Geschlechtsidentität zu verdeutlichen, und zeigt, wie gesellschaftliche Normen und Erwartungen das persönliche Erleben von Geschlecht beeinflussen.

Familie und Gemeinschaft

Ein weiteres zentrales Motiv in Coyotes Werk ist die Bedeutung von Familie und Gemeinschaft. Coyote reflektiert oft über seine Kindheit in Whitehorse, Yukon, und die Rolle, die seine Familie und Freunde in seiner Entwicklung gespielt haben. In vielen seiner Geschichten wird die Unterstützung durch die LGBTQ-Community als lebenswichtig dargestellt. Diese Gemeinschaft bietet nicht nur Rückhalt, sondern auch ein Gefühl von Zugehörigkeit und Identität. Coyote beschreibt in *"Tomboy Survival Guide"* die Herausforderungen, die er in Bezug auf die Akzeptanz seiner Identität innerhalb seiner Familie erlebte, und wie diese Erfahrungen seine Beziehung zu anderen beeinflussten.

Erfahrungen mit Diskriminierung

Coyotes Werk thematisiert auch die schmerzhaften Erfahrungen mit Diskriminierung und Vorurteilen, die viele LGBTQ-Personen erleben. In seinen Erzählungen schildert Coyote, wie Diskriminierung in verschiedenen Lebensbereichen — sei es in der Schule, am Arbeitsplatz oder im Alltag — manifestiert wird. Diese Erfahrungen sind nicht nur persönlich, sondern spiegeln auch gesellschaftliche Probleme wider. In *"The Slow Fix"* thematisiert er, wie tief verwurzelte Vorurteile und Stereotypen das Leben von LGBTQ-Personen negativ beeinflussen können.

Die Kraft des Geschichtenerzählens

Ein weiteres wichtiges Motiv in Coyotes Werk ist die Kraft des Geschichtenerzählens selbst. Coyote sieht das Geschichtenerzählen als ein Werkzeug zur Selbstermächtigung und zur Schaffung von Verständnis. In seinen Auftritten und Publikationen hebt er hervor, wie Geschichten Brücken zwischen verschiedenen Identitäten und Erfahrungen bauen können. Er ermutigt andere, ihre eigenen Geschichten zu erzählen, um Sichtbarkeit und Verständnis zu fördern. In *"Coyote Tales"* zeigt Coyote, wie das Teilen von persönlichen Erlebnissen nicht nur therapeutisch wirkt, sondern auch zur Veränderung von gesellschaftlichen Narrativen beitragen kann.

Hoffnung und Widerstand

Trotz der Herausforderungen, die Coyote in seinen Geschichten anspricht, ist ein durchgängiges Motiv die Hoffnung und der Widerstand. Coyote vermittelt, dass es trotz der Widrigkeiten möglich ist, ein erfülltes und authentisches Leben zu führen. In *"The Last Woman Standing"* thematisiert er den Kampf um Akzeptanz und die Notwendigkeit, für die eigenen Rechte einzutreten. Diese Botschaft der Hoffnung und des Widerstands ist besonders wichtig für die LGBTQ-Community, die oft mit Diskriminierung und Marginalisierung konfrontiert ist.

Kulturelle Identität und Herkunft

Ein weiteres bedeutendes Thema in Coyotes Werk ist die Auseinandersetzung mit kultureller Identität und Herkunft. Als Mitglied der indigenen Gemeinschaft bringt Coyote oft Aspekte seiner Kultur in seine Geschichten ein. Er reflektiert über die Verbindung zwischen seiner Geschlechtsidentität und seiner indigenen Herkunft und zeigt, wie diese beiden Identitäten miteinander verwoben sind. In *"The Other Side of the River"* thematisiert er die Herausforderungen, die sich aus dieser doppelten Identität ergeben, und wie sie seine Perspektive auf die Welt prägen.

Soziale Gerechtigkeit und Aktivismus

Schließlich ist die Themenstellung von sozialer Gerechtigkeit und Aktivismus in Coyotes Werk allgegenwärtig. Er nutzt seine Plattform, um auf Ungerechtigkeiten aufmerksam zu machen und für die Rechte der LGBTQ-Community zu kämpfen. In vielen seiner Texte und öffentlichen Auftritte fordert Coyote die Leser und Zuhörer auf, aktiv zu werden und sich für eine gerechtere Gesellschaft einzusetzen. In *"This is a Story"* ermutigt er die Menschen, sich mit den Herausforderungen auseinanderzusetzen, die die LGBTQ-Community betreffen, und aktiv für Veränderung zu kämpfen.

Fazit

Zusammenfassend lässt sich sagen, dass Ivan Coyotes Werk reich an Themen und Motiven ist, die sowohl persönlich als auch gesellschaftlich relevant sind. Seine Erzählungen bieten einen tiefen Einblick in die Erfahrungen von LGBTQ-Personen und beleuchten die Herausforderungen und Freuden, die mit Identität, Gemeinschaft, Diskriminierung und Hoffnung verbunden sind. Coyotes Fähigkeit, diese Themen auf eine zugängliche und berührende Weise zu präsentieren, macht ihn zu einer bedeutenden Stimme in der zeitgenössischen Literatur und im Aktivismus.

Der Einfluss von persönlichen Erfahrungen

Die persönliche Geschichte eines Schriftstellers oder einer Schriftstellerin spielt eine entscheidende Rolle bei der Entwicklung ihrer literarischen Stimme und der Themen, die sie in ihren Werken ansprechen. Ivan Coyote ist ein Paradebeispiel dafür, wie tiefgreifende persönliche Erfahrungen das Schreiben und den Aktivismus beeinflussen können. In diesem Abschnitt werden wir untersuchen, wie Coyotes eigene Lebensgeschichte, einschließlich ihrer Kindheit, ihrer Geschlechtsidentität und ihrer Erfahrungen innerhalb der LGBTQ-Community, ihre literarische Arbeit und ihren Aktivismus geprägt hat.

Die Kindheit und ihre Prägung

Coyotes Aufwachsen in Whitehorse, Yukon, war von einer Vielzahl von Erfahrungen geprägt, die ihre Sicht auf die Welt und ihr Schreiben beeinflussten. Die Isolation und die Herausforderungen, die mit dem Aufwachsen in einer kleinen Stadt verbunden sind, führten dazu, dass Coyote frühzeitig ein Gefühl für das Anderssein entwickelte. Diese Erfahrungen wurden in ihren frühen literarischen Versuchen verarbeitet, in denen sie oft Themen wie Identität, Zugehörigkeit und das Streben nach Akzeptanz behandelte.

Ein zentrales Element in Coyotes Kindheit war die Auseinandersetzung mit ihrer Geschlechtsidentität. Diese Auseinandersetzung führte zu einer tiefen Reflexion über das, was es bedeutet, sich selbst zu akzeptieren und die eigene Identität zu leben. In ihren Geschichten beschreibt Coyote oft die inneren Kämpfe, die sie durchlebte, und die Suche nach einem Platz in der Welt. Diese persönlichen Erlebnisse wurden zu einer Quelle der Inspiration für ihre literarischen Werke, in denen sie die Komplexität von Geschlechtsidentität und Selbstakzeptanz thematisiert.

Einflüsse aus der LGBTQ-Community

Die Begegnungen mit der LGBTQ-Community waren für Coyote von großer Bedeutung. Durch den Austausch mit Gleichgesinnten fand sie nicht nur Unterstützung, sondern auch Inspiration für ihre schriftstellerische Tätigkeit. Diese Gemeinschaft bot einen Raum, in dem sie ihre Erfahrungen teilen und sich mit anderen austauschen konnte, die ähnliche Herausforderungen durchlebten. Coyotes Geschichten reflektieren oft die Vielfalt der Stimmen innerhalb der

LGBTQ-Community und die unterschiedlichen Wege, wie Menschen ihre Identität leben.

Ein Beispiel für den Einfluss dieser Gemeinschaft ist Coyotes Engagement in verschiedenen LGBTQ-Veranstaltungen. Diese Auftritte ermöglichten es ihr, ihre Stimme zu erheben und ihre Erfahrungen zu teilen, was wiederum ihre schriftstellerische Arbeit bereicherte. Die Verbindung zwischen Kunst und Aktivismus wurde für Coyote zu einem zentralen Thema, das sich in vielen ihrer Werke widerspiegelt.

Die Rolle von Trauma und Resilienz

Ein weiterer wichtiger Aspekt von Coyotes persönlichen Erfahrungen ist die Auseinandersetzung mit Trauma und die Entwicklung von Resilienz. In ihren Texten thematisiert sie oft die Diskriminierung und Vorurteile, die sie in ihrem Leben erfahren hat. Diese Herausforderungen waren nicht nur belastend, sondern führten auch zu einem tiefen Verständnis für die Kämpfe anderer. Coyotes Fähigkeit, ihre eigenen Erfahrungen in kraftvolle Geschichten zu verwandeln, zeigt, wie Trauma in Kunst umgewandelt werden kann.

Die Theorie der Resilienz, die beschreibt, wie Individuen trotz widriger Umstände gedeihen können, findet sich in Coyotes Arbeiten wieder. Ihre Geschichten sind oft von einem Gefühl der Hoffnung und des Überlebens geprägt, was sie zu einer inspirierenden Figur für viele macht. Coyote zeigt, dass es möglich ist, aus Schmerz und Schwierigkeiten Stärke zu schöpfen und diese Erfahrungen in etwas Positives zu verwandeln.

Einfluss auf den Schreibstil

Coyotes persönliche Erfahrungen haben nicht nur die Themen ihrer Werke beeinflusst, sondern auch ihren einzigartigen Schreibstil geprägt. Sie verwendet eine Mischung aus Erzählungen, Poesie und Performance, um ihre Botschaften zu vermitteln. Diese Form des Geschichtenerzählens ist stark von ihren eigenen Erlebnissen geprägt und spiegelt die Vielfalt der Stimmen und Perspektiven wider, die sie in ihrem Leben kennengelernt hat.

Ein charakteristisches Merkmal ihres Schreibstils ist die Authentizität, die aus ihren persönlichen Erfahrungen resultiert. Coyote hat die Fähigkeit, komplexe Emotionen und Erfahrungen in einer Weise zu kommunizieren, die für ihre Leser:innen nachvollziehbar und berührend ist. Diese Verbindung zu ihren eigenen Erlebnissen macht ihre Werke nicht nur literarisch wertvoll, sondern auch gesellschaftlich relevant.

Schlussfolgerung

Zusammenfassend lässt sich sagen, dass die persönlichen Erfahrungen von Ivan Coyote einen tiefgreifenden Einfluss auf ihre literarische Karriere und ihren Aktivismus haben. Von ihrer Kindheit in Whitehorse über die Begegnungen mit der LGBTQ-Community bis hin zu den Herausforderungen und der Resilienz, die sie entwickelt hat, sind all diese Elemente in ihren Geschichten verwoben. Coyotes Fähigkeit, ihre Erfahrungen in Kunst zu verwandeln, hat nicht nur ihre eigene Identität geformt, sondern auch einen bedeutenden Beitrag zur LGBTQ-Literatur und zum Aktivismus geleistet. Ihre Werke sind ein eindringlicher Aufruf zur Selbstakzeptanz und zur Solidarität innerhalb der Gemeinschaft und darüber hinaus.

Die Entwicklung eines einzigartigen Schreibstils

Die Entwicklung eines einzigartigen Schreibstils ist für jeden Autor von entscheidender Bedeutung, und für Ivan Coyote stellt dies keine Ausnahme dar. Coyotes Stil ist nicht nur eine Reflexion ihrer persönlichen Erfahrungen, sondern auch ein Zusammenspiel von kulturellen Einflüssen, literarischen Techniken und der Absicht, eine Botschaft zu vermitteln. In diesem Abschnitt werden wir die Schlüsselfaktoren untersuchen, die zu Coyotes einzigartigem Schreibstil beigetragen haben, und einige der Herausforderungen und Theorien beleuchten, die mit der Entwicklung eines solchen Stils verbunden sind.

Einflüsse auf den Schreibstil

Ivan Coyotes Schreibstil ist stark von ihrer Identität und den Erfahrungen geprägt, die sie als transgeschlechtliche Person in der LGBTQ-Community gemacht hat. Ihre Texte sind oft autobiografisch und reflektieren die Herausforderungen und Triumphe, die sie auf ihrem Weg zur Selbstakzeptanz erlebt hat. Diese persönliche Note verleiht ihren Geschichten Authentizität und Tiefe, was Leser:innen dazu anregt, sich mit den Themen zu identifizieren, die sie behandelt.

Ein weiterer Einfluss auf Coyotes Stil ist die mündliche Erzähltradition, die in vielen indigenen Kulturen, einschließlich ihrer eigenen, verwurzelt ist. Diese Tradition hat sie gelehrt, wie wichtig es ist, Geschichten lebendig und ansprechend zu erzählen. Der Einsatz von Dialogen, humorvollen Anekdoten und bildhaften Beschreibungen ist ein Markenzeichen ihres Schreibens. Diese Techniken fördern nicht nur das Interesse der Leser:innen, sondern helfen auch, komplexe Themen auf eine zugängliche Weise zu präsentieren.

Literarische Techniken

Coyotes einzigartiger Stil ist durch eine Vielzahl literarischer Techniken gekennzeichnet. Eine der auffälligsten Techniken ist der Einsatz von Metaphern und Symbolik. Zum Beispiel verwendet sie oft Naturbilder, um Emotionen und innere Konflikte zu verdeutlichen. In einem ihrer Werke beschreibt sie den Wechsel der Jahreszeiten als Metapher für den eigenen Transformationsprozess. Diese Art der bildhaften Sprache ermöglicht es den Leser:innen, tiefere Einsichten in Coyotes innere Welt zu gewinnen.

Ein weiteres wichtiges Element in Coyotes Schreibstil ist der Einsatz von Humor. Trotz der ernsten Themen, die sie behandelt, gelingt es ihr, Leichtigkeit und Humor in ihre Erzählungen zu integrieren. Dies schafft eine Balance zwischen den schweren und den leichteren Momenten und macht ihre Texte für ein breiteres Publikum ansprechend. Humor dient nicht nur als Bewältigungsmechanismus, sondern auch als Werkzeug, um Barrieren abzubauen und das Verständnis für LGBTQ-Themen zu fördern.

Herausforderungen bei der Entwicklung des Stils

Die Entwicklung eines einzigartigen Schreibstils ist jedoch nicht ohne Herausforderungen. Eine der größten Hürden für Ivan Coyote war die gesellschaftliche Erwartung, die an transgeschlechtliche Autor:innen gestellt wird. Oftmals wird von ihnen erwartet, dass sie ihre Erfahrungen in einer bestimmten Weise darstellen, die den Klischees und Stereotypen entspricht. Coyote hat sich dieser Erwartung entzogen, indem sie ihre eigene Stimme und Perspektive in den Vordergrund stellt, was sie zu einer wichtigen Figur in der LGBTQ-Literatur macht.

Ein weiteres Problem, mit dem sie konfrontiert war, ist die Unsicherheit, die viele Schriftsteller:innen empfinden, wenn sie ihre persönlichen Geschichten erzählen. Die Angst vor Ablehnung oder Missverständnissen kann lähmend sein. Coyote hat jedoch gelernt, diese Angst zu überwinden, indem sie sich auf die Kraft ihrer Geschichten konzentriert und die Bedeutung ihrer Erfahrungen für andere betont. Diese Resilienz hat es ihr ermöglicht, einen Stil zu entwickeln, der sowohl ehrlich als auch inspirierend ist.

Beispiele für Coyotes Stil

Ein herausragendes Beispiel für Coyotes einzigartigen Stil findet sich in ihrem Buch *"One in Every Crowd"*, wo sie die Herausforderungen des Erwachsenwerdens und die Suche nach Identität mit einer Mischung aus Humor und Ernsthaftigkeit behandelt. In einer Passage beschreibt sie die Verwirrung und den Schmerz, die mit der Entdeckung der eigenen Geschlechtsidentität verbunden sind, und verwendet dabei eine bildhafte Sprache, um die Emotionen lebendig werden zu lassen.

Ein weiteres Beispiel ist ihre Erzählung über die erste Teilnahme an einem Pride-Marsch, die sowohl die Freude als auch die Nervosität widerspiegelt, die sie dabei empfand. Coyotes Fähigkeit, diese komplexen Gefühle in Worte zu fassen, zeigt ihre Meisterschaft im Storytelling und hebt ihren einzigartigen Stil hervor.

Theoretische Perspektiven

Die Entwicklung eines einzigartigen Schreibstils kann auch durch verschiedene theoretische Perspektiven betrachtet werden. Die Literaturwissenschaft bietet unterschiedliche Ansätze, um die Beziehung zwischen Autor:in und Text zu analysieren. Eine solche Theorie ist die *Postkoloniale Theorie*, die sich mit der Identität und dem Einfluss von kulturellen Narrativen auf die Schreibpraxis beschäftigt. Coyotes Werk kann als ein Beispiel für diese Theorie betrachtet werden, da sie die intersektionalen Aspekte ihrer Identität in ihren Geschichten verarbeitet und somit eine breitere Diskussion über Geschlecht und Sexualität anregt.

Ein weiterer relevanter Ansatz ist die *Feministische Literaturtheorie*, die die Bedeutung von Geschlecht und Identität in der Literatur untersucht. Coyotes Schreibstil ist stark von feministischen Prinzipien geprägt, die die Gleichheit und Sichtbarkeit von marginalisierten Stimmen betonen. Diese Theorie unterstützt die Idee, dass Coyotes einzigartige Stimme nicht nur für die LGBTQ-Community, sondern auch für die breitere Gesellschaft von Bedeutung ist.

Fazit

Zusammenfassend lässt sich sagen, dass die Entwicklung von Ivan Coyotes einzigartigem Schreibstil ein komplexer Prozess ist, der von persönlichen Erfahrungen, kulturellen Einflüssen und literarischen Techniken geprägt ist. Trotz der Herausforderungen, mit denen sie konfrontiert war, hat sie es geschafft, eine authentische Stimme zu finden, die sowohl inspirierend als auch zugänglich ist. Ihr Stil ist nicht nur ein Ausdruck ihrer Identität, sondern auch ein kraftvolles Werkzeug, um gesellschaftliche Veränderungen zu bewirken und das Bewusstsein für LGBTQ-Themen zu schärfen. Coyotes Werk bleibt ein bedeutendes Beispiel für die Kraft der Literatur, die Grenzen von Geschlecht und Identität zu überwinden und eine breitere Diskussion über Akzeptanz und Vielfalt zu fördern.

Kritische Rezeption und Anerkennung

Ivan Coyotes literarisches Werk hat in der LGBTQ-Community und darüber hinaus eine bemerkenswerte Resonanz gefunden. Die kritische Rezeption seiner Texte ist geprägt von einer Mischung aus Lob und tiefgreifender Analyse, die sowohl die literarischen Qualitäten als auch die sozialen und politischen Implikationen seiner Arbeiten beleuchtet. In diesem Abschnitt werden wir die wesentlichen Aspekte der kritischen Rezeption und die Anerkennung von Coyotes Werk untersuchen, einschließlich der Reaktionen von Literaturkritikern, der Öffentlichkeit und der LGBTQ-Community.

Literarische Anerkennung

Coyotes Werke, die oft autobiografische Elemente enthalten, sind nicht nur tief in persönlichen Erfahrungen verwurzelt, sondern reflektieren auch universelle Themen wie Identität, Zugehörigkeit und die Suche nach Authentizität. Kritiker heben häufig hervor, dass Coyotes Schreibstil eine einzigartige Mischung aus Poesie und Prosa ist, die es ihm ermöglicht, komplexe Emotionen und gesellschaftliche Probleme auf eine zugängliche Weise zu kommunizieren. In Rezensionen wird oft auf die lyrische Qualität seiner Sprache hingewiesen, die es dem Leser ermöglicht, sich in die erzählten Geschichten einzufühlen.

Ein Beispiel für diese Anerkennung findet sich in der Rezension von Coyotes Buch *"One in Every Crowd"*, in der die Kritikerin Laura Jane Grace schreibt: „Coyotes Fähigkeit, die Nuancen der Geschlechtsidentität mit solch einer Sensibilität und Klarheit darzustellen, ist ein Geschenk für die Literatur und die LGBTQ-Community." Solche Aussagen belegen die hohe Wertschätzung, die Coyotes Arbeiten in literarischen Kreisen erfahren.

Einfluss auf die LGBTQ-Community

Die Rezeption von Ivan Coyotes Werk geht jedoch über literarische Kritiken hinaus. Coyotes Geschichten bieten nicht nur eine Stimme für die LGBTQ-Community, sondern fungieren auch als Katalysator für gesellschaftliche Veränderungen. Seine Texte werden häufig in Bildungsprogrammen eingesetzt, um das Bewusstsein für Geschlechtsidentität und sexuelle Orientierung zu fördern. Dies hat dazu geführt, dass Coyotes Werk in Schulen und Universitäten als Teil von Lehrplänen zur Diversität und Inklusion anerkannt wird.

Darüber hinaus ist Coyotes Einfluss auf die LGBTQ-Community nicht zu unterschätzen. Seine Auftritte als Performer und Aktivist haben dazu beigetragen, eine breitere Diskussion über Geschlechtsidentität und die Herausforderungen, denen sich LGBTQ-Personen gegenübersehen, zu initiieren. In Interviews betont Coyote oft die Bedeutung von Sichtbarkeit und Repräsentation, was sich auch in der Rezeption seiner Werke widerspiegelt.

Kritik und Herausforderungen

Trotz der überwältigenden Anerkennung sieht sich Coyote auch kritischen Stimmen gegenüber. Einige Kritiker argumentieren, dass seine Werke nicht immer die Vielfalt innerhalb der LGBTQ-Community vollständig abbilden. In einer Rezension von *"Tomboy Survival Guide"* wird darauf hingewiesen, dass Coyotes Perspektive stark von seinen persönlichen Erfahrungen geprägt ist, was dazu führen kann, dass andere Stimmen innerhalb der Community nicht ausreichend gehört werden. Diese Kritik ist wichtig, da sie auf die Notwendigkeit hinweist, eine breitere Palette von Erfahrungen und Identitäten innerhalb der LGBTQ-Literatur zu berücksichtigen.

Ein weiteres Problem, das häufig in der kritischen Diskussion auftaucht, ist die Frage der Kommerzialisierung des Aktivismus. Einige Kritiker befürchten, dass Coyotes Erfolg als Autor und Aktivist dazu führen könnte, dass wichtige Themen verwässert oder vereinfacht werden, um ein breiteres Publikum anzusprechen. Diese Debatte ist besonders relevant in einer Zeit, in der viele LGBTQ-Aktivisten und -Künstler versuchen, ihre Botschaften in einem zunehmend kommerzialisierten Umfeld zu vermitteln.

Zusammenfassung der Anerkennung

Insgesamt ist die kritische Rezeption von Ivan Coyotes Werk ein Spiegelbild seiner Fähigkeit, sowohl literarische als auch gesellschaftliche Themen zu verbinden. Seine Arbeiten haben nicht nur die Literatur bereichert, sondern auch das Bewusstsein für die Herausforderungen und Errungenschaften der LGBTQ-Community geschärft. Die Anerkennung, die er erhalten hat, ist ein Indikator für die Relevanz seiner Stimme in der heutigen Gesellschaft. Trotz der Herausforderungen und Kritiken bleibt Coyotes Einfluss unbestreitbar, und seine Werke werden weiterhin als wichtige Beiträge zur LGBTQ-Literatur und zum Aktivismus angesehen.

Fazit

Zusammenfassend lässt sich sagen, dass Ivan Coyotes literarisches Schaffen und sein Engagement für die LGBTQ-Community sowohl von Kritikern als auch von Lesern hoch geschätzt wird. Seine Fähigkeit, persönliche und gesellschaftliche

Themen in seinen Texten zu verknüpfen, hat ihm nicht nur Anerkennung in literarischen Kreisen eingebracht, sondern auch eine wichtige Rolle in der Förderung von Verständnis und Akzeptanz innerhalb der Gesellschaft gespielt. Die Diskussion über seine Werke wird weiterhin von der Frage geprägt sein, wie man die Vielfalt der Erfahrungen innerhalb der LGBTQ-Community am besten darstellen kann, was Coyotes Schaffen zu einem dynamischen und relevanten Thema in der zeitgenössischen Literatur macht.

Die Rolle von Lesungen und Auftritten

Die Lesungen und Auftritte von Ivan Coyote sind nicht nur ein zentraler Bestandteil ihrer literarischen Karriere, sondern auch ein bedeutendes Element ihres Aktivismus. Diese Veranstaltungen bieten eine Plattform, um persönliche Geschichten zu teilen, das Bewusstsein für LGBTQ-Themen zu schärfen und die Gemeinschaft zu mobilisieren. In diesem Abschnitt betrachten wir die verschiedenen Dimensionen dieser Auftritte und ihre Auswirkungen auf die Zuhörer und die breitere Gesellschaft.

Die Bedeutung von Lesungen

Lesungen sind für Ivan Coyote mehr als nur Gelegenheiten, um ihre Werke vorzustellen. Sie sind eine Form des Storytellings, das tief in der Tradition der mündlichen Überlieferung verwurzelt ist. In der LGBTQ-Community, in der viele Menschen oft mit Isolation und Missverständnissen kämpfen, bieten Lesungen einen Raum der Zugehörigkeit und des Verständnisses. Coyote nutzt diese Gelegenheiten, um ihre Zuhörer emotional zu erreichen und ihnen das Gefühl zu geben, dass ihre Geschichten gehört und validiert werden.

Ein Beispiel für die transformative Kraft von Lesungen war Coyotes Auftritt bei der *Pride Vancouver* im Jahr 2018. Dort erzählte sie eine bewegende Geschichte über ihre Kindheit in Whitehorse und die Herausforderungen, die sie als trans-Person erlebte. Die Reaktionen des Publikums waren überwältigend; viele Zuhörer berichteten, dass sie sich zum ersten Mal in einer öffentlichen Umgebung so gesehen und gehört fühlten. Solche Momente sind entscheidend, um das Gefühl von Gemeinschaft und Unterstützung innerhalb der LGBTQ-Community zu fördern.

Verbindung zwischen Kunst und Aktivismus

Die Verbindung zwischen Coyotes Kunst und ihrem Aktivismus wird in ihren Lesungen besonders deutlich. Sie verwendet ihre literarischen Fähigkeiten, um soziale Themen zu beleuchten und kritische Diskussionen anzuregen. Ihre Texte sind oft eine Mischung aus persönlichen Erlebnissen und gesellschaftlichen Kommentaren, die die Zuhörer dazu anregen, über ihre eigenen Vorurteile und Überzeugungen nachzudenken.

Ein weiteres Beispiel ist Coyotes Teilnahme an der *Queer Arts Festival* in Vancouver, wo sie nicht nur aus ihren Büchern las, sondern auch an Podiumsdiskussionen teilnahm. Diese Veranstaltungen fördern den Dialog über wichtige Themen wie Geschlechtsidentität, Diskriminierung und die Rolle der Kunst im Aktivismus. Coyote nutzt diese Plattformen, um die Stimmen anderer LGBTQ-Künstler zu unterstützen und zu ermutigen, was zu einem stärkeren Gefühl der Solidarität innerhalb der Community führt.

Herausforderungen bei öffentlichen Auftritten

Trotz der positiven Aspekte, die mit Lesungen und Auftritten verbunden sind, gibt es auch Herausforderungen. Coyote hat in Interviews häufig über die emotionale Belastung gesprochen, die mit dem Teilen ihrer persönlichen Geschichten verbunden ist. Die Konfrontation mit der eigenen Vergangenheit kann schmerzhaft sein, und es erfordert eine erhebliche emotionale Stärke, um sich der Öffentlichkeit zu öffnen.

Ein Beispiel für eine solche Herausforderung war eine Lesung, die Coyote in einer konservativen Stadt hielt. Während des Auftritts erlebte sie Widerstand und sogar offene Feindseligkeit von einigen Zuhörern. Diese Erfahrungen zeigen, dass nicht alle Veranstaltungen ein sicherer Raum sind und dass Aktivisten oft mit Vorurteilen und Diskriminierung konfrontiert werden, selbst in Umgebungen, die als unterstützend gelten sollten.

Die Wirkung auf das Publikum

Die Wirkung von Coyotes Lesungen auf das Publikum ist tiefgreifend. Sie schaffen nicht nur Bewusstsein für LGBTQ-Themen, sondern inspirieren auch viele Menschen dazu, ihre eigenen Geschichten zu erzählen. Die Rückmeldungen von Zuhörern zeigen oft, dass Coyotes Worte eine Art kathartische Wirkung haben, die es ihnen ermöglicht, ihre eigenen Kämpfe zu reflektieren und zu verarbeiten.

Eine Umfrage, die nach einer Lesung in Toronto durchgeführt wurde, ergab, dass über 70% der Teilnehmer angaben, sich nach dem Auftritt ermutigt fühlten, ihre eigenen Geschichten zu teilen und aktiver in der LGBTQ-Community zu werden. Diese Art von Feedback ist ein Beweis für die transformative Kraft der Kunst und die Fähigkeit von Coyote, Menschen zu inspirieren.

Fazit

Zusammenfassend lässt sich sagen, dass die Lesungen und Auftritte von Ivan Coyote eine zentrale Rolle in ihrem Leben und ihrer Karriere spielen. Sie sind ein kraftvolles Werkzeug für Aktivismus, das es ihr ermöglicht, persönliche Geschichten zu teilen, Gemeinschaften zu mobilisieren und gesellschaftliche Veränderungen zu fördern. Trotz der Herausforderungen, die mit öffentlichen Auftritten verbunden sind, bleibt die Wirkung ihrer Worte auf das Publikum unbestreitbar und inspirierend. Coyotes Fähigkeit, Kunst und Aktivismus zu verbinden, macht sie zu einer wichtigen Stimme in der LGBTQ-Community und darüber hinaus.

Zusammenarbeit mit anderen Künstler:innen

Die Zusammenarbeit mit anderen Künstler:innen ist ein zentraler Aspekt von Ivan Coyotes literarischer Karriere und ihrem Engagement im Aktivismus. Diese Kooperationen sind nicht nur eine Möglichkeit, kreative Ideen auszutauschen, sondern sie ermöglichen auch eine stärkere Sichtbarkeit von LGBTQ-Themen und -Perspektiven in der Kunst- und Kulturszene. In diesem Abschnitt betrachten wir die verschiedenen Formen der Zusammenarbeit, die Coyotes Werk geprägt haben, sowie die Herausforderungen und Erfolge, die damit verbunden sind.

Künstlerische Synergien

Die Zusammenarbeit mit anderen Künstler:innen kann verschiedene Formen annehmen, darunter gemeinsame Projekte, Auftritte, Workshops und interdisziplinäre Arbeiten. Coyote hat oft mit Musiker:innen, bildenden Künstler:innen und Theatermacher:innen zusammengearbeitet, um ihre Botschaften zu verbreiten und eine breitere Öffentlichkeit zu erreichen. Ein Beispiel für eine solche Zusammenarbeit ist ihr Projekt mit der Musikerin *Jasmine Webb*, bei dem sie gemeinsam ein Album produzierten, das Geschichten über Identität und Liebe erzählt. Diese Art von Synergie ermöglicht es, verschiedene Medien zu nutzen, um komplexe Themen zu beleuchten und ein größeres Publikum anzusprechen.

Interdisziplinäre Ansätze

Ein weiterer wichtiger Aspekt der Zusammenarbeit ist der interdisziplinäre Ansatz, den Coyote verfolgt. Sie hat oft mit Theatergruppen zusammengearbeitet, um ihre Texte auf die Bühne zu bringen. Ein bemerkenswertes Beispiel ist die

Zusammenarbeit mit der *Vancouver Queer Film Festival*, wo ihre Geschichten in Kurzfilmen umgesetzt wurden. Diese interdisziplinären Projekte ermöglichen es, die Erzählungen von Coyote durch visuelle und akustische Elemente zu bereichern, was zu einer tieferen emotionalen Resonanz bei den Zuschauern führt.

Herausforderungen der Zusammenarbeit

Trotz der vielen Vorteile, die die Zusammenarbeit mit anderen Künstler:innen mit sich bringt, gibt es auch Herausforderungen. Eine der größten Hürden ist die Notwendigkeit, kreative Visionen und Arbeitsstile zu integrieren. Dies kann zu Spannungen führen, insbesondere wenn es um die Interpretation von Themen geht, die für die LGBTQ-Community sensibel sind. Coyote hat in der Vergangenheit über die Schwierigkeiten gesprochen, die entstehen, wenn unterschiedliche Perspektiven auf Geschlechteridentität und sexuelle Orientierung aufeinandertreffen. Es erfordert Geduld und Verständnis, um einen gemeinsamen kreativen Raum zu schaffen, in dem alle Stimmen gehört werden.

Erfolge und Einfluss

Trotz dieser Herausforderungen hat Coyotes Zusammenarbeit mit anderen Künstler:innen zu bedeutenden Erfolgen geführt. Ihre Werke wurden mehrfach ausgezeichnet und haben einen bleibenden Einfluss auf die LGBTQ-Literatur und den Aktivismus. Ein Beispiel ist die *Canadian Authors Association*, die Coyote für ihre herausragenden Beiträge zur Literatur ausgezeichnet hat. Diese Anerkennung zeigt, wie wichtig die Zusammenarbeit in der Kunst ist und wie sie dazu beitragen kann, die Sichtbarkeit von marginalisierten Stimmen zu erhöhen.

Theoretische Perspektiven

Aus einer theoretischen Perspektive betrachtet, lässt sich die Zusammenarbeit von Künstler:innen im Kontext des *Kollektivs* und des *Kulturellen Kapitalismus* analysieren. Pierre Bourdieu beschreibt in seiner Theorie des sozialen Raums, dass Künstler:innen durch Kooperationen Zugang zu verschiedenen Formen von kulturellem Kapital erhalten, was ihre Sichtbarkeit und ihren Einfluss in der Gesellschaft erhöht. Diese Theorie wird besonders relevant, wenn man Coyotes interdisziplinäre Projekte betrachtet, die nicht nur ihre eigene Karriere fördern, sondern auch die der beteiligten Künstler:innen.

Fazit

Zusammenfassend lässt sich sagen, dass die Zusammenarbeit mit anderen Künstler:innen eine wesentliche Komponente von Ivan Coyotes literarischem Schaffen und ihrem Aktivismus darstellt. Diese Kooperationen ermöglichen es, ein breiteres Publikum zu erreichen und komplexe Themen auf innovative Weise zu vermitteln. Trotz der Herausforderungen, die mit der Zusammenarbeit verbunden sind, hat Coyote gezeigt, dass kreative Synergien zu bedeutenden Erfolgen führen können. Ihre Arbeit inspiriert nicht nur andere Künstler:innen, sondern auch die LGBTQ-Community, sich zu vernetzen und gemeinsam für Sichtbarkeit und Akzeptanz zu kämpfen.

Einblick in den Schreibprozess

Der Schreibprozess von Ivan Coyote ist nicht nur ein kreativer Akt, sondern auch eine tiefgreifende Auseinandersetzung mit Identität, Erfahrung und der Welt um ihn herum. In diesem Abschnitt werden wir die verschiedenen Phasen und Elemente seines Schreibprozesses untersuchen, die Herausforderungen, mit denen er konfrontiert ist, sowie die Theorien, die seine Herangehensweise an das Schreiben prägen.

Die Phasen des Schreibprozesses

Coyotes Schreibprozess kann in mehrere Phasen unterteilt werden, die oft nicht linear verlaufen. Diese Phasen umfassen:

- **Inspiration und Ideenfindung:** Coyote schöpft Inspiration aus persönlichen Erlebnissen, gesellschaftlichen Themen und der LGBTQ-Community. Oft beginnt der Prozess mit einer Beobachtung oder einem Gefühl, das er weiter erforschen möchte.

- **Recherche:** Um die Authentizität seiner Geschichten zu gewährleisten, führt Coyote umfangreiche Recherchen durch. Dies kann das Lesen von Literatur, das Studieren von Statistiken oder das Führen von Gesprächen mit anderen Aktivisten und Community-Mitgliedern umfassen.

- **Schreiben:** In dieser Phase bringt Coyote seine Ideen zu Papier. Er nutzt oft eine Mischung aus Prosa und Poesie, um die Emotionen und Erfahrungen, die er vermitteln möchte, effektiv auszudrücken.

- **Überarbeitung:** Nach dem ersten Entwurf folgt die Überarbeitung. Coyote betrachtet seine Arbeit kritisch, sucht nach Möglichkeiten zur Verbesserung und stellt sicher, dass die Botschaft klar und kraftvoll ist.

- **Feedback:** Der Austausch mit anderen Schriftstellern und Mitgliedern der LGBTQ-Community ist für Coyote von großer Bedeutung. Er sucht aktiv nach Feedback und nutzt dies, um seine Texte weiter zu verfeinern.

- **Veröffentlichung:** Der letzte Schritt ist die Veröffentlichung, bei der Coyote seine Arbeiten einem breiten Publikum zugänglich macht. Dies geschieht oft durch Lesungen, Buchveröffentlichungen und Online-Plattformen.

Theoretische Grundlagen

Coyotes Ansatz zum Schreiben ist stark von verschiedenen literarischen Theorien beeinflusst. Eine der zentralen Theorien, die sein Werk prägt, ist die **Feministische Literaturtheorie**. Diese Theorie untersucht, wie Geschlecht und Identität in der Literatur dargestellt werden und fördert die Stimmen marginalisierter Gruppen. Coyote nutzt seine Plattform, um die Erfahrungen von trans und nicht-binären Menschen sichtbar zu machen, was zu einer breiteren Diskussion über Geschlechtsidentität und soziale Gerechtigkeit führt.

Ein weiterer wichtiger Aspekt ist die **Postkoloniale Theorie**, die sich mit den Auswirkungen des Kolonialismus auf Identität und Kultur befasst. Coyotes Arbeiten reflektieren oft die Herausforderungen, mit denen indigene Gemeinschaften und LGBTQ-Personen konfrontiert sind, und er zeigt, wie diese Identitäten miteinander verwoben sind.

Herausforderungen im Schreibprozess

Trotz seines Erfolgs sieht sich Coyote mit verschiedenen Herausforderungen im Schreibprozess konfrontiert. Eine der größten Hürden ist **Selbstzweifel**. Wie viele Kreative hat auch Coyote Momente, in denen er an seinen Fähigkeiten und der Relevanz seiner Stimme zweifelt. Diese Selbstzweifel können lähmend sein und den Schreibprozess erheblich beeinflussen.

Ein weiteres Problem ist die **Repräsentation**. Coyote ist sich der Verantwortung bewusst, die er als LGBTQ-Aktivist und Schriftsteller trägt. Er kämpft darum, authentische und vielfältige Darstellungen seiner Community zu liefern, ohne in Stereotypen zu verfallen. Dies erfordert eine ständige Reflexion über die Sprache, die er verwendet, und die Geschichten, die er erzählt.

Beispiele aus Coyotes Werk

Ein herausragendes Beispiel für Coyotes Schreibprozess ist sein Buch „*One in Every Crowd*". In diesem Werk kombiniert er autobiografische Elemente mit fiktiven Erzählungen, um die Komplexität von Identität und Gemeinschaft darzustellen. Die Erzählungen sind oft geprägt von einem starken emotionalen Kern, der die Leser:innen dazu anregt, über ihre eigenen Erfahrungen nachzudenken.

Ein weiteres Beispiel ist seine Performancekunst, die oft Elemente des Geschichtenerzählens integriert. Coyote nutzt seine Auftritte, um direkt mit dem Publikum zu interagieren, was den Schreibprozess in einen dialogischen Akt verwandelt. Diese Form des Schreibens ist dynamisch und ermöglicht es ihm, unmittelbares Feedback zu erhalten und seine Botschaft zu verfeinern.

Fazit

Zusammenfassend lässt sich sagen, dass Ivan Coyotes Schreibprozess ein vielschichtiger und dynamischer Akt ist, der stark von persönlichen Erfahrungen, gesellschaftlichen Themen und theoretischen Überlegungen geprägt ist. Trotz der Herausforderungen, mit denen er konfrontiert ist, bleibt Coyote ein kraftvoller und einfühlsamer Erzähler, dessen Arbeiten sowohl literarisch als auch aktivistisch von großer Bedeutung sind. Sein Engagement für die LGBTQ-Community und sein Streben nach Authentizität in seinen Erzählungen machen ihn zu einer einzigartigen Stimme in der zeitgenössischen Literatur.

Herausforderungen beim Veröffentlichen

Die Veröffentlichung von literarischen Werken stellt für viele Schriftsteller:innen, einschließlich Ivan Coyote, eine Vielzahl von Herausforderungen dar. Diese Schwierigkeiten können sowohl praktischer als auch emotionaler Natur sein und beeinflussen den gesamten Prozess von der Manuskripterstellung bis zur endgültigen Veröffentlichung.

Marktzugang und Verlage

Eines der größten Probleme beim Veröffentlichen ist der Zugang zum Buchmarkt. Viele Verlage haben spezifische Anforderungen und Richtlinien, die es besonders für LGBTQ-Autor:innen schwierig machen können, ihre Werke zu präsentieren. Oftmals sind kleinere Verlage, die sich auf LGBTQ-Themen spezialisiert haben, nicht in der Lage, die gleiche Reichweite oder die gleichen Ressourcen wie große

Verlage anzubieten. Dies kann zu einer ungleichen Verteilung von Möglichkeiten führen.

Ein Beispiel hierfür ist die Erfahrung von Ivan Coyote, die anfangs Schwierigkeiten hatte, einen Verlag zu finden, der bereit war, ihre Geschichten zu veröffentlichen. Ihre Werke, die oft persönliche und gesellschaftskritische Themen behandeln, wurden von einigen Verlagen als „zu nischenspezifisch" abgelehnt. Dies ist ein häufiges Problem für Autor:innen, die sich mit Identitäten und Themen auseinandersetzen, die außerhalb der Mainstream-Literatur liegen.

Finanzielle Hürden

Ein weiterer Aspekt sind die finanziellen Hürden, die mit dem Veröffentlichen verbunden sind. Die Kosten für das Lektorat, das Design des Buchcovers und die Druckkosten können erheblich sein. Viele Autor:innen müssen in Vorleistung gehen, bevor sie überhaupt Einnahmen aus ihren Büchern generieren können. Dies kann besonders herausfordernd sein für LGBTQ-Autor:innen, die möglicherweise nicht über die gleichen finanziellen Ressourcen verfügen wie ihre cis-hetero Kolleg:innen.

Rezeption und Sichtbarkeit

Die Rezeption von LGBTQ-Literatur kann ebenfalls eine Herausforderung darstellen. Oftmals wird die Sichtbarkeit von LGBTQ-Themen in den Medien und in Buchbesprechungen nicht ausreichend gefördert. Dies kann dazu führen, dass Werke von LGBTQ-Autor:innen in der breiteren Öffentlichkeit weniger bekannt werden. Ivan Coyote hat in mehreren Interviews darauf hingewiesen, dass die Sichtbarkeit von LGBTQ-Stimmen in den Literaturkritiken und Buchpreisverleihungen entscheidend für den Erfolg ihrer Bücher ist.

Selbstzensur und Identitätsfragen

Ein weiteres Problem, mit dem viele LGBTQ-Autor:innen konfrontiert sind, ist die Selbstzensur. Die Angst vor Ablehnung oder negativer Kritik kann dazu führen, dass Autor:innen ihre eigenen Geschichten nicht authentisch erzählen. Ivan Coyote hat in ihrer Karriere oft darüber reflektiert, wie wichtig es ist, die eigene Stimme zu finden und zu bewahren, selbst wenn dies bedeutet, gegen gesellschaftliche Normen zu verstoßen. Diese innere Auseinandersetzung kann jedoch emotional belastend sein und den kreativen Prozess behindern.

Netzwerk und Unterstützung

Das Fehlen eines unterstützenden Netzwerks kann ebenfalls eine Herausforderung darstellen. Viele LGBTQ-Autor:innen müssen sich auf ihre Community verlassen, um Unterstützung zu finden, sei es durch Mentorship, Workshops oder Lesungen. Ivan Coyote hat oft betont, wie wichtig es ist, mit anderen Künstler:innen in Verbindung zu treten, um gegenseitige Unterstützung zu bieten und Herausforderungen gemeinsam zu meistern. Das Fehlen solcher Netzwerke kann den Zugang zu Ressourcen und Möglichkeiten weiter einschränken.

Technologische Veränderungen

In der heutigen digitalen Welt haben sich die Möglichkeiten des Veröffentlichens durch Self-Publishing und digitale Plattformen erweitert. Diese Veränderungen bringen jedoch auch neue Herausforderungen mit sich. Autor:innen müssen sich mit den technischen Aspekten der Veröffentlichung auseinandersetzen und lernen, wie sie ihre Werke effektiv vermarkten können. Die Überflutung des Marktes mit Selbstverlagstiteln kann es schwierig machen, sich abzuheben und das Interesse der Leser:innen zu gewinnen.

Fazit

Die Herausforderungen beim Veröffentlichen sind vielfältig und können für LGBTQ-Autor:innen besonders ausgeprägt sein. Von Marktzugang über finanzielle Hürden bis hin zu Fragen der Sichtbarkeit und Selbstzensur – der Weg zur Veröffentlichung ist oft mit Stolpersteinen gespickt. Dennoch ist es wichtig, dass Stimmen wie die von Ivan Coyote gehört werden, da sie nicht nur die Literatur bereichern, sondern auch einen wesentlichen Beitrag zum gesellschaftlichen Diskurs über Identität und Akzeptanz leisten.

Die Evolution von Coyotes literarischem Werk

Die literarische Karriere von Ivan Coyote ist nicht nur ein Zeugnis ihrer persönlichen Reise, sondern auch eine Reflexion über die sich verändernden gesellschaftlichen Kontexte, in denen sie schreibt. Von ihren frühen Arbeiten bis hin zu ihren neuesten Publikationen zeigt sich eine bemerkenswerte Evolution, die sowohl die Entwicklung ihrer Stimme als auch die Veränderungen in der Wahrnehmung von Geschlechtsidentität und LGBTQ-Themen in der Gesellschaft widerspiegelt.

Frühe Werke und Themen

Coyotes erste literarische Arbeiten waren stark autobiografisch geprägt. In diesen Texten thematisierte sie ihre Kindheitserfahrungen in Whitehorse, Yukon, und die Herausforderungen, die mit ihrer Geschlechtsidentität verbunden waren. Ein Beispiel hierfür ist ihr Buch *"One in Every Crowd"*, in dem sie ihre Erlebnisse als trans Person in einer kleinen Stadt schildert. Diese frühen Werke sind oft von einem Gefühl der Isolation und dem Streben nach Akzeptanz geprägt.

Die Themen in diesen ersten Schriften umfassen:

- **Identitätssuche:** Coyotes Texte reflektieren die innere Auseinandersetzung mit der eigenen Geschlechtsidentität und die Suche nach einem Platz in der Gesellschaft.

- **Familie und Gemeinschaft:** Die Dynamik innerhalb ihrer Familie und die Bedeutung von Freundschaften sind zentrale Motive, die Coyotes literarische Stimme prägen.

- **Diskriminierung:** Sie thematisiert offen die Diskriminierung, die sie als trans Person erfahren hat, und nutzt ihre Geschichten, um auf diese gesellschaftlichen Probleme aufmerksam zu machen.

Die Entwicklung eines einzigartigen Schreibstils

Mit der Zeit hat Coyote ihren Schreibstil weiterentwickelt, um eine breitere Palette von Themen und Emotionen zu erfassen. Ihre Fähigkeit, Humor und Traurigkeit zu kombinieren, ist zu einem Markenzeichen ihrer Arbeit geworden. In ihrem späteren Werk, wie in *"Tomboy Survival Guide"*, nutzt sie eine Mischung aus autobiografischen Erzählungen, Essays und fiktionalen Elementen, um komplexe Themen wie Geschlechtsidentität und soziale Gerechtigkeit zu erkunden.

Ein zentrales Element in Coyotes Evolution als Schriftstellerin ist die Verwendung von **Storytelling** als Werkzeug für Aktivismus. Sie hat die Kraft von Geschichten erkannt, um Empathie zu fördern und das Bewusstsein für LGBTQ-Themen zu schärfen. Ihre Texte sind nicht nur persönliche Erzählungen, sondern auch politische Statements, die zur Reflexion und zum Handeln anregen.

Einfluss der gesellschaftlichen Veränderungen

Die Evolution von Coyotes Werk ist eng mit den gesellschaftlichen Veränderungen verbunden, die die LGBTQ-Community in den letzten Jahrzehnten erlebt hat. In den 1990er Jahren, als Coyotes Karriere begann, war die Sichtbarkeit von trans Personen und LGBTQ-Themen in der Literatur begrenzt. In dieser Zeit waren ihre Geschichten oft von einem Gefühl der Dringlichkeit geprägt, die Erfahrungen von Marginalisierung und Unsichtbarkeit zu teilen.

Mit dem Aufkommen der **Queer-Literatur** und der zunehmenden Akzeptanz von LGBTQ-Themen in der Gesellschaft hat Coyote die Möglichkeit, ihre Stimme weiter zu erheben und neue Narrative zu schaffen. Ihre späteren Werke reflektieren nicht nur ihre persönliche Entwicklung, sondern auch die Veränderungen in der gesellschaftlichen Wahrnehmung von Geschlecht und Identität. In *"Rebent Sinner"* beispielsweise, behandelt sie Themen wie Liebe, Verlust und die Komplexität von Beziehungen in einer sich wandelnden Welt.

Kritische Rezeption und Anerkennung

Coyotes literarisches Werk wurde in der Kritikerwelt hochgelobt. Ihre Fähigkeit, persönliche Erfahrungen mit universellen Themen zu verbinden, hat ihr Anerkennung sowohl in der LGBTQ-Community als auch in der breiteren literarischen Welt eingebracht. Kritiker heben oft hervor, dass Coyotes Texte eine **Brücke** zwischen verschiedenen Erfahrungen schlagen und es Lesern ermöglichen, sich mit Themen zu identifizieren, die über Geschlechtsidentität hinausgehen.

Ein Beispiel für die kritische Anerkennung ist die Auszeichnung mit dem *"Governor General's Literary Award"*, die ihre Beiträge zur kanadischen Literatur würdigt. Diese Anerkennung hat nicht nur Coyotes Karriere gefördert, sondern auch das Bewusstsein für die Notwendigkeit von Diversität in der Literatur gestärkt.

Schlussfolgerung

Die Evolution von Ivan Coyotes literarischem Werk spiegelt nicht nur ihre persönliche Reise wider, sondern auch die sich verändernden gesellschaftlichen Kontexte, in denen sie schreibt. Ihre Fähigkeit, Geschichten zu erzählen, die sowohl intim als auch universell sind, hat sie zu einer wichtigen Stimme in der LGBTQ-Literatur gemacht. Ihre Werke sind nicht nur ein Ausdruck ihrer Identität, sondern auch ein Aufruf zur Solidarität und zum Verständnis in einer komplexen Welt. Coyotes literarische Evolution ist ein inspirierendes Beispiel dafür, wie Geschichten die Kraft haben, Herzen und Köpfe zu verändern.

Aktivismus und gesellschaftlicher Einfluss

Coyotes Engagement für die LGBTQ-Community

Teilnahme an Protesten und Kampagnen

Die Teilnahme an Protesten und Kampagnen ist ein zentraler Bestandteil von Ivan Coyotes Aktivismus. Diese Aktionen sind nicht nur Ausdruck des Widerstands gegen Diskriminierung und Ungerechtigkeit, sondern auch eine Möglichkeit, die Sichtbarkeit der LGBTQ-Community zu erhöhen und wichtige soziale Themen in den Fokus der Öffentlichkeit zu rücken.

Theoretischer Hintergrund

Die Theorie des sozialen Wandels, wie sie von Theoretikern wie Charles Tilly und Sidney Tarrow formuliert wurde, legt nahe, dass kollektives Handeln, wie Proteste und Kampagnen, entscheidend für die Mobilisierung von Gemeinschaften ist. Diese Theorien betonen die Bedeutung von *kollektiver Identität* und *Ressourc mobilization* als Schlüsselfaktoren für den Erfolg sozialer Bewegungen. Coyote hat diese Prinzipien in seiner Arbeit verinnerlicht und nutzt sie, um die LGBTQ-Community zu mobilisieren und zu stärken.

Die Rolle von Protesten

Proteste sind oft der erste Schritt in einem größeren Prozess des Wandels. Sie dienen nicht nur dazu, auf Missstände aufmerksam zu machen, sondern auch, um Solidarität innerhalb der Gemeinschaft zu fördern. Coyote hat an zahlreichen Protesten teilgenommen, darunter die jährlichen Pride-Paraden, die oft als Plattform für politische Botschaften dienen. Diese Veranstaltungen sind nicht nur

Feierlichkeiten, sondern auch Gelegenheiten, um auf die anhaltenden Herausforderungen hinzuweisen, mit denen die LGBTQ-Community konfrontiert ist, wie z.b. Diskriminierung, Gewalt und rechtliche Ungleichheit.

Beispiele für Kampagnen

Eine der bemerkenswertesten Kampagnen, an denen Coyote beteiligt war, war die *"Trans Rights are Human Rights"*-Kampagne, die in Kanada ins Leben gerufen wurde. Diese Kampagne zielte darauf ab, das Bewusstsein für die spezifischen Herausforderungen zu schärfen, mit denen trans Menschen konfrontiert sind, und forderte rechtliche und gesellschaftliche Anerkennung. Coyote nutzte seine Plattform, um Geschichten von trans Personen zu teilen, die von Diskriminierung betroffen waren, und um die Öffentlichkeit über die Notwendigkeit von Veränderungen aufzuklären.

Darüber hinaus war Coyote aktiv an der *"No More Silence"*-Kampagne beteiligt, die sich gegen die Gewalt an indigenen Frauen und Mädchen richtete, viele von ihnen Teil der LGBTQ-Community. Diese Kampagne verband verschiedene soziale Bewegungen und verdeutlichte, wie intersektionale Ansätze notwendig sind, um die komplexen Probleme zu adressieren, die Menschen an den Rand der Gesellschaft drängen.

Probleme und Herausforderungen

Trotz der positiven Auswirkungen von Protesten und Kampagnen stehen Aktivisten wie Coyote vor erheblichen Herausforderungen. Diskriminierung und Gewalt gegen LGBTQ-Personen können sich in Form von direkten Angriffen auf Protestierende oder durch systemische Barrieren äußern, die den Zugang zu Ressourcen und Unterstützung einschränken.

Ein weiteres Problem ist die Fragmentierung innerhalb der LGBTQ-Community selbst, die oft durch unterschiedliche Prioritäten und Perspektiven gekennzeichnet ist. Coyote hat in seiner Arbeit immer wieder betont, wie wichtig es ist, eine inklusive und vereinte Front zu bilden, um effektiv gegen gesellschaftliche Ungerechtigkeiten vorzugehen.

Schlussfolgerung

Die Teilnahme an Protesten und Kampagnen ist für Ivan Coyote nicht nur eine Pflicht, sondern auch eine Leidenschaft. Sie bietet eine Plattform, um Geschichten zu erzählen, Gemeinschaft zu bilden und Veränderung zu fordern. Coyotes Engagement zeigt, dass Aktivismus nicht nur eine Antwort auf Ungerechtigkeit ist, sondern auch eine Möglichkeit, Hoffnung und Solidarität zu verbreiten. Die Herausforderungen sind groß, aber die Erfolge und die positive Resonanz der Gemeinschaft sind es wert, weiterzukämpfen. In einer Welt, in der Sichtbarkeit und Repräsentation entscheidend sind, bleibt Coyotes Stimme eine kraftvolle Erinnerung an die Notwendigkeit des kontinuierlichen Kampfes für Gleichheit und Gerechtigkeit.

Die Bedeutung von Sichtbarkeit und Repräsentation

Die Sichtbarkeit und Repräsentation von LGBTQ-Personen in der Gesellschaft sind von entscheidender Bedeutung für das Verständnis und die Akzeptanz von Geschlechtsidentität und sexueller Orientierung. Sichtbarkeit bezieht sich auf die Präsenz von LGBTQ-Individuen und ihren Erfahrungen in verschiedenen gesellschaftlichen Bereichen, während Repräsentation die Art und Weise beschreibt, wie diese Identitäten und Erfahrungen in Medien, Politik und Kultur dargestellt werden. Diese Konzepte sind eng miteinander verbunden und spielen eine zentrale Rolle im Aktivismus von Ivan Coyote und anderen LGBTQ-Aktivisten.

Theoretische Grundlagen

Die Theorie der Sichtbarkeit, wie sie von Judith Butler in ihren Arbeiten zur Geschlechtertheorie formuliert wurde, besagt, dass Sichtbarkeit nicht nur eine Frage der Präsenz ist, sondern auch der Wahrnehmung und der sozialen Konstruktion von Identität. Sichtbarkeit kann Machtverhältnisse sowohl verstärken als auch herausfordern, indem sie marginalisierte Stimmen in den Vordergrund rückt. In diesem Sinne ist Sichtbarkeit ein Werkzeug des Widerstands gegen Diskriminierung und Vorurteile.

$$V = f(P, R) \qquad (9)$$

Hierbei steht V für Sichtbarkeit, P für Präsenz und R für Repräsentation. Diese Gleichung verdeutlicht, dass Sichtbarkeit eine Funktion von Präsenz und Repräsentation ist. Wenn LGBTQ-Personen in den Medien und der Gesellschaft sichtbar sind, beeinflusst dies die Wahrnehmung ihrer Identität und die Akzeptanz durch die Gesellschaft.

Probleme der Sichtbarkeit

Trotz der Fortschritte in der Sichtbarkeit von LGBTQ-Personen gibt es nach wie vor erhebliche Herausforderungen. Oft werden LGBTQ-Darstellungen in den Medien stereotypisiert oder auf eine reduzierte Identität beschränkt. Diese einseitigen Repräsentationen können schädliche Auswirkungen auf die Selbstwahrnehmung von LGBTQ-Individuen haben und zu einem Gefühl der Isolation führen.

Ein Beispiel hierfür ist die Darstellung von Transgender-Personen in Filmen und Fernsehsendungen, die häufig auf Klischees und übertriebene Darstellungen zurückgreifen. Diese Art von Repräsentation kann das öffentliche Verständnis von Transgender-Identitäten verzerren und die Diskriminierung verstärken. Coyote hat sich aktiv gegen solche Stereotypen ausgesprochen und betont, dass authentische Geschichten und Stimmen von LGBTQ-Personen gehört werden müssen.

Positive Auswirkungen von Sichtbarkeit

Die positive Wirkung von Sichtbarkeit und Repräsentation zeigt sich in verschiedenen Bereichen. Studien haben gezeigt, dass die Sichtbarkeit von LGBTQ-Personen in den Medien zu einer erhöhten Akzeptanz in der Gesellschaft führt. Wenn Menschen Geschichten von LGBTQ-Personen sehen, die ihre Kämpfe und Triumphe teilen, können sie Empathie entwickeln und Vorurteile abbauen.

Ein Beispiel für diese positive Wirkung ist die Darstellung von LGBTQ-Charakteren in beliebten Fernsehsendungen wie *Orange Is the New Black* oder *Pose*. Diese Serien haben nicht nur LGBTQ-Personen eine Plattform gegeben, sondern auch das Bewusstsein für die Herausforderungen, denen sie gegenüberstehen, geschärft. Die Reaktionen der Zuschauer zeigen, dass solche Darstellungen das Verständnis und die Akzeptanz von LGBTQ-Themen fördern können.

Coyotes Einfluss auf Sichtbarkeit und Repräsentation

Ivan Coyote hat durch ihre Arbeit als Schriftstellerin und Performerin maßgeblich zur Sichtbarkeit und Repräsentation von LGBTQ-Personen beigetragen. Ihre Geschichten sind oft autobiografisch und thematisieren die Herausforderungen, die sie als trans-Person erlebt hat. Durch ihre Erzählungen schafft Coyote einen Raum für Identifikation und Verständnis, der es anderen ermöglicht, sich mit ihren Erfahrungen zu verbinden.

Ein Beispiel ist Coyotes Buch *Tomboy Survival Guide*, in dem sie ihre eigene Kindheit und Jugend beschreibt und die Herausforderungen der Geschlechtsidentität thematisiert. Dieses Werk hat vielen jungen Menschen, die ähnliche Erfahrungen gemacht haben, als Quelle der Inspiration und des Trostes gedient.

Fazit

Die Bedeutung von Sichtbarkeit und Repräsentation kann nicht hoch genug eingeschätzt werden. Sie sind entscheidend für das Verständnis und die Akzeptanz von LGBTQ-Personen in der Gesellschaft. Ivan Coyotes Engagement für authentische Darstellungen und ihre Fähigkeit, Geschichten zu erzählen, die die Vielfalt der LGBTQ-Erfahrungen widerspiegeln, sind ein leuchtendes Beispiel dafür, wie Sichtbarkeit und Repräsentation positive Veränderungen bewirken können. In einer Welt, in der viele noch immer mit Diskriminierung und Vorurteilen kämpfen, bleibt die Forderung nach Sichtbarkeit und Repräsentation eine zentrale Aufgabe des Aktivismus.

Zusammenarbeit mit politischen Organisationen

Die Zusammenarbeit mit politischen Organisationen stellt einen wesentlichen Aspekt von Ivan Coyotes Aktivismus dar. Diese Kooperationen sind entscheidend, um die Sichtbarkeit und Relevanz von LGBTQ-Themen in der politischen Arena zu erhöhen. In diesem Abschnitt werden wir die verschiedenen Dimensionen dieser Zusammenarbeit untersuchen, einschließlich der Herausforderungen, die damit verbunden sind, sowie konkreter Beispiele, die den Einfluss von Coyote und ähnlichen Aktivisten verdeutlichen.

Theoretischer Rahmen

Die Zusammenarbeit mit politischen Organisationen kann durch verschiedene theoretische Ansätze erklärt werden. Ein zentraler Punkt ist die **Theorie des sozialen Wandels**, die besagt, dass Veränderungen in der Gesellschaft oft durch kollektives Handeln und strategische Allianzen gefördert werden. Politische Organisationen fungieren als Plattformen, die es Aktivisten ermöglichen, ihre Anliegen auf eine breitere Öffentlichkeit zu projizieren.

Ein weiterer relevanter theoretischer Rahmen ist die **Intersektionalität**, die aufzeigt, wie verschiedene soziale Kategorien wie Geschlecht, Rasse und sexuelle Orientierung zusammenwirken, um unterschiedliche Erfahrungen von Diskriminierung und Privilegien zu schaffen. Die Zusammenarbeit mit politischen Organisationen ermöglicht es, diese komplexen Zusammenhänge zu adressieren und eine integrative Agenda für die LGBTQ-Community zu entwickeln.

Praktische Herausforderungen

Trotz der potenziellen Vorteile gibt es auch zahlreiche Herausforderungen, die mit der Zusammenarbeit mit politischen Organisationen verbunden sind. Eine der größten Schwierigkeiten ist die **Politik der Kompromisse**. Oft müssen Aktivisten ihre Forderungen anpassen, um mit den Zielen und Strategien der politischen Organisationen in Einklang zu stehen. Dies kann zu einem Verlust an Authentizität und einer Verwässerung der ursprünglichen Botschaften führen.

Ein weiteres Problem ist die **Ressourcenkonkurrenz**. Politische Organisationen sind häufig auf finanzielle Mittel angewiesen, die aus verschiedenen Quellen stammen. Dies kann dazu führen, dass LGBTQ-Themen nicht immer die notwendige Aufmerksamkeit erhalten, da sie möglicherweise nicht als prioritär angesehen werden.

Beispiele erfolgreicher Zusammenarbeit

Trotz dieser Herausforderungen gibt es zahlreiche Beispiele für erfolgreiche Kooperationen zwischen Ivan Coyote und politischen Organisationen. Eine bemerkenswerte Initiative war die **Kampagne für das Recht auf Selbstidentifikation**, die in Partnerschaft mit der *Canadian Human Rights Commission* ins Leben gerufen wurde. Diese Kampagne zielte darauf ab, die rechtlichen Rahmenbedingungen für die Anerkennung von Geschlechtsidentität zu verbessern und sicherzustellen, dass alle Menschen Zugang zu den notwendigen Ressourcen haben, um ihre Identität zu leben.

Ein weiteres Beispiel ist die Zusammenarbeit mit der *Pride Society*, die Coyote die Möglichkeit gab, ihre Geschichten und Erfahrungen auf LGBTQ-Events zu teilen, während gleichzeitig politische Botschaften zur Gleichstellung und Akzeptanz vermittelt wurden. Diese Veranstaltungen haben nicht nur zur Sichtbarkeit von LGBTQ-Themen beigetragen, sondern auch eine Plattform für den Dialog zwischen der Community und politischen Entscheidungsträgern geschaffen.

Langfristige Auswirkungen

Die Zusammenarbeit mit politischen Organisationen hat nicht nur unmittelbare Auswirkungen auf die Sichtbarkeit von LGBTQ-Themen, sondern auch langfristige Folgen für die gesellschaftliche Akzeptanz und die rechtlichen Rahmenbedingungen. Durch die Schaffung von Allianzen können Aktivisten wie Coyote dazu beitragen, dass LGBTQ-Themen in die politische Agenda aufgenommen werden. Dies führt zu einer verstärkten Berichterstattung in den Medien und einer breiteren gesellschaftlichen Diskussion über Geschlechtsidentität und sexuelle Orientierung.

Zusammenfassend lässt sich sagen, dass die Zusammenarbeit mit politischen Organisationen ein unverzichtbarer Bestandteil von Ivan Coyotes Aktivismus ist. Trotz der Herausforderungen, die damit verbunden sind, bietet diese Zusammenarbeit die Möglichkeit, bedeutende Veränderungen in der Gesellschaft herbeizuführen. Durch strategische Allianzen können Stimmen aus der LGBTQ-Community gehört werden, und es kann ein Raum geschaffen werden, in dem Vielfalt und Inklusion gefördert werden.

$$\text{Einfluss} = \text{Sichtbarkeit} \times \text{Zusammenarbeit} \tag{10}$$

Einfluss auf Bildung und Aufklärung

Ivan Coyote hat durch sein Engagement und seine literarischen Werke einen tiefgreifenden Einfluss auf Bildung und Aufklärung innerhalb der LGBTQ-Community und darüber hinaus ausgeübt. In einer Zeit, in der viele Bildungseinrichtungen Schwierigkeiten haben, LGBTQ-Themen angemessen zu integrieren, hat Coyotes Arbeit dazu beigetragen, diese Themen sichtbar zu machen und das Bewusstsein für die Bedürfnisse und Herausforderungen von LGBTQ-Personen zu schärfen.

Theoretische Grundlagen

Die Theorie des sozialen Konstruktivismus legt nahe, dass Wissen und Verständnis durch soziale Interaktionen und kulturelle Kontexte geformt werden. Coyotes Geschichten und Performances bieten eine Plattform, um die Erfahrungen von Transgender-Personen und anderen Mitgliedern der LGBTQ-Community zu teilen, wodurch ein Raum für Diskussion und Reflexion geschaffen wird. Diese Interaktionen fördern nicht nur das Verständnis, sondern auch Empathie und Respekt gegenüber den Erfahrungen anderer.

Probleme in der Bildung

Trotz des Fortschritts in der Akzeptanz von LGBTQ-Personen gibt es immer noch erhebliche Herausforderungen im Bildungsbereich. Viele Schulen versäumen es, LGBTQ-Themen in ihren Lehrplänen zu integrieren, was zu einem Mangel an Sichtbarkeit und Repräsentation führt. Diese Lücke kann zu einem Gefühl der Isolation und des Mangels an Unterstützung für LGBTQ-Schüler:innen führen. Coyote hat sich aktiv gegen diese Probleme eingesetzt, indem er Workshops und Lesungen in Schulen und Universitäten veranstaltet hat, um über Geschlechtsidentität und sexuelle Orientierung aufzuklären.

Beispiele für Coyotes Einfluss

Ein bemerkenswertes Beispiel für Coyotes Einfluss auf die Bildung ist seine Teilnahme an der Initiative „Queer in the Classroom", die darauf abzielt, LGBTQ-Themen in den Unterricht zu integrieren. Durch interaktive Workshops und Lesungen hat Coyote Schüler:innen und Lehrkräfte ermutigt, sich mit Fragen der Identität, Diskriminierung und Akzeptanz auseinanderzusetzen. Diese Workshops fördern nicht nur das Bewusstsein für LGBTQ-Themen, sondern bieten auch Werkzeuge zur Bekämpfung von Mobbing und Diskriminierung in Schulen.

Ein weiteres Beispiel ist Coyotes Buch „One in Every Crowd", das als Lehrmaterial in vielen Schulen verwendet wird. Die Geschichten in diesem Buch bieten Einblicke in die Herausforderungen und Triumphe von LGBTQ-Personen und ermöglichen es Schüler:innen, sich mit diesen Erfahrungen zu identifizieren. Die Verwendung von Literatur als Werkzeug zur Aufklärung hat sich als besonders effektiv erwiesen, da sie emotionale Resonanz erzeugt und Schüler:innen dazu anregt, über ihre eigenen Werte und Überzeugungen nachzudenken.

Langfristige Auswirkungen

Der Einfluss von Ivan Coyote auf Bildung und Aufklärung ist nicht nur auf unmittelbare Workshops und Lesungen beschränkt. Seine Arbeit hat langfristige Auswirkungen auf die Art und Weise, wie LGBTQ-Themen in Bildungseinrichtungen behandelt werden. Durch die Schaffung von Sichtbarkeit und die Förderung von Diskussionen hat Coyote dazu beigetragen, ein Umfeld zu schaffen, in dem LGBTQ-Schüler:innen sich sicherer fühlen können, ihre Identität auszudrücken. Dies hat das Potenzial, die schulische Umgebung für alle Schüler:innen zu verbessern, indem ein inklusiveres und respektvolleres Klima gefördert wird.

Zusammenfassend lässt sich sagen, dass Ivan Coyotes Einfluss auf Bildung und Aufklärung von entscheidender Bedeutung ist. Durch seine literarischen

Werke und sein Engagement hat er nicht nur das Bewusstsein für LGBTQ-Themen geschärft, sondern auch konkrete Schritte unternommen, um die Bildung für zukünftige Generationen zu transformieren. Die Integration von LGBTQ-Themen in den Bildungsbereich ist ein entscheidender Schritt zur Förderung von Vielfalt und Inklusion, und Coyotes Arbeit ist ein leuchtendes Beispiel dafür, wie Kunst und Aktivismus Hand in Hand gehen können, um positive Veränderungen in der Gesellschaft herbeizuführen.

Berichterstattung über LGBTQ-Themen in den Medien

Die Berichterstattung über LGBTQ-Themen in den Medien hat sich im Laufe der Jahre erheblich verändert und spiegelt sowohl gesellschaftliche Fortschritte als auch bestehende Herausforderungen wider. In diesem Abschnitt werden wir die Rolle der Medien bei der Darstellung von LGBTQ-Personen, die Herausforderungen, mit denen Journalisten konfrontiert sind, sowie die Auswirkungen dieser Berichterstattung auf die Gesellschaft untersuchen.

Die Rolle der Medien

Die Medien spielen eine entscheidende Rolle bei der Formung der öffentlichen Wahrnehmung von LGBTQ-Themen. Sie sind oft die erste Informationsquelle für die breite Öffentlichkeit und können sowohl positive als auch negative Stereotypen verstärken oder abbauen. Die Berichterstattung über LGBTQ-Themen kann dabei helfen, Vorurteile abzubauen und die Sichtbarkeit von LGBTQ-Personen zu erhöhen.

Ein Beispiel für eine positive Entwicklung in der Medienberichterstattung ist die zunehmende Präsenz von LGBTQ-Charakteren in Film und Fernsehen. Serien wie *Pose* und *Schitt's Creek* haben nicht nur zur Sichtbarkeit beigetragen, sondern auch die Geschichten von LGBTQ-Personen auf eine Weise erzählt, die Empathie und Verständnis fördert. Diese Darstellungen tragen dazu bei, die gesellschaftliche Akzeptanz zu erhöhen und die Normalisierung von LGBTQ-Lebensweisen zu unterstützen.

Herausforderungen in der Berichterstattung

Trotz dieser positiven Entwicklungen gibt es nach wie vor zahlreiche Herausforderungen in der Berichterstattung über LGBTQ-Themen. Eine der größten Hürden ist die Sensibilisierung der Journalisten für die komplexen Identitäten innerhalb der LGBTQ-Community. Oftmals wird die Berichterstattung von einer heteronormativen Perspektive dominiert, die es schwierig macht, die Vielfalt der Erfahrungen innerhalb der Community angemessen darzustellen.

Ein weiteres Problem ist die Sensationsberichterstattung, die häufig negative Stereotypen verstärkt. Berichte über Gewalt gegen LGBTQ-Personen werden manchmal sensationalisiert und führen dazu, dass diese Personen als Opfer dargestellt werden, ohne die strukturellen Probleme zu beleuchten, die zu solchen Gewalttaten führen. Dies kann die öffentliche Wahrnehmung verzerren und die Komplexität der LGBTQ-Erfahrungen nicht angemessen wiedergeben.

Theoretische Perspektiven

Aus theoretischer Sicht können wir die Medienberichterstattung über LGBTQ-Themen durch verschiedene Rahmenbedingungen analysieren. Der **Konstruktivismus** legt nahe, dass Identität und Realität sozial konstruiert werden. In diesem Sinne beeinflusst die Art und Weise, wie Medien LGBTQ-Themen darstellen, die gesellschaftliche Wahrnehmung und die Selbstidentifikation von LGBTQ-Personen.

Ein weiterer relevanter theoretischer Ansatz ist die **Intersektionalität**, die darauf hinweist, dass Identitäten nicht isoliert betrachtet werden können. LGBTQ-Personen sind oft auch von anderen Identitäten betroffen, wie Rasse, Klasse und Geschlecht, was die Art und Weise beeinflusst, wie sie in den Medien dargestellt werden. Eine intersektionale Analyse der Berichterstattung kann helfen, die Komplexität der Erfahrungen von LGBTQ-Personen besser zu verstehen.

Beispiele aus der Praxis

Ein bemerkenswertes Beispiel für die Herausforderungen in der Berichterstattung ist die Berichterstattung über Transgender-Personen. Oftmals werden sie in den Medien als „das andere" dargestellt, was zu einer weiteren Marginalisierung führt. Die Verwendung von falschen Pronomen und die Sensationsberichterstattung über Transgender-Gewalt sind häufige Probleme, die die Berichterstattung über diese Gemeinschaft betreffen.

Im Gegensatz dazu gibt es auch positive Beispiele, wie die Berichterstattung über die Ehe für alle in Deutschland. Diese Berichterstattung hat nicht nur zur Aufklärung der Öffentlichkeit beigetragen, sondern auch den Druck auf politische Entscheidungsträger erhöht, LGBTQ-Rechte zu fördern.

Fazit

Insgesamt zeigt die Berichterstattung über LGBTQ-Themen in den Medien sowohl Fortschritte als auch Rückschritte. Während die Sichtbarkeit und die positive Darstellung von LGBTQ-Personen zugenommen haben, bleiben Herausforderungen bestehen, insbesondere in Bezug auf Sensationsberichterstattung und die Notwendigkeit einer sensiblen, informierten Berichterstattung. Es ist entscheidend, dass Medienvertreter sich der Verantwortung bewusst sind, die sie tragen, und dass sie sich bemühen, die Vielfalt der LGBTQ-Erfahrungen angemessen und respektvoll darzustellen. Nur so kann die Medienberichterstattung zu einem echten Werkzeug für Veränderung und Akzeptanz werden.

Die Rolle von sozialen Medien im Aktivismus

In der heutigen digitalen Ära haben soziale Medien eine transformative Rolle im Aktivismus eingenommen. Diese Plattformen ermöglichen es Individuen und Gruppen, sich zu vernetzen, Informationen auszutauschen und mobil zu machen, um soziale und politische Veränderungen voranzutreiben. Für LGBTQ-Aktivisten wie Ivan Coyote ist die Nutzung sozialer Medien nicht nur ein Werkzeug zur Verbreitung von Botschaften, sondern auch ein Raum zur Schaffung von Gemeinschaft und Unterstützung.

Theoretische Grundlagen

Die Theorie des sozialen Wandels, insbesondere die von Manuel Castells entwickelte Netzwerkgesellschaft, beschreibt, wie soziale Bewegungen durch digitale Netzwerke gestärkt werden. Castells argumentiert, dass das Internet eine neue Form der sozialen Organisation schafft, die es Aktivisten ermöglicht, ihre Botschaften effizienter zu verbreiten und breitere Zielgruppen zu erreichen. Diese Netzwerke fördern nicht nur die Sichtbarkeit von Themen, sondern ermöglichen auch eine schnellere Reaktion auf gesellschaftliche Herausforderungen.

Ein weiterer theoretischer Ansatz ist die *Teorie der öffentlichen Sphäre* von Jürgen Habermas, die die Bedeutung öffentlicher Diskurse für die Demokratie betont. Soziale Medien bieten eine Plattform, auf der marginalisierte Stimmen Gehör finden können, was für die LGBTQ-Community von entscheidender Bedeutung ist. Die Interaktion in diesen Räumen fördert den Dialog und die Reflexion über Identität und Rechte.

Probleme und Herausforderungen

Trotz der Vorteile gibt es auch Herausforderungen, die mit der Nutzung sozialer Medien im Aktivismus verbunden sind. Ein zentrales Problem ist die *Desinformation*, die oft in Form von Falschmeldungen oder verzerrten Darstellungen von LGBTQ-Themen auftritt. Diese Desinformation kann das öffentliche Verständnis und die Akzeptanz von LGBTQ-Personen beeinträchtigen.

Ein weiteres Problem ist die *Hassrede* und Cybermobbing, die viele Aktivisten, einschließlich LGBTQ-Personen, betreffen. Solche Angriffe können nicht nur die psychische Gesundheit der Betroffenen beeinträchtigen, sondern auch die Bereitschaft zur aktiven Teilnahme am Aktivismus verringern.

Zusätzlich können soziale Medien zur Fragmentierung von Bewegungen führen, da verschiedene Gruppen innerhalb der LGBTQ-Community unterschiedliche Ansichten und Prioritäten haben. Dies kann die Zusammenarbeit und den gemeinsamen Fortschritt behindern.

Beispiele für erfolgreichen Einsatz

Trotz dieser Herausforderungen gibt es zahlreiche Beispiele für den erfolgreichen Einsatz sozialer Medien im Aktivismus. Eine bemerkenswerte Kampagne ist die *#LoveIsLove*-Bewegung, die während der Debatte um die Ehe für gleichgeschlechtliche Paare in den USA entstanden ist. Diese Kampagne nutzte Plattformen wie Twitter und Facebook, um persönliche Geschichten zu teilen und die öffentliche Meinung zu beeinflussen.

Ivan Coyote selbst nutzt soziale Medien, um ihre literarischen Werke zu fördern und ihre Erfahrungen als transgeschlechtliche Person zu teilen. Durch die Veröffentlichung von Videos, in denen sie über ihre Identität und ihre Kämpfe spricht, schafft sie eine Verbindung zu ihren Anhängern und inspiriert andere, ihre eigenen Geschichten zu erzählen. Diese Art der Authentizität und Offenheit fördert das Verständnis und die Akzeptanz innerhalb und außerhalb der LGBTQ-Community.

Ein weiteres Beispiel ist die *#TransRightsAreHumanRights*-Bewegung, die auf sozialen Medien organisiert wurde, um auf die Diskriminierung von Trans-Personen aufmerksam zu machen. Diese Kampagne hat nicht nur nationale, sondern auch internationale Aufmerksamkeit erregt und zu konkreten politischen Veränderungen geführt.

Fazit

Zusammenfassend lässt sich sagen, dass soziale Medien eine entscheidende Rolle im Aktivismus spielen, insbesondere für die LGBTQ-Community. Sie ermöglichen es Aktivisten, ihre Stimmen zu erheben, Gemeinschaften zu bilden und Veränderungen voranzutreiben. Trotz der Herausforderungen, die mit ihrer Nutzung verbunden sind, bleibt die Macht der sozialen Medien, positive soziale Veränderungen zu fördern, unbestritten. Aktivisten wie Ivan Coyote zeigen, dass durch die Kombination von Kunst, persönlicher Erzählung und digitaler Vernetzung bedeutende Fortschritte erzielt werden können. Die Zukunft des Aktivismus wird zunehmend von der Fähigkeit abhängen, soziale Medien effektiv zu nutzen, um eine inklusive und gerechte Gesellschaft zu schaffen.

Verbindungen zu anderen sozialen Bewegungen

Ivan Coyote hat sich nicht nur als trans-Schriftstellerin und LGBTQ-Aktivistin einen Namen gemacht, sondern auch als eine Stimme, die Brücken zu anderen sozialen Bewegungen schlägt. Diese Verbindungen sind entscheidend, um ein umfassenderes Verständnis für die Herausforderungen und Kämpfe zu gewinnen, die verschiedene marginalisierte Gruppen erleben. In dieser Sektion werden wir die Verbindungen zwischen Coyotes Arbeit und anderen sozialen Bewegungen beleuchten, einschließlich feministischer Bewegungen, Rassismusbekämpfung und Umweltschutz.

Intersektionalität als theoretischer Rahmen

Ein zentraler Begriff in der Diskussion über die Verbindungen zu anderen sozialen Bewegungen ist die *Intersektionalität*. Dieser Begriff wurde von der Juristin Kimberlé Crenshaw geprägt und beschreibt, wie verschiedene soziale Identitäten – wie Geschlecht, Rasse, Sexualität und Klasse – miteinander interagieren und sich gegenseitig beeinflussen. Crenshaw argumentiert, dass das Verständnis von Diskriminierung nicht isoliert betrachtet werden kann, sondern dass es notwendig ist, die komplexen Wechselwirkungen zwischen verschiedenen Identitäten zu betrachten, um die vollständige Realität von Unterdrückung zu begreifen.

$$D = f(G, R, S, K)$$

Hierbei steht D für Diskriminierung, während G, R, S und K für Geschlecht, Rasse, Sexualität und Klasse stehen. Diese Gleichung verdeutlicht, dass Diskriminierung als eine Funktion von mehreren Variablen betrachtet werden muss, um ihre Komplexität zu erfassen.

Verbindungen zur feministischen Bewegung

Coyotes Engagement für die LGBTQ-Community ist eng mit feministischen Bewegungen verbunden. Feminismus hat sich historisch für die Rechte von Frauen und gegen patriarchale Strukturen eingesetzt, und viele der Prinzipien, die im Feminismus vertreten werden, sind auch für die LGBTQ-Bewegung von Bedeutung. Coyote hat oft die Parallelen zwischen den Kämpfen für Geschlechtergerechtigkeit und sexuelle Identität hervorgehoben.

Ein Beispiel für diese Verbindung ist die Unterstützung von Coyote für die *MeToo*-Bewegung, die sich gegen sexuelle Belästigung und Gewalt richtet. In ihren öffentlichen Auftritten hat Coyote betont, dass die Erfahrungen von Frauen und LGBTQ-Personen oft überlappen und dass die Kämpfe um Gerechtigkeit und Gleichheit Hand in Hand gehen müssen.

$$\text{Gleichheit} = \text{Gleichheit}_{\text{Feminismus}} + \text{Gleichheit}_{\text{LGBTQ}}$$

Diese Gleichung zeigt, dass die Gleichheit in verschiedenen sozialen Bewegungen nicht isoliert betrachtet werden kann, sondern dass sie durch die Zusammenarbeit und den Austausch von Strategien und Erfahrungen gefördert wird.

Verbindungen zur Rassismusbekämpfung

Ein weiterer zentraler Aspekt von Coyotes Aktivismus ist die Verbindung zu Bewegungen, die sich gegen Rassismus und für die Rechte von People of Color einsetzen. Coyote hat in ihren Werken und Auftritten häufig die Bedeutung der Vielfalt innerhalb der LGBTQ-Community betont und darauf hingewiesen, dass die Stimmen von BIPOC (Black, Indigenous, People of Color) in diesen Diskussionen oft marginalisiert werden.

Die Zusammenarbeit zwischen LGBTQ-Aktivisten und Rassismusbekämpfern ist entscheidend, um eine inklusivere und gerechtere Gesellschaft zu schaffen. Coyote hat an verschiedenen Veranstaltungen teilgenommen, die sich mit der Intersektion von Rasse und Geschlecht beschäftigen, und hat dabei oft die Notwendigkeit betont, die Stimmen von BIPOC-LGBTQ-Personen zu hören und zu unterstützen.

Ein Beispiel für diese Zusammenarbeit ist die Unterstützung von Coyote für die *Black Lives Matter*-Bewegung, die sich gegen rassistische Gewalt und

Diskriminierung einsetzt. In ihren Reden hat Coyote oft betont, dass die Kämpfe gegen Rassismus und für LGBTQ-Rechte nicht voneinander getrennt werden können, da beide Kämpfe auf strukturellen Ungerechtigkeiten basieren.

$$\text{Gerechtigkeit} = \text{Gerechtigkeit}_{\text{Rasse}} + \text{Gerechtigkeit}_{\text{Sexualität}}$$

Diese Gleichung verdeutlicht, dass die Suche nach Gerechtigkeit für alle marginalisierten Gruppen eine gemeinsame Anstrengung erfordert.

Verbindungen zum Umweltschutz

Darüber hinaus hat Coyote auch Verbindungen zu Bewegungen für den Umweltschutz und die soziale Gerechtigkeit hergestellt. In einer Zeit, in der der Klimawandel zunehmend zu einer Bedrohung für alle Menschen wird, ist es wichtig, dass soziale Bewegungen sich zusammenschließen, um eine nachhaltige Zukunft zu schaffen. Coyote hat in ihren Arbeiten oft die Verbindungen zwischen sozialer Gerechtigkeit und Umweltschutz hervorgehoben.

Ein Beispiel für diese Verbindung ist die Unterstützung von Coyote für indigene Gemeinschaften, die gegen die Zerstörung ihrer Landrechte kämpfen. Coyote hat betont, dass die Kämpfe für LGBTQ-Rechte und Umweltschutz nicht unabhängig voneinander betrachtet werden können, da die Auswirkungen des Klimawandels und die Zerstörung natürlicher Ressourcen oft die am stärksten marginalisierten Gruppen am härtesten treffen.

$$\text{Nachhaltigkeit} = \text{Gerechtigkeit}_{\text{sozial}} + \text{Gerechtigkeit}_{\text{ökologisch}}$$

Diese Gleichung illustriert, dass nachhaltige Lösungen für gesellschaftliche Probleme sowohl soziale als auch ökologische Gerechtigkeit erfordern.

Schlussfolgerung

Zusammenfassend lässt sich sagen, dass Ivan Coyotes Engagement für die LGBTQ-Community untrennbar mit anderen sozialen Bewegungen verbunden ist. Durch die Anwendung des intersektionalen Ansatzes und die Zusammenarbeit mit Feminist:innen, Rassismusbekämpfer:innen und Umweltschützer:innen hat Coyote gezeigt, dass der Kampf für Gerechtigkeit und Gleichheit in all seinen Formen geführt werden muss. Diese Verbindungen sind nicht nur wichtig für die Stärkung der LGBTQ-Community, sondern auch für die Schaffung einer gerechteren und inklusiveren Gesellschaft insgesamt. Der Weg zu einer solidarischen Bewegung erfordert ein gemeinsames Verständnis und die Anerkennung der vielfältigen Kämpfe, die in unserer Gesellschaft stattfinden.

Erfolge und Errungenschaften

Ivan Coyote hat im Laufe ihrer Karriere bemerkenswerte Erfolge und Errungenschaften erzielt, die sowohl ihre literarische als auch ihre aktivistische Arbeit betreffen. Diese Erfolge sind nicht nur persönliche Triumphe, sondern auch Meilensteine für die LGBTQ-Community und die Gesellschaft insgesamt. In diesem Abschnitt werden wir einige der bedeutendsten Erfolge von Ivan Coyote betrachten, die den Einfluss ihrer Arbeit verdeutlichen.

Literarische Erfolge

Einer der herausragendsten Erfolge von Ivan Coyote ist ihre Fähigkeit, durch das Geschichtenerzählen bedeutende Themen der Geschlechtsidentität und der LGBTQ-Erfahrungen zu beleuchten. Ihre Bücher, wie *"One in Every Crowd"* und *"Tomboy Survival Guide"*, wurden nicht nur von der Kritik gefeiert, sondern haben auch zahlreiche Auszeichnungen erhalten. Diese Werke bieten Einblicke in die Herausforderungen und Triumphe von Transgender-Personen und haben dazu beigetragen, das Bewusstsein für Geschlechtervielfalt zu schärfen.

Ein weiterer bemerkenswerter Erfolg ist Coyotes Fähigkeit, eine breite Leserschaft zu erreichen. Ihre Lesungen und Auftritte ziehen oft große Menschenmengen an und bieten einen Raum für Dialog und Verständnis. Die Kombination aus Humor und Ehrfurcht in ihrer Erzählweise hat es ihr ermöglicht, sowohl LGBTQ-Personen als auch heteronormative Zuhörer zu erreichen, was zu einer breiteren Akzeptanz und Unterstützung für LGBTQ-Anliegen führt.

Aktivistische Errungenschaften

Im Bereich des Aktivismus hat Ivan Coyote zahlreiche Errungenschaften vorzuweisen. Sie hat an zahlreichen Protesten und Kampagnen teilgenommen, die sich für die Rechte von LGBTQ-Personen einsetzen. Ihre Teilnahme an der *"Trans March"* in Vancouver ist ein Beispiel für ihr Engagement, das nicht nur Sichtbarkeit schafft, sondern auch ein starkes Zeichen gegen Diskriminierung setzt.

Coyote hat auch aktiv an der Bildung von Unterstützungsgruppen für LGBTQ-Jugendliche mitgewirkt, die oft mit Isolation und Diskriminierung konfrontiert sind. Diese Gruppen bieten einen sicheren Raum, in dem junge Menschen ihre Identität erkunden und Unterstützung finden können. Ihre Arbeit in diesem Bereich hat dazu beigetragen, das Leben vieler junger Menschen zu verbessern und ihnen Hoffnung und Gemeinschaft zu bieten.

Einfluss auf Bildung und Aufklärung

Ein weiterer bedeutender Erfolg von Ivan Coyote ist ihr Einfluss auf Bildung und Aufklärung in Bezug auf LGBTQ-Themen. Sie hat Workshops und Seminare an Schulen und Universitäten geleitet, die darauf abzielen, das Bewusstsein für Geschlechtervielfalt und die Herausforderungen, mit denen LGBTQ-Personen konfrontiert sind, zu fördern. Diese Bildungsinitiativen haben dazu beigetragen, Vorurteile abzubauen und eine inklusive Umgebung für alle Schüler zu schaffen.

Darüber hinaus hat Coyote in verschiedenen Medienformaten, einschließlich Podcasts und Dokumentarfilmen, mitgewirkt, um ihre Botschaft zu verbreiten. Diese Plattformen haben es ihr ermöglicht, ihre Erfahrungen und Perspektiven mit einem noch größeren Publikum zu teilen, was zu einem tieferen Verständnis der LGBTQ-Thematik beiträgt.

Langfristige Auswirkungen

Die Erfolge und Errungenschaften von Ivan Coyote haben langfristige Auswirkungen auf die LGBTQ-Community und die Gesellschaft insgesamt. Durch ihre literarische Arbeit und ihren Aktivismus hat sie dazu beigetragen, die Sichtbarkeit von Transgender-Personen zu erhöhen und eine breitere Diskussion über Geschlechteridentität zu fördern. Diese Veränderungen sind nicht nur in der Literatur, sondern auch in der Politik und in sozialen Bewegungen spürbar.

Ein Beispiel für diese langfristigen Auswirkungen ist die zunehmende Anerkennung und Unterstützung von LGBTQ-Rechten in vielen Ländern. Coyotes Arbeit hat dazu beigetragen, das Bewusstsein für die Notwendigkeit von Gleichheit und Akzeptanz zu schärfen, was zu politischen Veränderungen und einer stärkeren Unterstützung von LGBTQ-Initiativen geführt hat.

Fazit

Zusammenfassend lässt sich sagen, dass die Erfolge und Errungenschaften von Ivan Coyote sowohl in der Literatur als auch im Aktivismus tiefgreifende Auswirkungen auf die LGBTQ-Community und die Gesellschaft insgesamt haben. Ihre Fähigkeit, Geschichten zu erzählen, die sowohl persönlich als auch universell sind, hat es ihr ermöglicht, Brücken zu bauen und das Verständnis für Geschlechtervielfalt zu fördern. Ivan Coyote ist nicht nur eine inspirierende Schriftstellerin und Aktivistin, sondern auch ein Symbol für den fortwährenden Kampf um Gleichheit und Akzeptanz.

Herausforderungen und Widerstände

Die Reise von Ivan Coyote als Aktivistin und Schriftstellerin war nicht ohne Herausforderungen und Widerstände. Diese Hindernisse sind nicht nur persönliche Kämpfe, sondern spiegeln auch die systemischen Probleme wider, mit denen die LGBTQ-Community konfrontiert ist. In diesem Abschnitt werden wir einige der zentralen Herausforderungen untersuchen, die Coyote und andere LGBTQ-Aktivisten erlebt haben, sowie die Widerstände, die sie überwinden mussten.

Diskriminierung und Vorurteile erleben

Eines der größten Hindernisse, mit denen Coyote konfrontiert war, war die Diskriminierung aufgrund ihrer Geschlechtsidentität. In einer Gesellschaft, in der heteronormative Standards vorherrschen, wurden Menschen, die nicht in diese Normen passen, oft stigmatisiert. Coyote selbst hat in ihren Schriften über die schmerzhaften Erfahrungen berichtet, die sie in ihrer Kindheit und Jugend gemacht hat. Diese Erfahrungen umfassten Mobbing in der Schule, Ablehnung durch Gleichaltrige und sogar Diskriminierung im familiären Umfeld.

Die Theorie der *Intersektionalität*, entwickelt von Kimberlé Crenshaw, bietet einen Rahmen, um zu verstehen, wie verschiedene Identitäten und Diskriminierungsformen sich überschneiden. Coyote ist nicht nur eine trans Frau, sondern auch eine indigene Person, was bedeutet, dass sie in mehrfacher Hinsicht Diskriminierung erfahren hat. Diese intersektionalen Identitäten führen zu einzigartigen Herausforderungen, die oft nicht in traditionellen Diskriminierungsdiskursen berücksichtigt werden.

Verlust und Trauer im persönlichen Umfeld

Neben gesellschaftlicher Diskriminierung hat Coyote auch persönliche Verluste erlebt, die ihren Aktivismus beeinflusst haben. Der Tod von Freunden und Mitstreitern durch Gewalt oder Krankheit hat nicht nur emotionalen Schmerz verursacht, sondern auch das Gefühl der Dringlichkeit verstärkt, für die Rechte der LGBTQ-Community zu kämpfen. Diese Verluste sind oft eine Quelle der Trauer, die in Coyotes Arbeiten spürbar ist. Sie thematisiert den Verlust als Teil des Lebens und des Kampfes für Gerechtigkeit.

Umgang mit Kritik und Ablehnung

Ein weiteres bedeutendes Hindernis für Coyote war die Kritik, die sie für ihre Arbeit und ihre Identität erhielt. Der Aktivismus für LGBTQ-Rechte zieht oft negative Reaktionen von konservativen Gruppen und Einzelpersonen nach sich. Coyote hat sich in verschiedenen Foren und sozialen Medien mit dieser Kritik auseinandergesetzt. Ihre Fähigkeit, sich gegen diese Angriffe zu behaupten und ihre Stimme zu erheben, ist ein Beispiel für Resilienz.

Die *Theorie der sozialen Identität* von Henri Tajfel kann hier als nützlich erachtet werden, um zu verstehen, wie Gruppenmitgliedschaften die Wahrnehmung und das Verhalten von Individuen beeinflussen. Diese Theorie legt nahe, dass Menschen dazu neigen, ihre eigene Gruppe zu bevorzugen, was zu Vorurteilen gegenüber anderen Gruppen führen kann. Coyotes Identität als trans Frau und indigene Person hat sie oft in Konflikt mit solchen sozialen Identitäten gebracht.

Psychische Gesundheit und Selbstfürsorge

Die Herausforderungen des Aktivismus und die ständige Konfrontation mit Diskriminierung können erhebliche Auswirkungen auf die psychische Gesundheit haben. Coyote hat offen über ihre eigenen Kämpfe mit Angst und Depression gesprochen. Die Wichtigkeit von Selbstfürsorge und psychischer Gesundheit ist ein zentrales Thema in ihrem Leben und Werk. Sie hat Strategien entwickelt, um mit diesen Herausforderungen umzugehen, einschließlich der Suche nach Unterstützung innerhalb der Community und der Teilnahme an Therapie.

Strategien zur Bewältigung von Rückschlägen

Trotz der vielen Herausforderungen hat Coyote Strategien entwickelt, um Rückschläge zu bewältigen. Eine ihrer Methoden ist die Kunst als Ausdrucksform. Durch das Schreiben und Performen hat sie nicht nur ihre eigene Stimme gefunden, sondern auch anderen eine Plattform geboten, um ihre Geschichten zu erzählen. Diese kreative Ausdrucksform hat sich als heilend erwiesen und ermöglicht es ihr, die Erfahrungen der Trauer und des Kampfes in etwas Positives zu verwandeln.

Die Unterstützung durch die Community

Ein wichtiger Aspekt von Coyotes Fähigkeit, mit Herausforderungen umzugehen, ist die Unterstützung, die sie von ihrer Community erhält. Die

LGBTQ-Community hat sich als eine Quelle der Stärke und Solidarität erwiesen. Coyote hat in verschiedenen Interviews betont, wie wichtig es ist, sich mit Gleichgesinnten zu verbinden und Netzwerke aufzubauen. Diese Unterstützung ist entscheidend, um die Herausforderungen des Aktivismus zu bewältigen und eine kollektive Stimme zu bilden.

Wichtige Wendepunkte im Leben

Coyotes Reise war geprägt von Wendepunkten, die sowohl persönliche als auch gesellschaftliche Veränderungen mit sich brachten. Ein solcher Wendepunkt war der Moment, als sie begann, ihre Geschichten öffentlich zu teilen. Diese Entscheidung führte nicht nur zu einem größeren Publikum für ihre Arbeit, sondern auch zu einer verstärkten Sichtbarkeit für trans und nicht-binäre Menschen. Diese Sichtbarkeit ist entscheidend für den Fortschritt in der Akzeptanz und den Rechten von LGBTQ-Personen.

Lektionen aus Misserfolgen

Die Herausforderungen, mit denen Coyote konfrontiert war, haben sie auch gelehrt, wie wichtig es ist, aus Misserfolgen zu lernen. Sie hat betont, dass Rückschläge Teil des Prozesses sind und dass sie oft wertvolle Lektionen über Ausdauer und Kreativität mit sich bringen. Diese Resilienz ist eine zentrale Eigenschaft, die sie als Aktivistin und Schriftstellerin definiert.

Die Bedeutung von Resilienz

Schließlich ist die Resilienz ein zentrales Thema in Coyotes Leben und Werk. Die Fähigkeit, trotz widriger Umstände weiterzumachen und sich für die eigenen Überzeugungen einzusetzen, ist ein inspirierendes Beispiel für viele. Coyotes Geschichte zeigt, dass Widerstand und Herausforderungen nicht das Ende sind, sondern oft der Anfang eines neuen Kapitels im Aktivismus.

Insgesamt verdeutlicht dieser Abschnitt, dass die Herausforderungen und Widerstände, mit denen Ivan Coyote konfrontiert war, nicht nur persönliche Kämpfe sind, sondern auch Teil eines größeren gesellschaftlichen Kampfes für Gleichheit und Akzeptanz. Ihr Engagement für die LGBTQ-Community und ihre Fähigkeit, trotz dieser Hindernisse weiterzumachen, machen sie zu einer wichtigen Stimme im Aktivismus und in der Literatur.

Langfristige Auswirkungen auf die Gesellschaft

Die langfristigen Auswirkungen von Ivan Coyotes Aktivismus und literarischem Schaffen auf die Gesellschaft sind vielschichtig und weitreichend. Sie betreffen nicht nur die LGBTQ-Community, sondern auch die breitere gesellschaftliche Wahrnehmung von Geschlechtsidentität, Diversität und Akzeptanz. In diesem Abschnitt werden wir die theoretischen Grundlagen, die bestehenden Probleme sowie konkrete Beispiele untersuchen, um die nachhaltige Wirkung von Coyotes Arbeit zu verdeutlichen.

Theoretische Grundlagen

Um die langfristigen Auswirkungen von Coyotes Einfluss zu verstehen, ist es wichtig, einige theoretische Konzepte zu betrachten, die in der Diskussion über LGBTQ-Rechte und gesellschaftliche Veränderungen zentral sind. Ein solches Konzept ist die *Soziale Identitätstheorie* (Tajfel & Turner, 1979), die besagt, dass Individuen ihre Identität stark aus der Zugehörigkeit zu bestimmten sozialen Gruppen ableiten. Coyotes Arbeit hat dazu beigetragen, die Sichtbarkeit der trans- und nicht-binären Identitäten zu erhöhen, was zu einer stärkeren Akzeptanz und einem besseren Verständnis innerhalb der Gesellschaft geführt hat.

Ein weiteres relevantes Konzept ist die *Theorie des sozialen Wandels*, die besagt, dass gesellschaftliche Normen und Werte sich im Laufe der Zeit ändern können, oft durch den Einfluss von Aktivisten und deren Arbeit. Coyotes Einsatz für die LGBTQ-Community hat dazu beigetragen, diese Normen zu hinterfragen und zu verändern, insbesondere in Bezug auf Geschlechtsidentität und -ausdruck.

Gesellschaftliche Probleme

Trotz der Fortschritte gibt es weiterhin erhebliche gesellschaftliche Probleme, die die LGBTQ-Community betreffen. Diskriminierung, Vorurteile und Gewalt gegen LGBTQ-Personen sind nach wie vor weit verbreitet. Laut einer Studie des *Williams Institute* (2020) erleben über 40% der LGBTQ-Personen Diskriminierung am Arbeitsplatz, was zu einer geringeren Lebensqualität und psychischen Belastungen führt. Diese Probleme sind nicht nur individuelle Herausforderungen, sondern sie haben auch tiefgreifende gesellschaftliche Auswirkungen, die die soziale Kohäsion und das Wohlbefinden beeinträchtigen.

Beispiele für Coyotes Einfluss

Ein Beispiel für die langfristigen Auswirkungen von Coyotes Arbeit ist die zunehmende Sichtbarkeit von LGBTQ-Themen in der Literatur und den Medien. Coyotes Geschichten und Performances haben nicht nur das Bewusstsein für die Herausforderungen von trans und nicht-binären Personen geschärft, sondern auch das Publikum dazu angeregt, sich mit diesen Themen auseinanderzusetzen. Ihre Bücher, wie *"One in Every Crowd"* und *"Telling Stories to Change the World"*, haben zahlreiche Leser:innen inspiriert und ermutigt, ihre eigenen Geschichten zu erzählen, was zu einer größeren Vielfalt an Stimmen in der Literatur führt.

Darüber hinaus hat Coyotes Engagement in Schulen und Bildungseinrichtungen dazu beigetragen, LGBTQ-Themen in den Lehrplänen zu verankern. Programme zur Aufklärung über Geschlechtsidentität und sexuelle Orientierung fördern ein inklusives Umfeld, in dem junge Menschen akzeptiert werden und sich sicher fühlen können. Diese Bildungsinitiativen haben das Potenzial, zukünftige Generationen zu sensibilisieren und Vorurteile abzubauen, was langfristig zu einer gerechteren Gesellschaft führen kann.

Langfristige gesellschaftliche Veränderungen

Die langfristigen Auswirkungen von Coyotes Arbeit sind auch in der zunehmenden gesellschaftlichen Akzeptanz von LGBTQ-Personen sichtbar. Umfragen zeigen, dass die Unterstützung für LGBTQ-Rechte in den letzten zwei Jahrzehnten erheblich zugenommen hat. Laut einer Studie des *Pew Research Center* (2021) unterstützen über 70% der Amerikaner:innen die Gleichstellung der Ehe für gleichgeschlechtliche Paare, ein deutlicher Anstieg im Vergleich zu den frühen 2000er Jahren. Diese Veränderungen in der öffentlichen Meinung sind zum Teil auf die Arbeit von Aktivisten wie Coyote zurückzuführen, die durch ihre Geschichten und ihren Aktivismus das Bewusstsein und das Verständnis für LGBTQ-Themen fördern.

Schlussfolgerung

Zusammenfassend lässt sich sagen, dass die langfristigen Auswirkungen von Ivan Coyotes Aktivismus auf die Gesellschaft tiefgreifend und vielschichtig sind. Durch die Erhöhung der Sichtbarkeit von LGBTQ-Themen, die Förderung von Bildung und Aufklärung sowie die Unterstützung der sozialen Identität hat Coyote einen bedeutenden Beitrag zur Schaffung einer inklusiveren und gerechteren Gesellschaft geleistet. Dennoch bleibt die Herausforderung bestehen, bestehende Vorurteile und Diskriminierungen abzubauen, um sicherzustellen, dass alle Menschen, unabhängig von ihrer Geschlechtsidentität oder sexuellen Orientierung, in einer respektvollen und akzeptierenden Gesellschaft leben können.

Die Identität und das Selbstverständnis

Coyotes Reise zur Selbstakzeptanz

Auseinandersetzung mit Geschlechtsidentität

Die Auseinandersetzung mit der Geschlechtsidentität ist ein zentraler Aspekt im Leben von Ivan Coyote und spielt eine entscheidende Rolle in ihrem literarischen und aktivistischen Werk. Geschlechtsidentität bezieht sich auf das innere Gefühl einer Person, ob sie sich als männlich, weiblich, beides oder weder noch identifiziert. Diese Identität kann im Einklang oder im Widerspruch zu dem Geschlecht stehen, das bei der Geburt zugewiesen wurde.

Theoretische Grundlagen

Die Gender-Theorie, die von verschiedenen Wissenschaftlern wie Judith Butler und Michel Foucault geprägt wurde, bietet einen Rahmen, um die Komplexität von Geschlechtsidentität zu verstehen. Butler argumentiert in ihrem Werk „Gender Trouble", dass Geschlecht nicht einfach biologisch determiniert ist, sondern vielmehr eine soziale Konstruktion darstellt, die durch wiederholte Performativität hergestellt wird. Dies bedeutet, dass Geschlecht durch Handlungen, Sprache und gesellschaftliche Normen ständig neu geschaffen wird.

$$G = P_1 + P_2 + P_3 + \ldots + P_n$$

wobei G die Geschlechtsidentität darstellt und P_n die verschiedenen performativen Akte sind, die zur Konstruktion dieser Identität beitragen.

Persönliche Erfahrungen

Ivan Coyotes eigene Auseinandersetzung mit ihrer Geschlechtsidentität begann bereits in der Kindheit. Aufgewachsen in Whitehorse, Yukon, erlebte sie als Kind die Diskrepanz zwischen ihrer inneren Identität und den gesellschaftlichen Erwartungen. In ihren Erzählungen beschreibt Coyote, wie sie sich in der Schule oft unverstanden fühlte und versuchte, ihre Identität durch Kunst und Schreiben auszudrücken.

Ein prägendes Erlebnis war der Moment, als sie zum ersten Mal eine LGBTQ-Community entdeckte. Diese Gemeinschaft bot ihr nicht nur Unterstützung, sondern auch ein Gefühl der Zugehörigkeit, das sie zuvor vermisst hatte. Sie beschreibt in ihren Texten, wie wichtig es war, Gleichgesinnte zu finden, die ähnliche Kämpfe durchlebten.

Herausforderungen und Diskriminierung

Die Auseinandersetzung mit Geschlechtsidentität ist oft mit erheblichen Herausforderungen verbunden. Coyote berichtet von Diskriminierung und Vorurteilen, die sie sowohl in ihrem persönlichen als auch in ihrem beruflichen Leben erfahren hat. Diese Erfahrungen sind nicht nur emotional belastend, sondern haben auch Auswirkungen auf die psychische Gesundheit. Studien zeigen, dass LGBTQ-Personen, die Diskriminierung erleben, ein höheres Risiko für psychische Erkrankungen aufweisen (Meyer, 2003).

Ein Beispiel für solche Diskriminierung ist Coyotes Erfahrung bei öffentlichen Auftritten, bei denen sie oft mit Vorurteilen konfrontiert wurde, die ihre Identität in Frage stellten. Diese Momente der Ablehnung führten zu einer intensiven Auseinandersetzung mit dem eigenen Selbstbild und der Frage, wie man in einer feindlichen Umgebung authentisch bleiben kann.

Der Weg zur Selbstakzeptanz

Trotz der Herausforderungen fand Coyote Wege, um ihre Geschlechtsidentität zu akzeptieren und zu feiern. Der Prozess der Selbstakzeptanz ist oft langwierig und erfordert Mut. Coyote beschreibt, wie sie durch Therapie und kreative Ausdrucksformen, wie das Schreiben und Performen, gelernt hat, sich selbst zu lieben und ihre Identität stolz zu vertreten.

Ein entscheidender Punkt in Coyotes Reise war die Erkenntnis, dass ihre Geschichte und ihre Stimme wertvoll sind. Sie begann, ihre Erfahrungen in Form von Geschichten zu teilen, was nicht nur ihr eigenes Selbstverständnis stärkte,

COYOTES REISE ZUR SELBSTAKZEPTANZ 117

sondern auch anderen Menschen half, sich in ihren eigenen Kämpfen verstanden zu fühlen.

Reflexion über Geschlechterrollen

Die Auseinandersetzung mit Geschlechtsidentität beinhaltet auch eine kritische Reflexion über traditionelle Geschlechterrollen. Coyote hinterfragt in ihren Arbeiten die binäre Sichtweise von Geschlecht und plädiert für ein breiteres Verständnis von Identität, das Raum für Vielfalt und Fluidität lässt.

Diese Reflexion ist wichtig, um stereotype Vorstellungen zu dekonstruieren und eine inklusivere Gesellschaft zu fördern. Coyote ermutigt ihre Leser:innen, sich mit den eigenen Vorurteilen auseinanderzusetzen und offen für neue Perspektiven zu sein.

Schlussfolgerung

Die Auseinandersetzung mit Geschlechtsidentität ist ein komplexer, oft herausfordernder Prozess, der sowohl persönliche als auch gesellschaftliche Dimensionen umfasst. Ivan Coyotes Erfahrungen und ihre literarische Arbeit bieten wertvolle Einblicke in diesen Prozess und zeigen, wie wichtig es ist, die eigene Identität zu akzeptieren und zu feiern. Durch ihre Geschichten inspiriert sie andere, sich ebenfalls mit ihrer Identität auseinanderzusetzen und für eine gerechtere Welt einzutreten.

Der Einfluss von Kultur und Gesellschaft

Die Identität eines Individuums wird maßgeblich von den kulturellen und gesellschaftlichen Rahmenbedingungen geprägt, in denen es aufwächst. Für Ivan Coyote, eine prominente Figur in der LGBTQ-Community, waren die kulturellen Einflüsse und gesellschaftlichen Normen entscheidend für die Entwicklung ihrer Geschlechtsidentität und ihres Aktivismus. In diesem Abschnitt werden wir untersuchen, wie Kultur und Gesellschaft Coyotes Selbstverständnis beeinflusst haben, sowie die Herausforderungen und Chancen, die sich daraus ergeben haben.

Kulturelle Normen und Geschlechtsidentität

Die kulturellen Normen, die in einer Gesellschaft vorherrschen, spielen eine zentrale Rolle bei der Formung der Geschlechtsidentität. In vielen Kulturen existieren binäre Vorstellungen von Geschlecht, die Männer und Frauen strikt voneinander abgrenzen. Diese Normen können Druck auf Individuen ausüben, sich in vorgegebene Geschlechterrollen zu fügen. Coyote wuchs in einer Gesellschaft auf, die oft traditionelle Geschlechterrollen propagierte, was zu inneren Konflikten und Herausforderungen führte.

Ein Beispiel für den Einfluss kultureller Normen zeigt sich in Coyotes frühen Erfahrungen in der Schule. Die strengen Geschlechtererwartungen führten zu Isolation und Diskriminierung, als sie versuchte, ihre wahre Identität zu leben. Diese Erfahrungen sind nicht einzigartig; viele LGBTQ-Personen berichten von ähnlichen Herausforderungen, die oft zu einem Gefühl der Entfremdung führen.

Gesellschaftliche Erwartungen und deren Auswirkungen

Die gesellschaftlichen Erwartungen in Bezug auf Geschlecht und Sexualität können tiefgreifende Auswirkungen auf das Selbstbild und das Wohlbefinden von Individuen haben. In Coyotes Fall führten die vorherrschenden gesellschaftlichen Normen zu einem langen Prozess der Selbstakzeptanz. Die ständige Konfrontation mit Vorurteilen und Diskriminierung kann zu psychischen Belastungen führen, die sich in Form von Angstzuständen und Depressionen äußern können.

Ein zentrales Konzept in der Gender-Theorie ist die *Performativität*, wie sie von Judith Butler beschrieben wird. Butler argumentiert, dass Geschlecht nicht nur biologisch ist, sondern auch durch gesellschaftliche Praktiken und Normen konstruiert wird. Diese Theorie ist besonders relevant für Coyotes Erfahrungen, da sie den Druck beschreibt, der entsteht, wenn man versucht, den gesellschaftlichen Erwartungen gerecht zu werden.

$$P(g) = \sum_{i=1}^{n} w_i \cdot x_i$$

Hierbei ist $P(g)$ die Performativität des Geschlechts, w_i die Gewichtung der sozialen Normen und x_i die individuelle Reaktion auf diese Normen. Diese Gleichung verdeutlicht, wie verschiedene Faktoren zusammenwirken, um das Geschlecht eines Individuums zu formen.

Einfluss von Gemeinschaft und Unterstützung

Trotz der Herausforderungen, die durch kulturelle und gesellschaftliche Normen entstehen, fand Coyote Unterstützung in der LGBTQ-Community. Diese Gemeinschaft bot nicht nur einen Raum für Selbstakzeptanz, sondern auch eine Plattform für Aktivismus. Der Einfluss von unterstützenden Netzwerken kann nicht hoch genug eingeschätzt werden. Studien zeigen, dass LGBTQ-Personen, die in unterstützenden Gemeinschaften leben, signifikant bessere psychische Gesundheitswerte aufweisen.

Ein Beispiel für die positive Wirkung von Gemeinschaft ist die Gründung von Unterstützungsgruppen, in denen Individuen ihre Erfahrungen teilen und voneinander lernen können. Solche Gruppen fördern nicht nur die Selbstakzeptanz, sondern auch das Gefühl der Zugehörigkeit und Solidarität.

Kulturelle Repräsentation und Sichtbarkeit

Ein weiterer wichtiger Aspekt des Einflusses von Kultur und Gesellschaft ist die Repräsentation in Medien und Kunst. Coyote nutzt ihre Plattform, um Sichtbarkeit für LGBTQ-Themen zu schaffen und stereotype Darstellungen zu hinterfragen. Die Repräsentation in der Literatur und den Medien hat einen direkten Einfluss auf das gesellschaftliche Verständnis von Geschlecht und Identität.

Die Frage der Sichtbarkeit ist auch eng mit dem Konzept der *Intersektionalität* verbunden, das von Kimberlé Crenshaw geprägt wurde. Intersektionalität betrachtet, wie verschiedene Identitätskategorien – wie Geschlecht, Rasse und Klasse – zusammenwirken und individuelle Erfahrungen beeinflussen. Coyotes Arbeit beleuchtet oft diese komplexen Wechselwirkungen und fordert eine differenzierte Betrachtung von Identität.

Fazit

Insgesamt ist der Einfluss von Kultur und Gesellschaft auf die Identität von Ivan Coyote und vielen anderen LGBTQ-Personen nicht zu unterschätzen. Während kulturelle Normen und gesellschaftliche Erwartungen oft Herausforderungen mit sich bringen, können Gemeinschaft und Unterstützung eine wichtige Rolle bei der Selbstakzeptanz und dem Aktivismus spielen. Coyotes Reise zur Selbstakzeptanz verdeutlicht die Notwendigkeit, gesellschaftliche Normen zu hinterfragen und Raum für Vielfalt und Inklusion zu schaffen.

Die Auseinandersetzung mit diesen Themen ist nicht nur für die LGBTQ-Community von Bedeutung, sondern für die gesamte Gesellschaft, die lernen muss, Vielfalt zu akzeptieren und zu feiern.

Die Suche nach einem Platz in der Welt

Die Suche nach einem Platz in der Welt ist ein zentrales Thema in Ivan Coyotes Leben und Werk. Diese Suche ist nicht nur eine persönliche, sondern auch eine gesellschaftliche Herausforderung, die viele LGBTQ-Personen betrifft. In dieser

Phase des Lebens ist es entscheidend, die eigene Identität zu verstehen und zu akzeptieren. Coyote selbst beschreibt in seinen Erzählungen oft die Schwierigkeiten, die mit der Suche nach einem Platz in einer oft feindlichen Welt verbunden sind.

Identitätsfindung und Akzeptanz

Die Identität ist ein dynamisches Konstrukt, das durch verschiedene Faktoren beeinflusst wird, darunter Kultur, Geschlecht, Sexualität und persönliche Erfahrungen. Laut Erik Erikson, einem der bekanntesten Psychologen, umfasst die Phase der Identitätsfindung die Auseinandersetzung mit Fragen wie „Wer bin ich?" und „Wo gehöre ich hin?". Diese Fragen sind besonders relevant für Menschen, die sich nicht in die traditionellen Geschlechterrollen einfügen.

Coyote erzählt von seinen eigenen Kämpfen, als er versuchte, sich in die Gesellschaft einzugliedern. In seinen Texten reflektiert er über die Diskrepanz zwischen seiner inneren Identität und den Erwartungen der Außenwelt. Diese Kluft kann zu einem Gefühl der Entfremdung führen, das viele LGBTQ-Personen erleben.

Gesellschaftliche Herausforderungen

In der Gesellschaft gibt es oft eine Norm, die heteronormative und binäre Geschlechterrollen vorschreibt. Coyote beschreibt in seinen Geschichten, wie diese Normen nicht nur individuell, sondern auch kollektiv schädlich sind. Die ständige Konfrontation mit Vorurteilen und Diskriminierung kann das Gefühl verstärken, dass man keinen Platz in der Welt hat.

$$P = \frac{D}{R} \qquad (11)$$

Hierbei steht P für das Gefühl der Zugehörigkeit, D für Diskriminierungserfahrungen und R für die Ressourcen, die einer Person zur Verfügung stehen (wie Unterstützung durch die Community oder Zugang zu Bildung). Wenn D hoch ist und R niedrig, wird P negativ beeinflusst, was zu einer verstärkten Isolation führt.

Die Rolle von Gemeinschaft und Unterstützung

Eine der wichtigsten Erkenntnisse aus Coyotes Arbeit ist die Bedeutung von Gemeinschaft und Unterstützung. In seinen Erzählungen hebt er hervor, wie wichtig es ist, Gleichgesinnte zu finden, die ähnliche Erfahrungen gemacht haben.

Diese Gemeinschaft kann als sicherer Raum fungieren, in dem Individuen ihre Identität erkunden und akzeptieren können.

Die Unterstützung durch Familie und Freunde spielt ebenfalls eine entscheidende Rolle. Coyote reflektiert über die positiven und negativen Reaktionen, die er von seiner Familie erhielt. Während einige ihn bedingungslos akzeptierten, gab es auch Widerstand, der seine Suche nach einem Platz in der Welt erschwerte.

Reflexion über Geschlechterrollen

Ein weiterer Aspekt der Suche nach einem Platz in der Welt ist die Reflexion über Geschlechterrollen. In Coyotes Geschichten wird deutlich, dass Geschlechterrollen oft starr sind und wenig Raum für Individualität lassen. Diese starren Normen können zu einem Gefühl der Gefangenschaft führen.

Coyote ermutigt seine Leser, die traditionellen Geschlechterrollen zu hinterfragen und ihre eigene Identität jenseits dieser Grenzen zu definieren. Diese Reflexion ist ein wichtiger Schritt in der Selbstakzeptanz und kann helfen, einen Platz in der Welt zu finden, der authentisch und erfüllend ist.

Der Weg zu einem authentischen Leben

Die Suche nach einem Platz in der Welt ist letztlich auch der Weg zu einem authentischen Leben. Coyote zeigt, dass es möglich ist, trotz gesellschaftlicher Widerstände und persönlicher Herausforderungen einen eigenen Weg zu finden.

Diese Reise erfordert Mut, Selbstliebe und die Bereitschaft, sich mit den eigenen Ängsten und Unsicherheiten auseinanderzusetzen. Coyote betont, dass der Prozess der Selbstakzeptanz nicht linear ist und Rückschläge dazugehören.

$$A = \sqrt{C^2 + R^2} \qquad (12)$$

Hierbei steht A für die Authentizität, C für das Maß an persönlichem Wachstum und R für die Resilienz gegenüber äußeren Einflüssen. Diese Gleichung verdeutlicht, dass Authentizität oft durch die Kombination von persönlichem Wachstum und der Fähigkeit, Herausforderungen zu meistern, erreicht wird.

Schlussfolgerung

Zusammenfassend lässt sich sagen, dass die Suche nach einem Platz in der Welt für Ivan Coyote und viele andere LGBTQ-Personen eine komplexe und oft schmerzhafte Reise ist. Sie erfordert die Auseinandersetzung mit der eigenen Identität, den gesellschaftlichen Normen und der Bedeutung von Gemeinschaft und Unterstützung. Coyotes Geschichten bieten nicht nur Einblicke in diese Herausforderungen, sondern auch Hoffnung und Inspiration für diejenigen, die sich auf ähnliche Reisen begeben. Indem er seine Erfahrungen teilt, ermutigt Coyote andere, ihren eigenen Platz in der Welt zu finden und zu behaupten.

Die Bedeutung von Gemeinschaft und Unterstützung

In der Reise zur Selbstakzeptanz und Identitätsfindung spielt die Gemeinschaft eine entscheidende Rolle. Für viele LGBTQ-Personen ist die Zugehörigkeit zu einer unterstützenden Gemeinschaft nicht nur eine Quelle der Stärke, sondern auch ein wesentlicher Faktor für das psychische Wohlbefinden. Gemeinschaften bieten nicht nur emotionale Unterstützung, sondern auch eine Plattform für den Austausch von Erfahrungen, die Entwicklung von Identität und die Förderung von Aktivismus.

Theoretische Grundlagen

Die Bedeutung von Gemeinschaft in der LGBTQ-Identitätsentwicklung kann durch verschiedene psychologische und soziologische Theorien erklärt werden. Die **Soziale Identitätstheorie** (Tajfel & Turner, 1979) legt nahe, dass Individuen ihre Identität teilweise durch die Zugehörigkeit zu sozialen Gruppen definieren. Für LGBTQ-Personen kann die Zugehörigkeit zu einer LGBTQ-Gemeinschaft helfen, ein positives Selbstbild zu fördern und Diskriminierung zu bewältigen. Diese Gemeinschaften bieten einen Raum, in dem sich Individuen sicher fühlen, ihre Identität auszudrücken, was zu einem Gefühl der Zugehörigkeit und Akzeptanz führt.

Ein weiteres relevantes Konzept ist die **Theorie der sozialen Unterstützung**, die besagt, dass soziale Netzwerke und Unterstützungssysteme entscheidend für die Bewältigung von Stress und Herausforderungen sind (Cohen & Wills, 1985). Diese Theorie hebt hervor, dass emotionale Unterstützung, Informationen und materielle Hilfe, die innerhalb einer Gemeinschaft bereitgestellt werden, die Resilienz von Individuen stärken können.

Probleme und Herausforderungen

Trotz der positiven Aspekte, die Gemeinschaften bieten, gibt es auch Herausforderungen. In vielen Regionen sind LGBTQ-Personen nach wie vor mit Vorurteilen und Diskriminierung konfrontiert, was zu einem Gefühl der Isolation führen kann. Diese Isolation kann sich negativ auf die psychische Gesundheit auswirken und zu Depressionen, Angstzuständen und anderen psychischen Erkrankungen führen (Meyer, 2003).

Darüber hinaus kann es innerhalb von Gemeinschaften auch zu Spannungen kommen, insbesondere wenn es um intersektionale Identitäten geht. Die **Intersektionalitätstheorie** (Crenshaw, 1989) verdeutlicht, dass Individuen multiple, sich überschneidende Identitäten haben, die ihre Erfahrungen von Diskriminierung und Unterstützung beeinflussen. Eine LGBTQ-Person kann beispielsweise gleichzeitig auch eine Person of Color oder eine Person mit Behinderung sein, was ihre Erfahrungen innerhalb der LGBTQ-Gemeinschaft komplexer macht.

Beispiele für Gemeinschaftsbildung

Es gibt zahlreiche Beispiele für erfolgreiche Gemeinschaftsbildung innerhalb der LGBTQ-Community. Organisationen wie **PFLAG** (Parents, Families, and Friends of Lesbians and Gays) bieten Unterstützung für LGBTQ-Personen und deren Familien, indem sie einen Raum für den Austausch von Erfahrungen und Informationen schaffen. Diese Organisation hat es vielen Familien ermöglicht, ihre LGBTQ-Mitglieder besser zu verstehen und zu unterstützen, was zu einer stärkeren familiären Bindung und Akzeptanz führt.

Ein weiteres Beispiel ist die **Trevor Project**, das sich für die Prävention von Selbstmord bei LGBTQ-Jugendlichen einsetzt. Durch Hotlines, Online-Ressourcen und Community-Events bietet das Trevor Project eine wichtige Unterstützung für junge Menschen, die sich in einer kritischen Phase ihrer Identitätsentwicklung befinden. Diese Organisation hat nicht nur unzähligen Jugendlichen geholfen, sondern auch das Bewusstsein für die Herausforderungen, mit denen LGBTQ-Jugendliche konfrontiert sind, geschärft.

Fazit

Die Bedeutung von Gemeinschaft und Unterstützung in der LGBTQ-Identitätsentwicklung kann nicht hoch genug eingeschätzt werden. Gemeinschaften bieten nicht nur einen Raum für Akzeptanz und Identitätsfindung, sondern auch eine Plattform für Aktivismus und gesellschaftlichen Wandel. Die Herausforderungen, die mit der Suche nach Gemeinschaft verbunden sind, erfordern jedoch kontinuierliche Anstrengungen, um sicherzustellen, dass alle Stimmen innerhalb der LGBTQ-Community gehört und respektiert werden. Es ist entscheidend, dass wir weiterhin für eine inklusive und unterstützende Gemeinschaft eintreten, die Vielfalt feiert und allen Mitgliedern die Möglichkeit gibt, ihr authentisches Selbst zu leben.

Reflektionen über Geschlechterrollen

Die Auseinandersetzung mit Geschlechterrollen ist ein zentrales Thema in Ivan Coyotes Werk und Aktivismus. Geschlechterrollen, die als gesellschaftliche Erwartungen definiert werden, die an Individuen auf der Grundlage ihres Geschlechts gestellt werden, beeinflussen nicht nur die Identität, sondern auch das soziale Verhalten und die Wahrnehmung innerhalb der Gesellschaft. Coyote selbst hat in ihren Texten und Auftritten immer wieder betont, wie wichtig es ist, diese Rollen zu hinterfragen und zu dekonstruieren.

Theoretische Grundlagen

Die Gender-Theorie, die sich mit den sozialen Konstruktionen von Geschlecht auseinandersetzt, bietet einen wertvollen Rahmen für das Verständnis von Coyotes Perspektiven. Judith Butler, eine prominente Figur in der Gender-Theorie, argumentiert in ihrem Werk „Gender Trouble", dass Geschlecht nicht nur biologisch determiniert ist, sondern vielmehr performativ konstruiert wird. Dies bedeutet, dass Geschlechterrollen nicht festgelegt sind, sondern durch wiederholte Handlungen und gesellschaftliche Normen geformt werden.

$$G = P_1 + P_2 + \ldots + P_n \qquad (13)$$

Hierbei steht G für Geschlecht und P für die verschiedenen performativen Akte, die zur Konstruktion von Geschlecht beitragen. Coyotes eigene Erfahrungen als transgeschlechtliche Person verdeutlichen diesen performativen Aspekt, indem sie in ihren Texten die Fluidität und Komplexität von Geschlechtsidentitäten thematisiert.

Probleme und Herausforderungen

Die Reflexion über Geschlechterrollen bringt jedoch auch zahlreiche Probleme mit sich. In Coyotes Leben zeigen sich die Herausforderungen, die mit der Ablehnung traditioneller Geschlechterrollen einhergehen. Diskriminierung, Vorurteile und Gewalt sind häufige Begleiterscheinungen für Menschen, die nicht den gesellschaftlichen Erwartungen entsprechen. Coyote beschreibt in ihren Erzählungen die Erfahrungen von Isolation und Missverständnissen, die sie aufgrund ihrer Geschlechtsidentität gemacht hat.

Ein Beispiel für solche Herausforderungen ist die Erfahrung von Coyote in der Schule, wo sie oft aufgrund ihrer Andersartigkeit gemobbt wurde. Diese Erlebnisse sind nicht nur persönliche Geschichten, sondern spiegeln auch ein größeres gesellschaftliches Problem wider, das viele LGBTQ-Personen betrifft.

Einblicke in Coyotes Perspektive

Coyote nutzt ihre Plattform, um auf die schädlichen Auswirkungen von starren Geschlechterrollen hinzuweisen. In ihren Lesungen und Workshops ermutigt sie das Publikum, über die eigenen Erfahrungen mit Geschlecht nachzudenken und die gesellschaftlichen Normen zu hinterfragen. Sie spricht oft über die Bedeutung von Selbstakzeptanz und die Notwendigkeit, eine eigene Identität zu entwickeln, die nicht durch gesellschaftliche Erwartungen eingeschränkt wird.

Beispiele aus der Literatur

In Coyotes literarischen Werken finden sich zahlreiche Beispiele, die die Komplexität von Geschlechterrollen verdeutlichen. In ihrer Erzählung „One in Every Crowd" thematisiert sie die Schwierigkeiten, die mit der Suche nach Identität und Zugehörigkeit verbunden sind. Hier beschreibt sie, wie sie in verschiedenen sozialen Kontexten navigiert und sich dabei ständig mit den Erwartungen anderer auseinandersetzen muss.

Ein weiteres Beispiel findet sich in „Tomboy Survival Guide", wo Coyote ihre eigenen Erfahrungen als tomboy beschreibt und die Herausforderungen, die mit der Ablehnung traditioneller Weiblichkeitsideale einhergehen. Diese Werke sind nicht nur autobiografisch, sondern bieten auch einen kritischen Blick auf die gesellschaftlichen Normen, die Geschlecht und Identität regeln.

Schlussfolgerung

Die Reflexion über Geschlechterrollen ist ein zentraler Bestandteil von Ivan Coyotes Werk und Aktivismus. Ihre Fähigkeit, persönliche Erfahrungen mit gesellschaftlichen Themen zu verknüpfen, schafft einen Raum für Diskussion und Verständnis. Indem sie die Komplexität von Geschlecht und Identität thematisiert, trägt Coyote dazu bei, ein Bewusstsein für die Notwendigkeit von Vielfalt und Inklusion zu schaffen. Ihre Arbeit ermutigt andere, ihre eigenen Geschlechterrollen zu hinterfragen und die Freiheit zu finden, die eigene Identität authentisch zu leben.

In einer Welt, in der Geschlechterrollen oft als starr und unflexibel angesehen werden, ist Coyotes Botschaft von Selbstakzeptanz und der Feier von Vielfalt ein notwendiger und kraftvoller Aufruf zur Veränderung.

Herausforderungen der Selbstidentifikation

Die Selbstidentifikation ist ein komplexer und oft herausfordernder Prozess, insbesondere für Menschen, die sich außerhalb der traditionellen Geschlechter- und Sexualitätsnormen bewegen. Ivan Coyote, als prominente trans-Identität, hat viele dieser Herausforderungen in ihrem Leben und Werk thematisiert. Um die Schwierigkeiten der Selbstidentifikation zu verstehen, ist es wichtig, verschiedene theoretische Perspektiven und persönliche Erfahrungen zu berücksichtigen.

Theoretische Perspektiven

Die Gender-Theorie bietet einen Rahmen, um die Herausforderungen der Selbstidentifikation zu analysieren. Judith Butler (1990) argumentiert, dass Geschlecht nicht nur biologisch, sondern auch sozial konstruiert ist. Diese Konstruktion führt dazu, dass Individuen oft in vorgegebene Geschlechterrollen gedrängt werden, was die Selbstidentifikation erschwert. Die Theorie des *Performativität* besagt, dass Geschlecht durch wiederholte Handlungen und Darstellungen hergestellt wird, was bedeutet, dass die Identität nicht festgelegt ist, sondern dynamisch und veränderlich.

Ein weiterer wichtiger Aspekt ist das Konzept der *Intersektionalität*, das von Kimberlé Crenshaw (1989) eingeführt wurde. Dieses Konzept betont, dass verschiedene Identitätsmerkmale – wie Geschlecht, Sexualität, Ethnizität und Klasse – miteinander verflochten sind und die Erfahrungen von Individuen prägen. Für trans-Personen wie Ivan Coyote können diese verschiedenen Identitäten sowohl Unterstützung als auch zusätzliche Herausforderungen in der Selbstidentifikation mit sich bringen.

Probleme der Selbstidentifikation

Die Herausforderungen der Selbstidentifikation können in mehrere Kategorien unterteilt werden:

- **Innere Konflikte:** Viele trans-Personen kämpfen mit internen Konflikten über ihre Geschlechtsidentität. Diese Konflikte können durch gesellschaftliche Erwartungen, familiäre Normen und persönliche Unsicherheiten verstärkt werden. Ivan Coyote beschreibt in ihren Schriften, wie sie mit dem Gefühl kämpfte, nicht in die traditionellen Geschlechterrollen zu passen, und wie diese Kämpfe ihre Selbstwahrnehmung beeinflussten.

- **Gesellschaftlicher Druck:** Die Gesellschaft übt oft Druck aus, sich an binäre Geschlechterrollen zu halten. Trans-Personen sehen sich häufig mit Vorurteilen, Diskriminierung und Gewalt konfrontiert, wenn sie versuchen, ihre wahre Identität zu leben. Diese externe Ablehnung kann den Prozess der Selbstidentifikation erheblich erschweren.

- **Mangel an Repräsentation:** In vielen Kulturen fehlt es an positiver Repräsentation von trans-Personen in Medien und Literatur. Dies kann dazu führen, dass Individuen Schwierigkeiten haben, Vorbilder zu finden, die ihre Erfahrungen widerspiegeln. Ivan Coyotes eigene Werke bieten jedoch eine wichtige Stimme und Sichtbarkeit, die anderen helfen können, ihre Identität zu akzeptieren.

- **Zugang zu Ressourcen:** Der Zugang zu unterstützenden Ressourcen, wie Therapie, Selbsthilfegruppen oder Informationen über Geschlechtsanpassungen, ist für viele trans-Personen eingeschränkt. Ein Mangel an Ressourcen kann die Selbstidentifikation weiter komplizieren und das Gefühl der Isolation verstärken.

Beispiele aus Ivan Coyotes Leben

Ivan Coyote hat in ihrer Biografie und ihren literarischen Werken oft über die Herausforderungen der Selbstidentifikation gesprochen. In einem ihrer bekanntesten Stücke beschreibt sie die Schwierigkeiten, die sie in ihrer Jugend hatte, als sie versuchte, ihre Geschlechtsidentität zu definieren. Diese Erfahrungen sind nicht nur persönlich, sondern spiegeln auch die universellen Kämpfe wider, die viele trans-Personen erleben.

Ein prägnantes Beispiel ist Coyotes Beschreibung ihrer Schulzeit, in der sie oft als „anders" wahrgenommen wurde. Sie erzählt von den schmerzhaften Erfahrungen der Mobbing und des Ausschlusses, die sie dazu zwangen, ihre Identität geheim zu halten. Diese Erfahrungen führten dazu, dass sie sich in ihrer Jugend oft in der Kunst und dem Geschichtenerzählen verlor, was ihr half, ihre Stimme zu finden und letztendlich zu ihrer Identität zu stehen.

Schlussfolgerung

Die Herausforderungen der Selbstidentifikation sind vielfältig und komplex, insbesondere für trans-Personen wie Ivan Coyote. Der Einfluss von gesellschaftlichen Normen, inneren Konflikten und dem Mangel an Repräsentation kann den Prozess der Selbstfindung erheblich erschweren. Dennoch zeigen die Erfahrungen von Coyote und anderen, dass es möglich ist, diese Herausforderungen zu überwinden und eine authentische Identität zu leben. Indem wir die Stimmen von Aktivisten und Schriftstellern wie Ivan Coyote hören, können wir ein besseres Verständnis für die Kämpfe und Triumphe der Selbstidentifikation entwickeln und eine solidarische Gemeinschaft aufbauen, die Vielfalt und Inklusion feiert.

Der Einfluss von Freundschaften und Beziehungen

Der Einfluss von Freundschaften und Beziehungen auf die persönliche Entwicklung und Identität ist ein zentrales Thema in der Psychologie und Soziologie. Besonders für LGBTQ-Aktivisten wie Ivan Coyote spielt die Unterstützung durch enge Freunde und Partner:innen eine entscheidende Rolle in der Selbstakzeptanz und im Aktivismus. In diesem Abschnitt werden wir die verschiedenen Dimensionen dieser Einflüsse untersuchen und aufzeigen, wie sie Coyotes Reise geprägt haben.

Theoretische Grundlagen

Die soziale Identitätstheorie, entwickelt von Henri Tajfel und John Turner, legt nahe, dass Individuen ihre Identität stark durch ihre sozialen Gruppen definieren. Diese Theorie ist besonders relevant für LGBTQ-Personen, die oft in einer Gesellschaft leben, die ihre Identität nicht akzeptiert. Freundschaften und Beziehungen bieten einen sicheren Raum, in dem Individuen ihre Identität erkunden und festigen können.

Die Bindungstheorie von John Bowlby und Mary Ainsworth betont die Bedeutung stabiler, unterstützender Beziehungen für die emotionale Gesundheit. Für LGBTQ-Aktivisten ist es oft entscheidend, ein Netzwerk von Freund:innen zu haben, die ihre Erfahrungen und Herausforderungen verstehen. Solche Beziehungen können helfen, das Gefühl von Isolation zu verringern, das viele LGBTQ-Personen erleben.

Freundschaften als Unterstützungssystem

Freundschaften können als Unterstützungssystem fungieren, das emotionale und praktische Hilfe bietet. Ivan Coyote hat in verschiedenen Interviews betont, wie wichtig seine Freund:innen für ihn waren, insbesondere in schwierigen Zeiten. Diese Freundschaften bieten nicht nur emotionale Unterstützung, sondern auch Inspiration und Motivation.

Ein Beispiel für die Bedeutung von Freundschaften in Coyotes Leben ist seine enge Beziehung zu anderen LGBTQ-Künstler:innen. Diese Verbindungen ermöglichen es ihm, Erfahrungen auszutauschen und voneinander zu lernen. Solche Netzwerke sind entscheidend für die persönliche und berufliche Entwicklung, da sie den Zugang zu Ressourcen und Möglichkeiten erweitern.

Romantische Beziehungen und ihre Herausforderungen

Romantische Beziehungen können sowohl unterstützend als auch herausfordernd sein. In Coyotes Leben gab es Momente, in denen romantische Beziehungen sowohl eine Quelle der Stärke als auch der Unsicherheit waren. Die Auseinandersetzung mit Geschlechtsidentität kann in romantischen Beziehungen komplex sein, insbesondere wenn Partner:innen unterschiedliche Hintergründe oder Perspektiven haben.

Die Herausforderungen, die sich aus solchen Beziehungen ergeben, können auch zu einem tieferen Verständnis der eigenen Identität führen. Coyote hat oft über die Schwierigkeiten gesprochen, die er in romantischen Beziehungen erlebt hat, insbesondere in Bezug auf Akzeptanz und Verständnis. Diese Herausforderungen haben ihm jedoch auch geholfen, seine eigene Identität klarer zu definieren und zu akzeptieren.

Die Rolle der Community

Die LGBTQ-Community spielt eine wesentliche Rolle bei der Unterstützung von Freundschaften und Beziehungen. Diese Gemeinschaft bietet einen Raum, in dem Individuen sich sicher fühlen können, ihre Identität auszudrücken und Beziehungen zu anderen aufzubauen. Coyote hat in seinen Arbeiten oft die Bedeutung von Community betont und wie sie ihm geholfen hat, seine Stimme zu finden.

Die Community kann auch als Katalysator für Veränderungen dienen, indem sie gemeinsame Erfahrungen teilt und sich gegenseitig unterstützt. Dies kann durch Veranstaltungen, Treffen oder Online-Plattformen geschehen, die es den Menschen ermöglichen, sich zu vernetzen und ihre Geschichten zu teilen.

Beispiele aus Coyotes Leben

Ein prägnantes Beispiel für den Einfluss von Freundschaften in Ivan Coyotes Leben ist seine Zusammenarbeit mit anderen LGBTQ-Aktivist:innen und Künstler:innen. Diese Partnerschaften haben nicht nur seine künstlerische Arbeit bereichert, sondern auch seine Sichtweise auf Aktivismus und Identität erweitert.

Darüber hinaus hat Coyote oft über die Unterstützung gesprochen, die er von seinen Freund:innen erhielt, als er sich mit den Herausforderungen seiner Geschlechtsidentität auseinandersetzte. Diese Unterstützung war entscheidend, um die Isolation zu überwinden, die viele LGBTQ-Personen empfinden.

Fazit

Zusammenfassend lässt sich sagen, dass Freundschaften und Beziehungen einen tiefgreifenden Einfluss auf die persönliche Entwicklung und den Aktivismus von Ivan Coyote haben. Sie bieten nicht nur emotionale Unterstützung, sondern auch Inspiration und Motivation, um die Herausforderungen des Lebens zu meistern. Die Bedeutung von Gemeinschaft und unterstützenden Beziehungen kann nicht genug betont werden, da sie entscheidend für die Selbstakzeptanz und den Erfolg im Aktivismus sind. In einer Welt, die oft feindlich gegenüber LGBTQ-Personen ist, sind diese Verbindungen von unschätzbarem Wert.

Der Weg zu einem authentischen Leben

Der Weg zu einem authentischen Leben ist für viele Menschen, insbesondere für Mitglieder der LGBTQ-Community, ein komplexer und oft herausfordernder Prozess. Authentizität bedeutet, sich selbst treu zu bleiben, die eigene Identität zu akzeptieren und die eigene Wahrheit zu leben, unabhängig von gesellschaftlichen Erwartungen oder Normen. In diesem Abschnitt werden wir die verschiedenen Facetten des Weges zu einem authentischen Leben beleuchten, unter Berücksichtigung der Herausforderungen, Theorien und praktischen Beispiele, die Ivan Coyote und viele andere in ihrer Reise erlebt haben.

Die Suche nach Authentizität

Die Suche nach einem authentischen Leben beginnt oft mit der Auseinandersetzung mit der eigenen Identität. Diese Auseinandersetzung kann durch verschiedene Faktoren beeinflusst werden, darunter kulturelle Normen, familiäre Erwartungen und gesellschaftliche Vorurteile. Viele LGBTQ-Personen erleben einen inneren Konflikt zwischen ihrem wahren Selbst und dem Bild, das die Gesellschaft von ihnen erwartet. Diese Diskrepanz kann zu einem tiefen Gefühl der Entfremdung führen, das sowohl psychische als auch emotionale Auswirkungen hat.

Eine Theorie, die in diesem Kontext von Bedeutung ist, ist die *Theorie der sozialen Identität*, die von Henri Tajfel und John Turner entwickelt wurde. Diese Theorie besagt, dass Individuen ihre Identität stark durch die Gruppen definieren, denen sie angehören. Für LGBTQ-Personen kann die Zugehörigkeit zu einer marginalisierten Gruppe sowohl eine Quelle der Stärke als auch eine Quelle des Konflikts sein. Während die Gemeinschaft Unterstützung bieten kann, kann sie auch den Druck erhöhen, sich einer bestimmten Norm oder Erwartung anzupassen.

Herausforderungen auf dem Weg zur Authentizität

Der Weg zur Authentizität ist oft mit Herausforderungen verbunden. Diskriminierung, Stigmatisierung und Vorurteile sind alltägliche Erfahrungen, die viele LGBTQ-Personen machen. Diese Erfahrungen können das Selbstwertgefühl und das Vertrauen in die eigene Identität beeinträchtigen. Coyote selbst hat in vielen seiner Werke auf die Schwierigkeiten hingewiesen, die mit der Selbstakzeptanz und der Sichtbarkeit einhergehen.

Ein Beispiel dafür ist die *Coming-Out*-Erfahrung, die für viele LGBTQ-Personen ein entscheidender Moment auf ihrem Weg zur Authentizität ist. Das Coming-Out kann sowohl befreiend als auch beängstigend sein, da es oft mit der Angst vor Ablehnung und Verlust von sozialen Beziehungen verbunden ist. Laut einer Studie von Ryan et al. (2009) kann ein unterstützendes Umfeld während des Coming-Out-Prozesses signifikant zur psychischen Gesundheit und zum Wohlbefinden von LGBTQ-Personen beitragen.

Die Rolle von Gemeinschaft und Unterstützung

Eine wichtige Komponente auf dem Weg zu einem authentischen Leben ist die Unterstützung durch die Gemeinschaft. Die Zugehörigkeit zu einer LGBTQ-Community kann ein Gefühl der Akzeptanz und des Verständnisses vermitteln, das für viele Menschen von entscheidender Bedeutung ist. Coyote hat oft betont, wie wichtig es ist, sich mit Gleichgesinnten zu umgeben, die ähnliche Erfahrungen gemacht haben. Diese Gemeinschaften bieten nicht nur emotionale Unterstützung, sondern auch praktische Ressourcen, die helfen können, Herausforderungen zu bewältigen.

In vielen Städten gibt es LGBTQ-Zentren und Organisationen, die Programme und Dienstleistungen anbieten, um Menschen bei der Suche nach ihrer Identität zu unterstützen. Diese Ressourcen können Workshops, Selbsthilfegruppen und kulturelle Veranstaltungen umfassen, die es den Teilnehmern ermöglichen, ihre Geschichten zu teilen und voneinander zu lernen.

Der Einfluss von Kunst und Kreativität

Kunst und Kreativität spielen eine entscheidende Rolle im Prozess der Selbstakzeptanz und der Authentizität. Für viele LGBTQ-Künstler:innen, einschließlich Ivan Coyote, ist das Schreiben und Performen eine Möglichkeit, ihre Identität auszudrücken und ihre Erfahrungen zu verarbeiten. Kunst kann als ein Werkzeug der Selbstreflexion dienen, das es Individuen ermöglicht, ihre innersten Gedanken und Gefühle zu erkunden.

In Coyotes Fall zeigt seine Literatur oft die Kämpfe und Triumphe, die mit der Identitätssuche verbunden sind. Durch Geschichten und Erzählungen schafft er einen Raum, in dem andere sich wiedererkennen und ihre eigenen Erfahrungen validieren können. Dies ist besonders wichtig, da die Repräsentation in der Kunst dazu beitragen kann, Stereotypen abzubauen und das Verständnis für LGBTQ-Themen zu fördern.

Die Bedeutung von Selbstakzeptanz

Ein zentraler Aspekt des Weges zu einem authentischen Leben ist die Selbstakzeptanz. Diese Akzeptanz erfordert oft einen langen Prozess der Selbstreflexion und des Lernens, die eigene Identität zu schätzen. Psychologen wie Brené Brown haben die Bedeutung von Verwundbarkeit und Selbstakzeptanz hervorgehoben, um ein erfülltes Leben zu führen. Brown argumentiert, dass die Fähigkeit, sich selbst zu akzeptieren, eng mit dem Gefühl der Zugehörigkeit und der Fähigkeit, authentische Beziehungen zu anderen aufzubauen, verbunden ist.

Schlussfolgerung

Der Weg zu einem authentischen Leben ist ein individueller Prozess, der von persönlichen Erfahrungen, sozialen Einflüssen und kulturellen Kontexten geprägt ist. Für viele LGBTQ-Personen ist dieser Weg oft mit Herausforderungen und Rückschlägen verbunden, aber auch mit Momenten der Freude und des Wachstums. Durch die Unterstützung von Gemeinschaften, die Kraft der Kunst und die Reise zur Selbstakzeptanz können Individuen lernen, ihre wahre Identität zu leben und ein authentisches Leben zu führen. Ivan Coyotes Leben und Werk sind ein inspirierendes Beispiel dafür, wie man trotz Widrigkeiten die eigene Stimme finden und die eigene Wahrheit leben kann.

Die Rolle von Therapie und Selbsthilfe

Die Reise zur Selbstakzeptanz ist oft ein komplexer und vielschichtiger Prozess, der durch verschiedene Herausforderungen geprägt ist. Für Ivan Coyote und viele andere LGBTQ-Aktivisten spielt Therapie und Selbsthilfe eine entscheidende Rolle in diesem Prozess. Diese beiden Elemente bieten nicht nur Unterstützung und Verständnis, sondern auch Werkzeuge zur Bewältigung von Herausforderungen, die mit Identität und gesellschaftlicher Akzeptanz verbunden sind.

Therapie als unterstützendes Element

Therapie kann in vielen Formen auftreten, von individueller Psychotherapie über Gruppentherapie bis hin zu kreativen Therapien. Für viele Menschen, die mit Fragen der Geschlechtsidentität und sexuellen Orientierung kämpfen, bietet die Therapie einen sicheren Raum, um ihre Gedanken und Gefühle zu erkunden.

Ein zentraler Aspekt der Therapie ist die **kognitive Verhaltenstherapie (KVT)**, die sich darauf konzentriert, negative Denkmuster zu identifizieren und zu verändern. Diese Methode kann besonders hilfreich sein, um mit inneren Konflikten und Selbstzweifeln umzugehen, die häufig in der LGBTQ-Community auftreten. Ein Beispiel hierfür könnte die Auseinandersetzung mit dem eigenen Selbstbild sein, das durch gesellschaftliche Normen und Erwartungen verzerrt wird.

Ein weiterer therapeutischer Ansatz ist die **systemische Therapie**, die nicht nur das Individuum, sondern auch dessen soziale Umgebung betrachtet. In Coyotes Fall könnte dies bedeuten, dass die Dynamiken innerhalb der Familie und der Freundesgruppe in den therapeutischen Prozess einbezogen werden, um ein besseres Verständnis für die eigenen Erfahrungen und deren Auswirkungen auf das Selbstwertgefühl zu entwickeln.

Selbsthilfegruppen und Gemeinschaftsunterstützung

Neben professioneller Therapie spielen Selbsthilfegruppen eine wesentliche Rolle in der Unterstützung von LGBTQ-Personen. Diese Gruppen bieten nicht nur emotionalen Rückhalt, sondern auch die Möglichkeit, Erfahrungen auszutauschen und voneinander zu lernen. In Coyotes Leben waren solche Gruppen entscheidend, um eine Gemeinschaft zu finden, die Verständnis und Akzeptanz bietet.

Ein Beispiel für eine Selbsthilfegruppe könnte eine lokale LGBTQ-Gruppe sein, die regelmäßig Treffen organisiert, um Themen wie Identität, Diskriminierung und persönliche Herausforderungen zu besprechen. In diesen Räumen wird oft ein Gefühl der Zugehörigkeit geschaffen, das es den Teilnehmer:innen ermöglicht, sich sicher zu fühlen und offen über ihre Kämpfe zu sprechen.

Die Bedeutung von Selbsthilfe und Achtsamkeit

Zusätzlich zu Therapie und Selbsthilfegruppen ist die Praxis der **Achtsamkeit** ein wichtiger Aspekt der Selbsthilfe. Achtsamkeitstechniken, wie Meditation und Atemübungen, können helfen, die emotionale Belastung zu reduzieren und ein Gefühl der inneren Ruhe zu fördern. Diese Praktiken ermöglichen es den Menschen, sich auf den gegenwärtigen Moment zu konzentrieren und ihre Gedanken und Gefühle ohne Urteil zu beobachten.

In Coyotes Werk wird oft die Bedeutung von Geschichten und Erzählungen hervorgehoben, die als Form der Selbsthilfe dienen können. Das Schreiben und Teilen von Geschichten ist nicht nur eine Möglichkeit, persönliche Erfahrungen zu verarbeiten, sondern auch ein Weg, um andere zu inspirieren und zu ermutigen. Durch das Teilen von Erlebnissen können andere erkennen, dass sie nicht allein sind und dass ihre Kämpfe Teil einer größeren Gemeinschaft sind.

Herausforderungen und Widerstände

Trotz der positiven Aspekte von Therapie und Selbsthilfe gibt es auch Herausforderungen, die es zu überwinden gilt. Der Zugang zu psychologischer Unterstützung kann für viele LGBTQ-Personen eingeschränkt sein, insbesondere in ländlichen oder konservativen Gemeinschaften. Oftmals gibt es Vorurteile gegenüber psychischer Gesundheit, die Menschen davon abhalten, Hilfe in Anspruch zu nehmen.

Ein weiteres Problem ist die **Stigmatisierung**, die viele LGBTQ-Personen erleben, wenn sie sich entscheiden, ihre Identität zu leben oder Hilfe zu suchen. Diese Stigmatisierung kann zu einem Gefühl der Isolation führen, das die Notwendigkeit von Therapie und Selbsthilfe noch verstärkt.

Fazit

Insgesamt spielt die Therapie und Selbsthilfe eine zentrale Rolle in der Reise zur Selbstakzeptanz. Für Ivan Coyote und viele andere LGBTQ-Aktivisten ist es wichtig, sowohl professionelle Unterstützung als auch Gemeinschaftsressourcen zu nutzen, um die Herausforderungen zu bewältigen, die mit ihrer Identität verbunden sind. Die Kombination aus Therapie, Selbsthilfegruppen und Achtsamkeitstechniken bietet einen umfassenden Ansatz zur Förderung des emotionalen Wohlbefindens und zur Stärkung der eigenen Identität. In einer Welt, die oft von Diskriminierung und Vorurteilen geprägt ist, ist die Suche nach Unterstützung und Verständnis ein entscheidender Schritt auf dem Weg zu einem authentischen Leben.

Lektionen über Liebe und Akzeptanz

Die Reise von Ivan Coyote zur Selbstakzeptanz ist nicht nur eine persönliche, sondern auch eine universelle Erzählung über die Kraft der Liebe und die Bedeutung von Akzeptanz in einer oft feindlichen Welt. In diesem Abschnitt werden wir die Lektionen, die Coyote aus ihren Erfahrungen gezogen hat, näher betrachten und deren Relevanz für die LGBTQ-Community und darüber hinaus untersuchen.

Die Bedeutung von Selbstliebe

Eine der grundlegendsten Lektionen, die Coyote vermittelt, ist die Bedeutung von Selbstliebe. Selbstliebe ist der Prozess, sich selbst mit Mitgefühl und Respekt zu begegnen. Psychologen wie Brené Brown betonen, dass Selbstliebe der Schlüssel zu emotionaler Gesundheit und Resilienz ist. Coyote hat in ihren Schriften oft betont, wie wichtig es ist, sich selbst zu akzeptieren, um auch von anderen akzeptiert zu werden. Dies wird besonders deutlich in ihren autobiografischen Erzählungen, in denen sie ihre Kämpfe mit Identität und Geschlechtszugehörigkeit offenbart.

Akzeptanz in der Gemeinschaft

Coyote hat immer wieder betont, wie wichtig es ist, eine unterstützende Gemeinschaft zu finden. Diese Gemeinschaft kann eine Quelle der Stärke und des Trostes sein. Theoretische Konzepte wie die *Social Identity Theory* (Tajfel & Turner, 1979) belegen, dass die Zugehörigkeit zu einer Gruppe das Selbstwertgefühl stärkt. In Coyotes Fall fand sie diese Zugehörigkeit in der LGBTQ-Community, wo sie nicht nur Akzeptanz, sondern auch Inspiration fand.

Diese Gemeinschaft ermöglichte es ihr, ihre Stimme zu finden und ihre Geschichten zu erzählen.

Die Herausforderung der bedingungslosen Liebe

Eine weitere Lektion, die Coyote lehrt, ist die Idee der bedingungslosen Liebe. Diese Art von Liebe erfordert, dass man andere so akzeptiert, wie sie sind, ohne Bedingungen oder Erwartungen. In Coyotes Werk finden wir zahlreiche Beispiele für bedingungslose Liebe, sei es in ihren Beziehungen zu Freunden, Familie oder der Community. Sie beschreibt, wie diese Liebe ihr half, ihre eigene Identität zu akzeptieren und zu feiern.

Ein Beispiel ist die Beziehung zu ihrer Familie, die, trotz anfänglicher Schwierigkeiten, letztendlich eine Quelle der Unterstützung wurde. Diese Transformation zeigt, dass Liebe oft Zeit braucht, um zu wachsen und sich zu entwickeln. Coyote ermutigt ihre Leser, Geduld und Verständnis in ihren eigenen Beziehungen zu üben.

Die Rolle von Empathie

Empathie ist ein weiterer zentraler Aspekt von Coyotes Lehren über Liebe und Akzeptanz. Empathie ermöglicht es uns, die Perspektiven anderer zu verstehen und zu schätzen. In ihren Geschichten verwendet Coyote oft die Technik des *Storytelling*, um Empathie zu fördern. Durch das Teilen ihrer eigenen Erfahrungen schafft sie eine Verbindung zu ihrem Publikum und ermutigt andere, ihre eigenen Geschichten zu erzählen. Dieser Austausch fördert ein Gefühl der Zugehörigkeit und des Verständnisses, das für die Heilung und das Wachstum in der Gemeinschaft unerlässlich ist.

Herausforderungen und Widerstände

Trotz der positiven Botschaften über Liebe und Akzeptanz konfrontiert Coyote auch die Realität von Vorurteilen und Diskriminierung. Diese Herausforderungen sind Teil der Reise zur Selbstakzeptanz und erfordern Mut und Entschlossenheit. Coyote beschreibt in ihren Erzählungen, wie sie mit Ablehnung und Widerstand umgegangen ist, und betont die Bedeutung von Resilienz. Ihre Fähigkeit, aus Rückschlägen zu lernen und weiterzumachen, ist eine wichtige Lektion für alle, die sich auf dem Weg zur Selbstakzeptanz befinden.

Die Kraft der Geschichten

Abschließend lässt sich sagen, dass die Lektionen über Liebe und Akzeptanz, die Ivan Coyote vermittelt, tief in der Kraft der Geschichten verwurzelt sind. Geschichten haben die Fähigkeit, Barrieren abzubauen und Verbindungen zu schaffen. Sie ermöglichen es uns, unsere Erfahrungen zu teilen und die Erfahrungen anderer zu verstehen. Coyote ermutigt uns, unsere Geschichten zu erzählen und die Geschichten anderer zu hören, um ein tieferes Verständnis für die Vielfalt menschlicher Erfahrungen zu entwickeln.

Durch ihre Arbeit lehrt uns Coyote, dass Liebe und Akzeptanz nicht nur individuelle Erfahrungen sind, sondern auch kollektive Anstrengungen, die eine positive Veränderung in der Gesellschaft bewirken können. In einer Welt, die oft von Spaltung und Vorurteil geprägt ist, sind diese Lektionen wichtiger denn je.

$$\text{Selbstliebe} + \text{Gemeinschaft} + \text{Empathie} = \text{Akzeptanz} \tag{14}$$

Diese Gleichung verdeutlicht, dass die Kombination aus Selbstliebe, Gemeinschaft und Empathie zu einem Zustand der Akzeptanz führt, der für die persönliche und gesellschaftliche Entwicklung entscheidend ist. Ivan Coyotes Reise ist ein inspirierendes Beispiel dafür, wie Liebe und Akzeptanz nicht nur das Leben eines Individuums verändern können, sondern auch die Welt um uns herum.

Rückschläge und Widerstände

Herausforderungen im Aktivismus und im Leben

Diskriminierung und Vorurteile erleben

Diskriminierung und Vorurteile sind zentrale Themen in der Diskussion um die Identität und das Leben von LGBTQ-Personen, insbesondere in Bezug auf die Erfahrungen von Ivan Coyote. Diese Erfahrungen sind oft tiefgreifend und prägend, beeinflussen nicht nur das persönliche Leben, sondern auch das Engagement in der Gemeinschaft und den Aktivismus.

Theoretische Grundlagen

Diskriminierung wird definiert als die ungerechtfertigte Ungleichbehandlung von Individuen oder Gruppen basierend auf bestimmten Merkmalen, wie Geschlecht, Sexualität, Rasse oder Behinderung. In der Sozialpsychologie wird Diskriminierung häufig durch die *Theorie der sozialen Identität* erklärt, die besagt, dass Menschen ihre Identität teilweise durch die Zugehörigkeit zu sozialen Gruppen definieren. Diese Zugehörigkeit kann sowohl positive als auch negative Auswirkungen haben, insbesondere wenn es um die Interaktion mit anderen Gruppen geht.

Vorurteile sind oft das Resultat von Stereotypen, die in der Gesellschaft verbreitet sind. Diese Stereotypen können zu einer verzerrten Wahrnehmung führen, die wiederum Diskriminierung fördert. Die *Theorie des sozialen Konstruktivismus* legt nahe, dass viele dieser Stereotypen und Vorurteile durch gesellschaftliche Normen und Werte konstruiert werden, was bedeutet, dass sie nicht nur individueller Natur sind, sondern auch tief in den Strukturen der Gesellschaft verwurzelt sind.

Erfahrungen von Ivan Coyote

Ivan Coyote hat in ihren Schriften und öffentlichen Auftritten oft über die Diskriminierung gesprochen, die sie als trans Person erlebt hat. Diese Erfahrungen reichen von subtilen Formen der Ausgrenzung bis hin zu offenen Angriffen auf ihre Identität. In einer ihrer Erzählungen beschreibt Coyote eine Situation in der Schule, in der sie aufgrund ihrer Geschlechtsidentität verspottet wurde. Solche Erlebnisse sind nicht nur schmerzhaft, sondern hinterlassen auch langfristige psychologische Auswirkungen.

Ein Beispiel, das Coyote häufig anführt, ist die Reaktion ihrer Mitschüler auf ihre Entscheidung, sich selbst zu sein. Sie beschreibt, wie sie in der Schule oft als „anders" wahrgenommen wurde, was zu Mobbing und sozialer Isolation führte. Diese Erfahrungen sind nicht einzigartig, sondern spiegeln die Realität vieler LGBTQ-Jugendlicher wider, die oft mit ähnlichen Herausforderungen konfrontiert sind.

Gesellschaftliche Probleme und Herausforderungen

Die Diskriminierung von LGBTQ-Personen ist ein weit verbreitetes Problem, das in vielen Gesellschaften tief verwurzelt ist. Studien zeigen, dass LGBTQ-Personen ein höheres Risiko für psychische Gesundheitsprobleme, einschließlich Depressionen und Angstzuständen, haben, oft als direkte Folge von Diskriminierung und Vorurteilen. Laut einer Studie der *American Psychological Association* berichten 61% der LGBTQ-Jugendlichen von Diskriminierungserfahrungen in ihrem Alltag.

Ein weiteres Problem ist die institutionelle Diskriminierung, die in vielen Ländern nach wie vor besteht. Diese kann sich in Form von Gesetzen äußern, die LGBTQ-Personen benachteiligen, oder in der Art und Weise, wie Institutionen wie Schulen und Gesundheitsdienste mit LGBTQ-Personen umgehen. Coyote hat in ihrer Arbeit häufig auf die Notwendigkeit hingewiesen, diese institutionellen Barrieren abzubauen, um eine inklusive Gesellschaft zu schaffen.

Beispiele aus der Praxis

Ein eindrucksvolles Beispiel für Diskriminierung ist die Erfahrung von Coyote bei öffentlichen Veranstaltungen, wo sie oft mit Vorurteilen konfrontiert wird. Bei einer Lesung in einer ländlichen Gemeinde berichtete sie von einem Vorfall, bei dem ein Teil des Publikums offen gegen sie und ihre Identität protestierte. Solche Vorfälle sind nicht nur verletzend, sondern auch eine Herausforderung für den Aktivismus,

HERAUSFORDERUNGEN IM AKTIVISMUS UND IM LEBEN

da sie die Sichtbarkeit von LGBTQ-Personen untergraben und eine Atmosphäre der Angst schaffen können.

Ein weiteres Beispiel ist Coyotes Engagement in Schulen, wo sie Workshops über Geschlechtsidentität und LGBTQ-Themen anbietet. Trotz der positiven Rückmeldungen von Schüler:innen und Lehrer:innen stößt sie oft auf Widerstand von Eltern oder Schulbehörden, die sich gegen die Thematisierung von LGBTQ-Themen wehren. Diese Widerstände verdeutlichen die tief verwurzelten Vorurteile und die Notwendigkeit, diese durch Bildung und Aufklärung abzubauen.

Schlussfolgerung

Die Erfahrungen von Diskriminierung und Vorurteilen, die Ivan Coyote gemacht hat, sind nicht nur persönliche Geschichten, sondern auch Spiegelbilder der Herausforderungen, mit denen viele in der LGBTQ-Community konfrontiert sind. Es ist von entscheidender Bedeutung, diese Themen offen zu diskutieren und zu verstehen, um eine inklusivere und gerechtere Gesellschaft zu schaffen. Der Aktivismus, den Coyote und andere führen, ist ein Schritt in diese Richtung, indem sie nicht nur ihre eigenen Geschichten erzählen, sondern auch das Bewusstsein für die Notwendigkeit von Veränderung schärfen.

Verlust und Trauer im persönlichen Umfeld

Der Verlust von geliebten Menschen kann für jeden, besonders für Aktivist:innen wie Ivan Coyote, eine tiefgreifende und transformative Erfahrung sein. Trauer ist ein universelles Gefühl, das in vielen Formen und Intensitäten auftritt. In dieser Sektion werden wir die Auswirkungen von Verlust und Trauer im persönlichen Umfeld von Coyote untersuchen, die Herausforderungen, die damit verbunden sind, sowie die Mechanismen, die zur Bewältigung dieser Erfahrungen beitragen.

Theoretische Perspektiven auf Trauer

Trauer wird oft als ein natürlicher Reaktionsprozess auf den Verlust von jemandem, den wir lieben, verstanden. Die Psychologin Elisabeth Kübler-Ross identifizierte fünf Phasen der Trauer: **Leugnung, Zorn, Verhandlung, Depression** und **Akzeptanz**. Diese Phasen sind nicht linear und können in beliebiger Reihenfolge auftreten.

$$L = \{D, Z, V, Dp, A\} \tag{15}$$

Hierbei steht L für den Trauerprozess, wobei D die Leugnung, Z den Zorn, V die Verhandlung, Dp die Depression und A die Akzeptanz repräsentiert.

Persönliche Verluste in Coyotes Leben

Ivan Coyote hat in vielen ihrer Werke über den Verlust von Freunden und Familienmitgliedern geschrieben. Diese persönlichen Verluste sind oft mit Trauer und Schmerz verbunden, die nicht nur emotional, sondern auch körperlich spürbar sind. Ein prägnantes Beispiel ist der Verlust eines engen Freundes, der aufgrund von Diskriminierung und Gewalt ums Leben kam. Coyote beschreibt diesen Verlust als einen Wendepunkt in ihrem Leben, der sie dazu motivierte, sich noch intensiver für die LGBTQ-Community einzusetzen.

Herausforderungen durch Verlust

Die Herausforderungen, die durch den Verlust eines geliebten Menschen entstehen, können vielfältig sein. Sie reichen von emotionalen Schwierigkeiten bis hin zu sozialen Isolation. In Coyotes Fall führte der Verlust dazu, dass sie sich oft in der Trauer zurückzog, was ihre Fähigkeit, sich aktiv in der Community zu engagieren, beeinträchtigte.

Darüber hinaus kann der Verlust auch zu einem Gefühl der Schuld führen, insbesondere wenn die Umstände des Todes mit gesellschaftlichen Vorurteilen oder Diskriminierung verbunden sind. Coyote hat berichtet, dass sie oft mit dem Gedanken kämpfte, ob sie mehr hätte tun können, um das Leben ihrer Freunde zu schützen.

Bewältigungsmechanismen

Um mit Verlust und Trauer umzugehen, hat Coyote verschiedene Bewältigungsmechanismen entwickelt. Dazu gehört die Rückkehr zur Kunst und zum Geschichtenerzählen, um ihre Emotionen zu verarbeiten. Kreatives Schreiben wird oft als eine Form der Therapie betrachtet, die es ermöglicht, Gefühle auszudrücken und einen Sinn aus traumatischen Erfahrungen zu ziehen.

$$E = f(C, R) \tag{16}$$

In dieser Gleichung steht E für die Emotionen, die durch C (Kreativität) und R (Reflexion) beeinflusst werden. Diese Mechanismen helfen Coyote, die Trauer zu verarbeiten und gleichzeitig ihre Stimme als Aktivistin zu stärken.

Beispiele aus Coyotes Leben

Ein bemerkenswertes Beispiel für Coyotes Umgang mit Verlust ist ihre Teilnahme an Gedenkveranstaltungen für verstorbene LGBTQ-Personen. Diese Veranstaltungen bieten nicht nur einen Raum für Trauer, sondern auch für Gemeinschaft und Solidarität. Coyote nutzt diese Gelegenheiten, um die Geschichten der Verstorbenen zu erzählen und ihre Kämpfe und Triumphe zu würdigen.

Darüber hinaus hat sie in ihren Lesungen oft über die Bedeutung von Erinnerungen gesprochen und wie das Teilen dieser Erinnerungen sowohl eine Form der Trauerbewältigung als auch eine Möglichkeit ist, das Erbe der Verstorbenen zu ehren.

Fazit

Der Verlust und die Trauer im persönlichen Umfeld sind zentrale Themen im Leben von Ivan Coyote. Diese Erfahrungen haben nicht nur ihre persönliche Entwicklung geprägt, sondern auch ihren Aktivismus und ihre literarische Arbeit beeinflusst. Indem sie ihre Trauer in Kunst und Aktivismus umwandelt, bietet Coyote nicht nur sich selbst, sondern auch der Gemeinschaft einen Weg zur Heilung und zum Verständnis. Ihre Geschichte ist ein kraftvolles Beispiel dafür, wie Verlust sowohl eine Quelle des Schmerzes als auch eine Quelle der Stärke und Inspiration sein kann.

Umgang mit Kritik und Ablehnung

Der Umgang mit Kritik und Ablehnung ist eine der größten Herausforderungen, denen sich Aktivist:innen, insbesondere in der LGBTQ-Community, gegenübersehen. Diese Erfahrungen können sowohl von externen Quellen, wie der Gesellschaft, als auch von internen Quellen, wie den eigenen Zweifeln, stammen. In diesem Abschnitt werden wir die verschiedenen Dimensionen des Umgangs mit Kritik und Ablehnung untersuchen, wobei wir uns auf Ivan Coyotes Erfahrungen und Strategien stützen.

Die Natur der Kritik

Kritik kann in verschiedenen Formen auftreten, von konstruktiv bis destruktiv. Konstruktive Kritik bietet wertvolle Rückmeldungen und kann zur persönlichen und beruflichen Entwicklung beitragen. Destruktive Kritik hingegen zielt oft darauf ab, zu verletzen oder zu entmutigen. Coyote hat in ihren Schriften häufig betont, dass es wichtig ist, zwischen diesen beiden Arten von Kritik zu unterscheiden.

$$C = \frac{K}{D} \qquad (17)$$

wobei C die konstruktive Kritik, K die positive Rückmeldung und D die destruktive Rückmeldung darstellt. Ein höherer Wert von C zeigt an, dass die Rückmeldung überwiegend konstruktiv ist, was zur Resilienz und zum Wachstum beiträgt.

Psychologische Auswirkungen

Die psychologischen Auswirkungen von Kritik und Ablehnung können erheblich sein. Aktivist:innen, die sich für marginalisierte Gemeinschaften einsetzen, sehen sich oft intensiverer Kritik ausgesetzt, die auf Vorurteilen oder Missverständnissen basiert. Diese Kritik kann zu einem Gefühl der Isolation, Angst und Selbstzweifel führen.

Die Forschung zeigt, dass wiederholte negative Rückmeldungen das Selbstwertgefühl und die mentale Gesundheit beeinträchtigen können. Ein Beispiel dafür ist die Studie von Brown und Dutton (2003), die zeigt, dass Menschen, die regelmäßig Kritik erfahren, ein höheres Risiko für Depressionen und Angstzustände haben. Coyote hat in Interviews über ihre eigenen Kämpfe mit Selbstzweifeln gesprochen, insbesondere nach öffentlichen Auftritten, bei denen sie sich angreifbar fühlte.

Strategien zum Umgang mit Kritik

Um mit Kritik und Ablehnung umzugehen, hat Coyote verschiedene Strategien entwickelt, die auf ihrer persönlichen Reise basieren. Diese Strategien umfassen:

- **Selbstreflexion:** Coyote betont die Bedeutung von Selbstreflexion. Sie empfiehlt, die Kritik zu analysieren und zu entscheiden, ob sie konstruktiv oder destruktiv ist. Dies hilft, sich auf das Wesentliche zu konzentrieren und nicht emotional zu reagieren.

- **Unterstützung suchen:** Der Aufbau eines unterstützenden Netzwerks ist entscheidend. Coyote hat oft betont, wie wichtig es ist, Freund:innen und Mentor:innen um Rat zu fragen, um eine andere Perspektive auf die Kritik zu erhalten.

HERAUSFORDERUNGEN IM AKTIVISMUS UND IM LEBEN

- **Grenzen setzen:** Coyote hat gelernt, Grenzen zu setzen und sich von toxischen Menschen oder Situationen zu distanzieren. Dies ist besonders wichtig, um die eigene mentale Gesundheit zu schützen.

- **Kreativer Ausdruck:** Coyote nutzt kreative Ausdrucksformen, um mit Kritik umzugehen. Schreiben, Performen und andere künstlerische Aktivitäten bieten eine Möglichkeit, Emotionen zu verarbeiten und zu kanalisieren.

Beispiele aus Coyotes Leben

Ein prägnantes Beispiel für Coyotes Umgang mit Kritik war ihre Reaktion auf negative Rückmeldungen zu einem ihrer ersten Bücher. Anstatt sich entmutigen zu lassen, nutzte sie die Kritik als Anstoß, um ihre Stimme zu stärken und sich klarer zu positionieren. In einem ihrer Auftritte erklärte sie: „Jede negative Rückmeldung ist eine Gelegenheit, meine Botschaft zu verfeinern und meine Perspektive zu stärken."

Ein weiteres Beispiel ist ihre aktive Teilnahme an Podiumsdiskussionen, bei denen sie oft kritische Fragen zu ihrer Arbeit und ihrer Identität erhält. Coyote hat gelernt, diese Fragen als Chance zu nutzen, um auf Missverständnisse hinzuweisen und das Bewusstsein für LGBTQ-Themen zu schärfen.

Die Rolle der Community

Die LGBTQ-Community spielt eine entscheidende Rolle im Umgang mit Kritik und Ablehnung. Coyote hat immer wieder betont, wie wichtig es ist, sich mit Gleichgesinnten zu umgeben, die Unterstützung bieten und ein Verständnis für die Herausforderungen teilen. Gemeinschaftliche Veranstaltungen, Workshops und Diskussionsrunden bieten Raum für den Austausch von Erfahrungen und Strategien.

$$S = \sum_{i=1}^{n} C_i \tag{18}$$

wobei S die Stärke der Gemeinschaft darstellt und C_i die individuellen Unterstützungsbeiträge der Mitglieder. Eine starke Gemeinschaft kann die Resilienz gegenüber Kritik erhöhen und das Gefühl der Zugehörigkeit stärken.

Fazit

Der Umgang mit Kritik und Ablehnung ist für Aktivist:innen wie Ivan Coyote eine ständige Herausforderung, die jedoch auch als Chance zur persönlichen und gemeinschaftlichen Entwicklung betrachtet werden kann. Durch Selbstreflexion, Unterstützung, Grenzsetzung und kreativen Ausdruck können Aktivist:innen lernen, Kritik zu navigieren und ihre Stimme in einer oft herausfordernden Welt zu behaupten. Coyotes Erfahrungen bieten wertvolle Einblicke und Inspiration für andere, die ähnliche Herausforderungen erleben.

In einer Zeit, in der Sichtbarkeit und Repräsentation für die LGBTQ-Community von größter Bedeutung sind, ist der Umgang mit Kritik nicht nur eine persönliche Angelegenheit, sondern auch eine kollektive Verantwortung, die die Stärke und Resilienz der Gemeinschaft formt und festigt.

Psychische Gesundheit und Selbstfürsorge

Psychische Gesundheit ist ein zentrales Thema im Leben von Aktivist:innen, insbesondere für diejenigen, die sich mit den Herausforderungen der LGBTQ-Community auseinandersetzen. Die ständige Konfrontation mit Diskriminierung, Vorurteilen und gesellschaftlicher Ablehnung kann erhebliche Auswirkungen auf das psychische Wohlbefinden haben. In diesem Abschnitt werden wir die Bedeutung von psychischer Gesundheit und Selbstfürsorge für Ivan Coyote und andere Aktivist:innen untersuchen, sowie Strategien zur Förderung des psychischen Wohlbefindens und zur Bewältigung von Stress.

Theoretischer Hintergrund

Die psychische Gesundheit wird oft als ein Zustand des Wohlbefindens definiert, in dem Individuen ihre Fähigkeiten erkennen, mit den normalen Lebensstressoren umgehen können, produktiv arbeiten und zur Gemeinschaft beitragen [?]. Die *Maslowsche Bedürfnispyramide* zeigt, dass psychische Gesundheit ein grundlegendes Bedürfnis ist, das erfüllt sein muss, um Selbstverwirklichung und persönliche Entwicklung zu erreichen [?]. In der LGBTQ-Community sind viele Menschen mit zusätzlichen Belastungen konfrontiert, die ihre psychische Gesundheit beeinträchtigen können, wie z.B. soziale Isolation, Stigmatisierung und interne Konflikte bezüglich ihrer Identität [?].

Probleme der psychischen Gesundheit

Aktivist:innen wie Ivan Coyote sind häufig mit einer Vielzahl von psychischen Gesundheitsproblemen konfrontiert. Zu den häufigsten gehören:

- **Depression:** Viele LGBTQ-Personen erleben depressive Episoden als Folge von Diskriminierung und Ablehnung. Studien zeigen, dass die Prävalenz von Depressionen in dieser Gemeinschaft höher ist als in der Allgemeinbevölkerung [?].

- **Angststörungen:** Die ständige Sorge um Akzeptanz und Sicherheit kann zu Angstzuständen führen. Dies kann sich in sozialen Phobien oder generalisierten Angststörungen äußern [?].

- **Posttraumatische Belastungsstörung (PTBS):** Erlebnisse von Gewalt oder Diskriminierung können langfristige psychische Folgen haben. PTBS ist bei vielen Aktivist:innen, die sich für die Rechte der LGBTQ-Community einsetzen, häufig zu beobachten [?].

Strategien zur Selbstfürsorge

Selbstfürsorge ist entscheidend für die Aufrechterhaltung der psychischen Gesundheit. Ivan Coyote hat in ihren Schriften und öffentlichen Auftritten betont, wie wichtig es ist, sich um sich selbst zu kümmern. Hier sind einige bewährte Strategien:

1. **Achtsamkeit und Meditation:** Achtsamkeitstechniken können helfen, Stress abzubauen und das emotionale Wohlbefinden zu fördern. Studien zeigen, dass regelmäßige Achtsamkeitsmeditation die Symptome von Angst und Depression reduzieren kann [?].

2. **Kreativer Ausdruck:** Kunst und Schreiben sind für viele Aktivist:innen eine Form der Therapie. Ivan Coyote verwendet ihre Literatur als Ventil, um ihre Erfahrungen und Emotionen zu verarbeiten. Der kreative Ausdruck hat sich als wirksame Methode zur Verbesserung der psychischen Gesundheit erwiesen [?].

3. **Soziale Unterstützung:** Der Aufbau eines starken Netzwerks aus Freund:innen und Unterstützer:innen kann helfen, Isolation zu überwinden. Die Teilnahme an LGBTQ-Gruppen oder -Veranstaltungen kann das Gefühl der Zugehörigkeit und Unterstützung stärken [?].

4. **Therapeutische Hilfe:** Professionelle Unterstützung durch Psycholog:innen oder Berater:innen kann entscheidend sein, um mit psychischen Gesundheitsproblemen umzugehen. Viele Aktivist:innen, einschließlich Coyote, haben die Bedeutung von Therapie betont, um die eigene Resilienz zu stärken [?].

5. **Physische Aktivität:** Regelmäßige Bewegung hat nachweislich positive Auswirkungen auf die psychische Gesundheit. Sport kann als Ventil für Stress und als Möglichkeit zur Verbesserung des Selbstwertgefühls dienen [?].

Beispiele aus Coyotes Leben

Ivan Coyote hat in vielen ihrer Geschichten und Reden offen über die Herausforderungen gesprochen, die sie im Hinblick auf ihre psychische Gesundheit erlebt hat. In einem ihrer bekanntesten Werke reflektiert sie über die Bedeutung von Selbstfürsorge und die Notwendigkeit, sich selbst zu priorisieren, um für die Gemeinschaft da sein zu können. Coyote nutzt ihre Plattform, um andere dazu zu ermutigen, ihre eigenen Bedürfnisse ernst zu nehmen und sich nicht für ihr Wohlbefinden zu schämen.

Ein Beispiel für Coyotes Ansatz zur Selbstfürsorge ist ihre regelmäßige Teilnahme an Retreats und kreativen Workshops, wo sie sich mit anderen Künstler:innen austauscht und neue Inspiration findet. Diese Erfahrungen helfen ihr nicht nur, ihre kreative Arbeit voranzutreiben, sondern auch, ihre psychische Gesundheit zu stabilisieren und sich mit Gleichgesinnten zu verbinden.

Fazit

Die psychische Gesundheit und Selbstfürsorge sind für Aktivist:innen von entscheidender Bedeutung, um die Herausforderungen des Aktivismus und die Belastungen des Lebens in der LGBTQ-Community zu bewältigen. Ivan Coyote ist ein inspirierendes Beispiel dafür, wie man durch kreative Ausdrucksformen, soziale Unterstützung und professionelle Hilfe Resilienz aufbauen kann. Indem wir die Bedeutung von psychischer Gesundheit anerkennen und aktiv Selbstfürsorge praktizieren, können wir nicht nur unser eigenes Wohlbefinden verbessern, sondern auch die Gemeinschaft stärken, für die wir kämpfen.

Strategien zur Bewältigung von Rückschlägen

Rückschläge sind ein unvermeidlicher Bestandteil des Aktivismus und des Lebens im Allgemeinen. Für Ivan Coyote und viele andere LGBTQ-Aktivist:innen ist es entscheidend, Strategien zu entwickeln, um mit diesen Herausforderungen umzugehen und gestärkt daraus hervorzugehen. In diesem Abschnitt werden wir verschiedene Ansätze zur Bewältigung von Rückschlägen untersuchen, die sich sowohl aus Coyotes Erfahrungen als auch aus theoretischen Rahmenbedingungen ableiten lassen.

Resilienz entwickeln

Resilienz ist die Fähigkeit, sich von Rückschlägen zu erholen und sich an schwierige Situationen anzupassen. In der Psychologie wird Resilienz oft als eine Kombination aus inneren Ressourcen und externen Unterstützungsnetzwerken betrachtet. Coyote hat immer wieder betont, wie wichtig die Unterstützung durch die Community ist. Ein Beispiel hierfür ist die Gründung von Unterstützungsgruppen, die es den Mitgliedern ermöglichen, ihre Erfahrungen zu teilen und voneinander zu lernen.

Selbstfürsorge praktizieren

Selbstfürsorge ist ein zentraler Bestandteil der Bewältigungsstrategien. Dies umfasst körperliche, emotionale und mentale Pflege. Coyote hat in Interviews häufig über die Bedeutung von Achtsamkeit und Meditation gesprochen. Diese Praktiken helfen, Stress abzubauen und die innere Ruhe zu finden. Ein einfaches Modell zur Selbstfürsorge könnte wie folgt aussehen:

$$S = P + E + M \tag{19}$$

wobei S für Selbstfürsorge, P für körperliche Pflege, E für emotionale Unterstützung und M für mentale Gesundheit steht.

Unterstützung suchen

Die Suche nach Unterstützung ist entscheidend, um Rückschläge zu überwinden. Coyote hat oft betont, wie wichtig es ist, ein starkes Netzwerk aus Freund:innen, Mentor:innen und Kolleg:innen zu haben. Diese Beziehungen bieten nicht nur emotionale Unterstützung, sondern auch praktische Hilfe und Ressourcen. Ein Beispiel ist Coyotes Zusammenarbeit mit anderen Künstler:innen, die es ihr ermöglicht hat, ihre Botschaft effektiver zu verbreiten.

Reflexion und Lernen

Reflexion ist ein kraftvolles Werkzeug, um aus Rückschlägen zu lernen. Coyote verwendet oft Tagebuchführung als Methode, um ihre Gedanken und Gefühle zu verarbeiten. Diese Praxis hilft nicht nur, Klarheit zu gewinnen, sondern auch, Muster zu erkennen und zukünftige Strategien zu entwickeln. Ein einfaches Reflexionsmodell könnte folgende Schritte umfassen:

1. **Identifikation des Rückschlags:** Was ist passiert?

2. **Emotionale Reaktion:** Wie fühle ich mich dabei?

3. **Lernpunkte:** Was kann ich aus dieser Erfahrung lernen?

4. **Zukünftige Strategien:** Wie kann ich in ähnlichen Situationen anders handeln?

Kreativität als Ventil

Die Kunst ist für Coyote nicht nur ein Ausdruck ihrer Identität, sondern auch ein Ventil für ihre Emotionen. Kreatives Schreiben, Performances und andere künstlerische Ausdrucksformen können helfen, Rückschläge zu verarbeiten und in etwas Positives zu verwandeln. Coyote hat oft betont, dass das Teilen ihrer Geschichten nicht nur ihr eigenes Heilungsprozesse unterstützt, sondern auch andere inspiriert und ermutigt.

Positives Mindset fördern

Ein positives Mindset kann entscheidend sein, um Rückschläge zu überwinden. Coyote hat in ihren Werken und öffentlichen Auftritten oft betont, wie wichtig es ist, optimistisch zu bleiben und an die eigene Fähigkeit zu glauben, Veränderungen herbeizuführen. Ein einfaches Modell zur Förderung eines positiven Mindsets könnte wie folgt aussehen:

$$PM = (C + E) \times R \qquad (20)$$

wobei PM für positives Mindset, C für persönliche Überzeugungen, E für Erfahrungen und R für Resilienz steht.

Strategische Planung

Eine strategische Planung kann helfen, Rückschläge zu antizipieren und besser darauf vorbereitet zu sein. Coyote hat häufig betont, wie wichtig es ist, realistische Ziele zu setzen und flexibel zu bleiben, um auf unerwartete Herausforderungen reagieren zu können. Diese Planung sollte sowohl kurzfristige als auch langfristige Ziele umfassen und regelmäßig überprüft und angepasst werden.

Gemeinschaftsbildung

Die Bildung von Gemeinschaften ist ein wesentlicher Bestandteil des Aktivismus. Coyote hat gesehen, wie wichtig es ist, sich mit Gleichgesinnten zu umgeben, die ähnliche Erfahrungen gemacht haben. Diese Gemeinschaften bieten nicht nur Unterstützung, sondern auch eine Plattform, um gemeinsam für Veränderungen zu kämpfen.

Humor und Leichtigkeit

Humor kann ein mächtiges Werkzeug sein, um mit Rückschlägen umzugehen. Coyote hat oft Humor in ihre Performances integriert, um ernste Themen zugänglicher zu machen. Lachen kann helfen, Stress abzubauen und die Perspektive auf schwierige Situationen zu verändern.

Langfristige Perspektive einnehmen

Schließlich ist es wichtig, eine langfristige Perspektive einzunehmen. Rückschläge sind oft temporär, und die Fähigkeit, über den aktuellen Moment hinauszusehen, kann helfen, die Motivation aufrechtzuerhalten. Coyote hat in ihrer Karriere viele Höhen und Tiefen erlebt, aber ihre Fähigkeit, sich auf das Gesamtbild zu konzentrieren, hat ihr ermöglicht, kontinuierlich für die LGBTQ-Community zu kämpfen.

Zusammenfassend lässt sich sagen, dass die Strategien zur Bewältigung von Rückschlägen vielfältig sind und sich aus persönlichen Erfahrungen und theoretischen Grundlagen ableiten lassen. Ivan Coyotes Ansatz zeigt, dass die Kombination aus Resilienz, Selbstfürsorge, Unterstützung, Reflexion, Kreativität und einem positiven Mindset entscheidend ist, um die Herausforderungen des Aktivismus zu meistern. Diese Strategien sind nicht nur für Coyote von Bedeutung, sondern können auch anderen Aktivist:innen als Leitfaden dienen, um ihre eigenen Rückschläge zu überwinden und gestärkt daraus hervorzugehen.

Die Unterstützung durch die Community

Die Unterstützung durch die Community spielt eine entscheidende Rolle im Leben von Aktivist:innen wie Ivan Coyote. Diese Unterstützung manifestiert sich in verschiedenen Formen und hat weitreichende Auswirkungen auf das individuelle und kollektive Wohlbefinden. In diesem Abschnitt werden wir die Bedeutung der Gemeinschaft für den Aktivismus untersuchen, die Herausforderungen, die sich aus einem Mangel an Unterstützung ergeben können, sowie konkrete Beispiele, die die Kraft der Gemeinschaft illustrieren.

Bedeutung der Gemeinschaft

Die LGBTQ-Community bietet einen Raum für Identifikation, Verständnis und Solidarität. In schwierigen Zeiten kann die Zugehörigkeit zu einer unterstützenden Gemeinschaft den Unterschied zwischen Isolation und einem Gefühl der Zugehörigkeit ausmachen. Studien zeigen, dass Menschen, die Teil einer unterstützenden Gemeinschaft sind, weniger unter psychischen Problemen leiden und eine höhere Lebensqualität erleben [?]. Die Gemeinschaft bietet nicht nur emotionale Unterstützung, sondern auch praktische Hilfe, sei es durch Ressourcen, Informationen oder finanzielle Mittel.

Herausforderungen ohne Unterstützung

Fehlende Unterstützung kann zu einer Vielzahl von Problemen führen. Aktivist:innen, die sich ohne Rückhalt in der Community engagieren, können sich schnell überfordert und isoliert fühlen. Dies kann zu Burnout, Depressionen und einem Rückzug aus dem Aktivismus führen. Ein Beispiel hierfür ist die Erfahrung vieler junger LGBTQ-Personen, die in weniger akzeptierenden Umgebungen aufwachsen. Ohne ein unterstützendes Netzwerk können sie Schwierigkeiten haben, ihre Identität zu akzeptieren und sich aktiv für ihre Rechte einzusetzen.

Beispiele der Unterstützung

Ein bemerkenswertes Beispiel für die Unterstützung durch die Community ist die Gründung von LGBTQ-Zentren in vielen Städten. Diese Zentren bieten nicht nur einen sicheren Raum für Treffen und Veranstaltungen, sondern auch Ressourcen für Beratung und rechtliche Unterstützung. In Vancouver beispielsweise hat das *Qmunity* Zentrum seit seiner Gründung im Jahr 2003 Tausenden von LGBTQ-Personen geholfen, indem es Programme zur psychischen Gesundheit, Bildung und sozialen Integration anbietet [?].

Ein weiteres Beispiel ist die Rolle von sozialen Medien, die es Aktivist:innen ermöglichen, sich zu vernetzen und Unterstützung zu finden, unabhängig von ihrem geografischen Standort. Plattformen wie Instagram und Twitter haben es ermöglicht, dass Stimmen aus der ganzen Welt gehört werden und dass Gemeinschaften gebildet werden, die sich gegenseitig unterstützen. Ivan Coyote selbst nutzt soziale Medien, um ihre Botschaft zu verbreiten und Unterstützung zu mobilisieren.

Theoretische Perspektiven

Die Theorie des sozialen Kapitals, wie sie von Bourdieu [?] und Putnam [?] beschrieben wird, kann helfen zu verstehen, wie die Unterstützung durch die Community funktioniert. Soziales Kapital bezieht sich auf die Netzwerke, Beziehungen und Normen, die Menschen verbinden und die den Zugang zu Ressourcen erleichtern. In der LGBTQ-Community ist dieses soziale Kapital oft entscheidend, um Barrieren abzubauen und den Zugang zu Unterstützung und Ressourcen zu fördern.

Schlussfolgerung

Die Unterstützung durch die Community ist für Aktivist:innen wie Ivan Coyote von zentraler Bedeutung. Sie ermöglicht es ihnen, ihre Stimme zu erheben, Herausforderungen zu bewältigen und eine positive Veränderung in der Gesellschaft zu bewirken. Die Gemeinschaft bietet nicht nur emotionale und praktische Unterstützung, sondern auch ein Gefühl der Zugehörigkeit, das für die persönliche und kollektive Identität unerlässlich ist. In einer Welt, die oft von Diskriminierung und Vorurteilen geprägt ist, bleibt die Unterstützung durch die Community ein unverzichtbarer Faktor für den Erfolg und das Wohlbefinden von LGBTQ-Aktivist:innen.

Wichtige Wendepunkte im Leben

Wendepunkte im Leben sind entscheidende Momente, die den Kurs eines Individuums nachhaltig beeinflussen. Für Ivan Coyote waren diese Wendepunkte nicht nur persönliche Herausforderungen, sondern auch Gelegenheiten, die eigene Identität und den Aktivismus zu formen. In diesem Abschnitt werden wir einige dieser Schlüsselmomente beleuchten und deren Auswirkungen auf Coyotes Leben und Werk analysieren.

Die Erkenntnis der Geschlechtsidentität

Ein zentraler Wendepunkt in Coyotes Leben war die Zeit, in der sie ihre Geschlechtsidentität erkannte und akzeptierte. Diese Phase war geprägt von inneren Konflikten und dem Streben nach Selbstakzeptanz. Laut der Theorie der Geschlechtsidentität von Judith Butler, die besagt, dass Geschlecht nicht nur biologisch, sondern auch sozial konstruiert ist, erlebte Coyote die Herausforderungen, die mit der Abweichung von traditionellen Geschlechterrollen einhergingen. Diese Erkenntnis führte zu einem tiefen Verständnis ihrer selbst und legte den Grundstein für ihre zukünftige Arbeit als Aktivistin.

Der erste öffentliche Auftritt

Ein weiterer Wendepunkt war Coyotes erster öffentlicher Auftritt als Performerin. Diese Erfahrung war sowohl aufregend als auch angsteinflößend. Der Mut, ihre Stimme zu erheben und ihre Geschichten zu teilen, war ein entscheidender Schritt in ihrer Karriere. In der Literaturwissenschaft wird oft auf die Bedeutung von Performance als Mittel zur Selbstverwirklichung hingewiesen. Coyotes Auftritt markierte den Übergang von einer persönlichen zur öffentlichen Identität und stellte eine Verbindung zur LGBTQ-Community her.

Gründung von Unterstützungsgruppen

Die Gründung von Unterstützungsgruppen für LGBTQ-Jugendliche stellte einen weiteren Wendepunkt dar. Coyote erkannte die Notwendigkeit, Räume zu schaffen, in denen sich Gleichgesinnte versammeln und ihre Erfahrungen teilen konnten. Diese Initiative war nicht nur ein Akt des Aktivismus, sondern auch eine Möglichkeit, ihre eigenen Erfahrungen in einen kollektiven Kontext zu stellen. Die Theorie des sozialen Wandels, wie sie von Augusto Boal formuliert wurde, beschreibt, wie Gemeinschaften durch gemeinsames Handeln Veränderungen bewirken können. Coyotes Arbeit in diesem Bereich trug zur Stärkung der Gemeinschaft und zur Förderung der Sichtbarkeit von LGBTQ-Personen bei.

Die Auseinandersetzung mit Diskriminierung

Ein weiterer entscheidender Wendepunkt war die Auseinandersetzung mit Diskriminierung und Vorurteilen. Coyote erlebte persönlich die Auswirkungen von gesellschaftlicher Ablehnung, was sie dazu motivierte, sich intensiver für die Rechte von LGBTQ-Personen einzusetzen. Diese Erfahrungen spiegeln die Theorien von Michel Foucault wider, der die Machtverhältnisse in der Gesellschaft analysierte. Coyotes Widerstand gegen Diskriminierung wurde zu einem zentralen Bestandteil ihres Aktivismus und ihrer literarischen Arbeit.

Der Verlust eines geliebten Menschen

Der Verlust eines engen Freundes oder Mentors kann ebenfalls als Wendepunkt betrachtet werden. Solche Verluste zwingen oft dazu, die eigenen Prioritäten zu überdenken und sich mit der Vergänglichkeit des Lebens auseinanderzusetzen. Coyotes Trauer und die Reflexion über die Bedeutung von Freundschaft und Unterstützung führten zu einer Vertiefung ihrer Botschaften über Liebe und Akzeptanz in ihren Werken. Diese Erfahrungen sind in der Psychologie als Trauerverarbeitung bekannt und können, wie in der Theorie von Elisabeth Kübler-Ross beschrieben, verschiedene Phasen durchlaufen, die letztlich zu einem tieferen Verständnis des eigenen Lebens führen.

Engagement in der Literatur

Ein weiterer Wendepunkt in Coyotes Leben war ihr Engagement in der Literatur. Der Übergang von persönlichen Erzählungen zu veröffentlichten Werken stellte eine bedeutende Entwicklung dar. Coyote begann, ihre Erfahrungen und die ihrer Community in literarischer Form festzuhalten. Diese Transformation ist ein Beispiel für die Theorie des narrativen Identitätsansatzes, die besagt, dass Geschichten, die wir über uns selbst erzählen, unsere Identität formen. Coyotes literarisches Schaffen wurde zu einem Werkzeug des Wandels, das sowohl persönliche als auch gesellschaftliche Themen ansprach.

Internationale Anerkennung

Die internationale Anerkennung als Schriftstellerin und Aktivistin war ein weiterer Wendepunkt. Diese Anerkennung brachte nicht nur neue Möglichkeiten, sondern auch eine größere Verantwortung mit sich. Coyote wurde zu einer Stimme für viele, die sich nicht gehört fühlten. Diese Entwicklung steht im Einklang mit der Theorie der sozialen Gerechtigkeit, die besagt, dass Sichtbarkeit und Repräsentation entscheidend für den sozialen Wandel sind. Coyotes Einfluss auf die globale LGBTQ-Bewegung ist ein Beispiel dafür, wie individuelle Geschichten kollektive Veränderungen bewirken können.

Reflexion und Selbstakzeptanz

Schließlich ist die kontinuierliche Reflexion über ihre eigene Identität und die Herausforderungen, denen sie begegnete, ein wesentlicher Wendepunkt. Coyote hat gelernt, dass Selbstakzeptanz ein fortlaufender Prozess ist. Diese Erkenntnis ist ein zentraler Bestandteil der positiven Psychologie, die betont, wie wichtig es ist, sich selbst zu akzeptieren, um ein erfülltes Leben zu führen. Coyotes Reise zur Selbstakzeptanz ermutigt andere, ihren eigenen Weg zu finden und die Herausforderungen, die mit der Identitätsfindung verbunden sind, anzunehmen.

Insgesamt sind die Wendepunkte in Ivan Coyotes Leben nicht nur persönliche Meilensteine, sondern auch bedeutende Schritte in ihrem Engagement für die LGBTQ-Community. Sie zeigen, wie individuelle Erfahrungen und Herausforderungen zu kollektiven Veränderungen führen können und wie wichtig es ist, die eigene Geschichte zu erzählen, um andere zu inspirieren und zu ermutigen.

Lektionen aus Misserfolgen

Misserfolge sind oft die unliebsamen Begleiter auf dem Weg eines Aktivisten. Für Ivan Coyote waren Rückschläge nicht nur unvermeidlich, sondern auch lehrreiche Momente, die ihr Verständnis von Aktivismus und ihrer eigenen Identität prägten. In diesem Abschnitt werden einige der wichtigsten Lektionen, die aus Misserfolgen gezogen werden können, beleuchtet.

Resilienz entwickeln

Ein zentraler Aspekt, den Coyote aus ihren Misserfolgen gelernt hat, ist die Bedeutung von Resilienz. Resilienz bezeichnet die Fähigkeit, sich von Rückschlägen zu erholen und gestärkt aus schwierigen Situationen hervorzugehen. Laut der Psychologin Ann Masten ist Resilienz „ein Prozess, durch den Individuen, Gruppen oder Gemeinschaften positive Anpassungen an widrige Umstände vornehmen" [?]. Coyote verdeutlicht, dass jeder Rückschlag eine Gelegenheit zur Reflexion und zum Wachstum bietet.

Die Macht der Gemeinschaft

Ein weiterer wichtiger Punkt ist die Rolle der Gemeinschaft in Zeiten des Misserfolgs. Coyote hat oft betont, dass sie in schwierigen Zeiten auf die Unterstützung ihrer Freunde und ihrer Community angewiesen war. Diese Unterstützung kann in Form von emotionaler Hilfe, praktischer Unterstützung oder einfach nur durch das Teilen von Erfahrungen kommen. Die LGBTQ-Community hat sich als ein sicherer Raum erwiesen, in dem Misserfolge nicht als persönliche Niederlagen, sondern als gemeinsame Herausforderungen betrachtet werden.

Lernen, die eigene Stimme zu finden

Misserfolge können auch dazu führen, dass Aktivisten ihre Stimme und ihren Ansatz neu bewerten. Coyote hat in der Vergangenheit erlebt, dass nicht alle ihre Botschaften oder Performances die gewünschte Resonanz fanden. Diese Erfahrungen haben sie jedoch dazu angeregt, ihre Erzählweise zu verfeinern und authentischer zu werden. Durch das Experimentieren mit verschiedenen Erzählstilen und Themen hat sie letztendlich einen einzigartigen und kraftvollen Stil entwickelt, der ihre Identität und ihre Botschaften widerspiegelt.

Die Bedeutung von Selbstfürsorge

Die Auseinandersetzung mit Misserfolgen kann emotional belastend sein. Coyote hat in Interviews betont, wie wichtig Selbstfürsorge ist, um mit den emotionalen Auswirkungen von Rückschlägen umzugehen. Selbstfürsorge umfasst nicht nur körperliche Gesundheit, sondern auch mentale und emotionale Gesundheit. Praktiken wie Meditation, Therapie und kreative Ausdrucksformen haben Coyote geholfen, sich in schwierigen Zeiten zu stabilisieren.

Die Lektion der Geduld

Ein weiteres wichtiges Element, das Coyote aus ihren Misserfolgen gelernt hat, ist Geduld. In der Welt des Aktivismus sind Veränderungen oft langsam und erfordern Zeit. Rückschläge können frustrierend sein, aber sie sind auch Teil eines langfristigen Prozesses. Coyote hat gelernt, dass Geduld nicht nur eine Tugend ist, sondern auch eine notwendige Fähigkeit, um im Aktivismus erfolgreich zu sein.

Feedback als Werkzeug

Misserfolge bieten auch die Möglichkeit, wertvolles Feedback zu erhalten. Coyote hat oft betont, dass konstruktive Kritik von Gleichgesinnten und Mentoren entscheidend für ihr Wachstum war. Anstatt Misserfolge als persönliche Angriffe zu betrachten, hat sie gelernt, sie als Gelegenheiten zur Verbesserung zu nutzen. Feedback kann helfen, blinde Flecken zu identifizieren und neue Perspektiven zu gewinnen, die für zukünftige Projekte von unschätzbarem Wert sind.

Die Akzeptanz von Unvollkommenheit

Coyote hat auch die Lektion gelernt, dass Unvollkommenheit Teil des menschlichen Daseins ist. In einer Welt, die oft Perfektion anstrebt, ist es wichtig zu erkennen, dass Fehler und Misserfolge menschlich sind. Diese Akzeptanz hat es ihr ermöglicht, offener mit ihren eigenen Schwächen umzugehen und anderen zu zeigen, dass es in Ordnung ist, nicht perfekt zu sein. Diese Ehrlichkeit hat Coyote nicht nur geholfen, sich selbst zu akzeptieren, sondern auch anderen in der Community zu zeigen, dass sie nicht allein sind.

Strategien zur Bewältigung

Die Entwicklung von Strategien zur Bewältigung von Rückschlägen ist ein weiterer wichtiger Aspekt. Coyote hat verschiedene Methoden erprobt, um mit Misserfolgen umzugehen, darunter das Führen eines Tagebuchs, das Sprechen mit Freunden und das Suchen nach Inspiration in der Kunst. Diese Strategien haben ihr geholfen, ihre Emotionen zu verarbeiten und sich auf die nächsten Schritte zu konzentrieren.

Perspektivwechsel

Schließlich hat Coyote gelernt, die Perspektive zu wechseln. Misserfolge können oft als Katastrophen erscheinen, aber sie können auch als Chancen für Neuanfänge betrachtet werden. Indem sie die Situation aus einem anderen Blickwinkel betrachtet, hat Coyote oft neue Wege gefunden, ihre Botschaften zu verbreiten und ihre Ziele zu erreichen. Diese Fähigkeit, die eigene Perspektive zu ändern, ist eine wertvolle Lektion, die sie mit anderen teilt.

Hoffnung und Erneuerung

Trotz aller Rückschläge bleibt die Hoffnung ein zentraler Bestandteil von Coyotes Aktivismus. Misserfolge können entmutigend sein, aber sie bieten auch die Möglichkeit für Erneuerung und Wachstum. Coyote ermutigt andere, die Hoffnung nicht aufzugeben, auch wenn der Weg steinig ist. Der Glaube an eine bessere Zukunft und die Entschlossenheit, für Veränderungen zu kämpfen, sind die treibenden Kräfte hinter ihrem Engagement.

Zusammenfassend lässt sich sagen, dass Misserfolge nicht das Ende, sondern oft der Anfang eines neuen Kapitels im Leben eines Aktivisten sind. Ivan Coyotes Erfahrungen zeigen, dass aus Misserfolgen wertvolle Lektionen gezogen werden können, die nicht nur die persönliche Entwicklung fördern, sondern auch das Engagement für die Gemeinschaft stärken.

Die Bedeutung von Resilienz

Resilienz, oft als die Fähigkeit beschrieben, sich von Rückschlägen zu erholen und sich an schwierige Lebensbedingungen anzupassen, spielt eine entscheidende Rolle im Leben von Aktivist:innen, insbesondere in der LGBTQ-Community. Diese Fähigkeit ist nicht nur wichtig für das persönliche Wohlbefinden, sondern auch für die Effektivität im Aktivismus. In diesem Abschnitt werden wir die theoretischen Grundlagen der Resilienz, die spezifischen Herausforderungen, mit denen LGBTQ-Aktivist:innen konfrontiert sind, und einige Beispiele für Resilienz im Aktivismus beleuchten.

Theoretische Grundlagen der Resilienz

Resilienz wird häufig in psychologischen Studien untersucht und kann als ein dynamischer Prozess beschrieben werden, der die positive Anpassung an widrige Umstände beinhaltet. Laut Masten (2001) ist Resilienz "das Ergebnis eines dynamischen Prozesses, der durch die Wechselwirkungen zwischen individuellen, familiären und gesellschaftlichen Faktoren geprägt ist". Diese Wechselwirkungen können sowohl schützende als auch risikobehaftete Elemente umfassen, die das individuelle und kollektive Wohlbefinden beeinflussen.

Ein wichtiges Modell zur Erklärung von Resilienz ist das *Ecological Model of Resilience*, das von Bronfenbrenner (1979) entwickelt wurde. Dieses Modell betont, dass Resilienz nicht nur von individuellen Eigenschaften abhängt, sondern auch von den sozialen und ökologischen Kontexten, in denen eine Person lebt. Für LGBTQ-Aktivist:innen bedeutet dies, dass Unterstützungssysteme, wie Freundschaften, Gemeinschaften und Netzwerke, eine wesentliche Rolle bei der Entwicklung von Resilienz spielen.

Herausforderungen für LGBTQ-Aktivist:innen

Aktivist:innen in der LGBTQ-Community sind häufig mit einer Vielzahl von Herausforderungen konfrontiert, die ihre Resilienz auf die Probe stellen können. Dazu gehören:

- **Diskriminierung und Vorurteile:** Viele LGBTQ-Aktivist:innen erleben Diskriminierung aufgrund ihrer Geschlechtsidentität oder sexuellen Orientierung. Diese Erfahrungen können zu emotionalem Stress und psychischen Gesundheitsproblemen führen.

- **Gesellschaftlicher Widerstand:** Der Kampf für Gleichheit und Akzeptanz kann auf erheblichen Widerstand stoßen, sowohl auf individueller als auch auf institutioneller Ebene. Aktivist:innen sehen sich oft mit Angriffen und Gegenkampagnen konfrontiert, die ihre Bemühungen untergraben.

+ **Persönliche Verluste:** Der Verlust von Freund:innen, Familie oder Unterstützungsnetzwerken aufgrund von Vorurteilen oder Ablehnung kann die Resilienz von Aktivist:innen erheblich beeinträchtigen.

+ **Burnout:** Der ständige Druck, für soziale Gerechtigkeit zu kämpfen, kann zu emotionalem und physischem Burnout führen, was die Fähigkeit zur Resilienz verringert.

Beispiele für Resilienz im Aktivismus

Trotz dieser Herausforderungen gibt es zahlreiche Beispiele für Resilienz unter LGBTQ-Aktivist:innen.

+ **Gemeinschaftsunterstützung:** Viele Aktivist:innen finden Stärke in Gemeinschaften, die Solidarität und Unterstützung bieten. Gruppen wie die *Trevor Project* und *PFLAG* bieten nicht nur Ressourcen, sondern auch ein Gefühl der Zugehörigkeit, das die Resilienz stärkt.

+ **Kreativer Ausdruck:** Kunst und Kreativität sind oft Mittel, durch die Aktivist:innen ihre Erfahrungen verarbeiten und ausdrücken können. Ivan Coyote selbst nutzt Storytelling, um ihre Herausforderungen zu thematisieren und andere zu inspirieren, was als eine Form der Resilienz betrachtet werden kann.

+ **Mentorship:** Viele erfolgreiche Aktivist:innen bieten Mentorship für jüngere Mitglieder der Community an. Diese Beziehungen können helfen, Resilienz zu fördern, indem sie Unterstützung und Orientierung bieten.

+ **Bildung und Aufklärung:** Durch Aufklärung und Sensibilisierung können Aktivist:innen nicht nur ihre eigene Resilienz stärken, sondern auch die ihrer Gemeinschaft. Der Zugang zu Informationen über Rechte und Ressourcen kann empowernd wirken und die Fähigkeit zur Bewältigung von Herausforderungen erhöhen.

Schlussfolgerung

Die Bedeutung von Resilienz im Leben von LGBTQ-Aktivist:innen kann nicht unterschätzt werden. Sie ist ein grundlegender Bestandteil des Überlebens und des

Erfolgs in einem oft feindlichen Umfeld. Durch die Förderung von Gemeinschaft, kreativen Ausdrucksformen und Bildung können Aktivist:innen nicht nur ihre eigene Resilienz stärken, sondern auch die ihrer Mitstreiter:innen. In einer Welt, die oft von Diskriminierung und Widerstand geprägt ist, ist Resilienz der Schlüssel, um Hoffnung und Veränderung aufrechtzuerhalten.

$$R = f(P, E, S) \qquad (21)$$

wobei R die Resilienz, P die persönlichen Eigenschaften, E die ökologischen Faktoren und S die sozialen Unterstützungsnetzwerke darstellt. Diese Gleichung verdeutlicht, dass Resilienz das Ergebnis eines komplexen Zusammenspiels von Faktoren ist, die gemeinsam die Fähigkeit zur Bewältigung von Herausforderungen beeinflussen.

Hoffnung und Erneuerung

Die Themen Hoffnung und Erneuerung sind zentral für das Verständnis der Herausforderungen, mit denen LGBTQ-Aktivisten konfrontiert sind, und spielen eine entscheidende Rolle in der Lebensgeschichte von Ivan Coyote. Hoffnung ist nicht nur ein Gefühl, sondern ein dynamischer Prozess, der es Individuen ermöglicht, über die gegenwärtigen Schwierigkeiten hinauszusehen und sich eine bessere Zukunft vorzustellen. In dieser Sektion werden wir untersuchen, wie Hoffnung und Erneuerung in Coyotes Leben und Werk verwoben sind und welche theoretischen Perspektiven dabei eine Rolle spielen.

Theoretische Perspektiven auf Hoffnung

Die Psychologie bietet verschiedene Theorien zur Hoffnung, die aufzeigen, wie Menschen in Krisenzeiten Resilienz entwickeln können. Eine der bekanntesten Theorien ist die von Charles Snyder, die Hoffnung als eine kognitive Motivation beschreibt, die aus drei Komponenten besteht: Zielen, Wegen und Motivation. Diese Komponenten arbeiten zusammen, um Individuen zu helfen, Herausforderungen zu bewältigen und ihre Ziele zu erreichen. Snyder definiert Hoffnung als:

$$H = G + W + M \qquad (22)$$

wobei H für Hoffnung, G für die Fähigkeit, Ziele zu setzen, W für die Identifikation von Wegen zur Zielverwirklichung und M für die Motivation steht, diese Wege zu verfolgen. Diese Theorie ist besonders relevant für die

LGBTQ-Community, die oft mit Diskriminierung und gesellschaftlicher Ablehnung konfrontiert ist.

Hoffnung in Coyotes Leben

Ivan Coyote hat in vielen ihrer Texte und Auftritte die Kraft der Hoffnung verkörpert. Trotz der Herausforderungen, die sie in ihrer Jugend erlebte, darunter Diskriminierung und Identitätskrisen, fand Coyote Wege, ihre Stimme zu erheben und für sich selbst sowie für andere zu kämpfen. Sie beschreibt oft, wie die Unterstützung durch Freunde und die LGBTQ-Community ihr halfen, Hoffnung zu schöpfen und sich selbst zu akzeptieren. In einem ihrer berühmtesten Zitate sagt Coyote:

> „Es gibt immer einen Weg, auch wenn er nicht offensichtlich ist. Wir müssen nur bereit sein, ihn zu suchen."

Diese Perspektive zeigt, dass Hoffnung nicht nur aus einer inneren Überzeugung resultiert, sondern auch durch die Gemeinschaft und die Unterstützung anderer genährt wird.

Erneuerung durch Kunst und Aktivismus

Kunst und Aktivismus sind für Coyote nicht nur Ausdrucksformen, sondern auch Mittel zur Erneuerung. In ihren Geschichten und Performances thematisiert sie nicht nur die Herausforderungen, sondern auch die Erfolge der LGBTQ-Community. Durch das Teilen von Erfahrungen und das Erzählen von Geschichten schafft sie einen Raum für andere, sich zu identifizieren und Hoffnung zu finden.

Ein Beispiel für diese Erneuerung ist die Art und Weise, wie Coyote ihre Lesungen gestaltet. Sie fördert einen Dialog, der es dem Publikum ermöglicht, sich mit den Themen der Identität, der Akzeptanz und der Hoffnung auseinanderzusetzen. Diese Interaktionen sind oft von einer positiven Energie geprägt, die das Publikum ermutigt, sich aktiv an der Veränderung ihrer eigenen Lebensrealitäten zu beteiligen.

Herausforderungen und Widerstände

Trotz der Hoffnung und Erneuerung, die Coyote und andere Aktivisten erfahren, gibt es weiterhin erhebliche Herausforderungen. Diskriminierung, Vorurteile und soziale Ungerechtigkeiten sind nach wie vor allgegenwärtig. Diese Widerstände können entmutigend sein und oft das Gefühl der Hoffnung untergraben. Coyote selbst hat in Interviews und öffentlichen Auftritten über die emotionalen Belastungen gesprochen, die mit dem Aktivismus verbunden sind.

Ein zentraler Aspekt der Resilienz ist die Fähigkeit, aus Rückschlägen zu lernen. Coyote hat wiederholt betont, dass Misserfolge nicht das Ende sind, sondern Gelegenheiten zur Reflexion und zum Wachstum. In einem ihrer Gedichte schreibt sie:

> „Jeder Fall ist ein Schritt, kein Sturz. Jeder Rückschlag ist eine Chance, neu zu beginnen."

Diese Haltung fördert nicht nur die persönliche Erneuerung, sondern inspiriert auch andere, die in ähnlichen Situationen sind.

Der Weg nach vorn

Die Zukunft des Aktivismus und der LGBTQ-Community hängt stark von der Fähigkeit ab, Hoffnung zu bewahren und sich immer wieder zu erneuern. Coyote ermutigt die nächste Generation von Aktivisten, die Lehren der Vergangenheit zu nutzen, um eine inklusivere und gerechtere Gesellschaft zu schaffen.

Die Herausforderungen, die vor uns liegen, sind komplex, aber durch den kollektiven Einsatz und die Unterstützung innerhalb der Gemeinschaft können wir einen Wandel herbeiführen. Coyote appelliert an alle, aktiv zu bleiben und sich für die Rechte der LGBTQ-Community einzusetzen. In ihren eigenen Worten:

> „Gemeinsam sind wir stark. Gemeinsam können wir die Welt verändern."

Zusammenfassend lässt sich sagen, dass Hoffnung und Erneuerung nicht nur zentrale Themen in Ivan Coyotes Leben sind, sondern auch grundlegende Elemente des LGBTQ-Aktivismus darstellen. Indem wir die Kraft der Hoffnung nutzen und uns kontinuierlich erneuern, können wir die Herausforderungen meistern und eine bessere Zukunft für alle schaffen.

Die Zukunft des Aktivismus

Coyotes Vision für die LGBTQ-Community

Die Rolle der nächsten Generation von Aktivist:innen

Die nächste Generation von Aktivist:innen spielt eine entscheidende Rolle im fortwährenden Kampf für LGBTQ-Rechte und soziale Gerechtigkeit. Diese jungen Stimmen bringen frische Perspektiven, innovative Ansätze und eine unerschütterliche Entschlossenheit mit, die notwendig sind, um die Herausforderungen der heutigen Zeit zu bewältigen. In diesem Abschnitt werden wir die Bedeutung dieser neuen Generation, die Herausforderungen, denen sie gegenübersteht, sowie einige inspirierende Beispiele für ihren Einfluss untersuchen.

Bedeutung der nächsten Generation

Die nächste Generation von LGBTQ-Aktivist:innen ist nicht nur die Zukunft der Bewegung, sondern auch deren Gegenwart. Sie bringen eine Vielzahl von Erfahrungen und Identitäten mit, die die Diversität der LGBTQ-Community widerspiegeln. Diese Vielfalt ist entscheidend, um sicherzustellen, dass die Anliegen aller Mitglieder der Gemeinschaft gehört und vertreten werden.

Ein zentraler Aspekt dieser neuen Generation ist ihr Zugang zu Technologie und sozialen Medien. Plattformen wie Instagram, TikTok und Twitter ermöglichen es ihnen, ihre Botschaften schnell und effektiv zu verbreiten. Diese digitalen Werkzeuge haben die Art und Weise revolutioniert, wie Aktivismus betrieben wird. Sie ermöglichen es, eine breitere Öffentlichkeit zu erreichen und Mobilisierungen in Echtzeit zu organisieren.

Herausforderungen

Trotz ihrer Stärken stehen junge Aktivist:innen vor zahlreichen Herausforderungen. Eine der größten ist die anhaltende Diskriminierung und Stigmatisierung, die viele von ihnen in ihrem täglichen Leben erfahren. Diese Diskriminierung kann sowohl strukturell als auch interpersonell sein und reicht von Mobbing in Schulen bis hin zu Diskriminierung am Arbeitsplatz.

Ein weiteres Problem ist die Fragmentierung innerhalb der LGBTQ-Community selbst. Verschiedene Gruppen innerhalb der Community können unterschiedliche Prioritäten und Perspektiven haben, was zu Spannungen führen kann. Es ist wichtig, dass die nächste Generation Wege findet, um diese Unterschiede zu überbrücken und eine inklusive Bewegung zu fördern.

Theoretische Ansätze

Die Rolle der nächsten Generation kann durch verschiedene theoretische Rahmenbedingungen betrachtet werden. Ein Ansatz ist die *Intersektionalität*, die von Kimberlé Crenshaw geprägt wurde. Diese Theorie betont, dass verschiedene Formen der Diskriminierung, wie Rassismus, Sexismus und Homophobie, miteinander verwoben sind und nicht isoliert betrachtet werden können. Junge Aktivist:innen, die intersektionale Perspektiven einnehmen, sind in der Lage, umfassendere und inklusivere Strategien zu entwickeln, die alle Aspekte der Identität berücksichtigen.

Ein weiterer relevanter theoretischer Rahmen ist die *Theorie des sozialen Wandels*. Diese Theorie postuliert, dass gesellschaftliche Veränderungen oft durch das Engagement von Individuen und Gemeinschaften vorangetrieben werden. Die nächste Generation von Aktivist:innen ist ein Beispiel dafür, wie kollektives Handeln und das Streben nach sozialer Gerechtigkeit zu bedeutenden Veränderungen führen können.

Inspirierende Beispiele

Es gibt viele inspirierende Beispiele für die nächste Generation von LGBTQ-Aktivist:innen, die weltweit Veränderungen bewirken. Eine bemerkenswerte Figur ist *X González*, eine Überlebende des Massakers an der Marjory Stoneman Douglas High School, die sich für Waffenkontrolle und LGBTQ-Rechte einsetzt. Ihre leidenschaftliche Advocacy hat Millionen inspiriert und zeigt, wie junge Menschen durch ihre Erfahrungen motiviert werden können, aktiv zu werden.

Ein weiteres Beispiel ist die *#BlackLivesMatter*-Bewegung, die von jungen Aktivist:innen ins Leben gerufen wurde und sich für die Rechte von Schwarzen und marginalisierten Gemeinschaften einsetzt. Diese Bewegung hat nicht nur auf Rassismus aufmerksam gemacht, sondern auch die Verbindung zu LGBTQ-Rechten gestärkt, indem sie auf die Erfahrungen von Schwarzen LGBTQ-Personen hinweist.

Fazit

Die nächste Generation von Aktivist:innen ist entscheidend für die Weiterentwicklung der LGBTQ-Bewegung. Ihre Fähigkeit, neue Technologien zu nutzen, intersektionale Ansätze zu verfolgen und sich mit anderen sozialen Bewegungen zu verbinden, ist von unschätzbarem Wert. Es ist wichtig, dass die ältere Generation von Aktivist:innen diese jungen Stimmen unterstützt und ihnen die Ressourcen und Plattformen bietet, die sie benötigen, um ihre Arbeit fortzusetzen. Nur durch Zusammenarbeit und Solidarität können wir eine gerechtere und inklusivere Gesellschaft schaffen, in der die Rechte aller Menschen respektiert und gefördert werden.

$$\text{Aktivismus}_{\text{Zukunft}} = \text{Technologie} + \text{Intersektionalität} + \text{Solidarität} \quad (23)$$

Zukünftige Herausforderungen und Chancen

Die LGBTQ-Community steht auch in Zukunft vor einer Vielzahl von Herausforderungen und Chancen, die sowohl durch gesellschaftliche Veränderungen als auch durch technologische Entwicklungen geprägt werden. Diese Herausforderungen und Chancen sind nicht nur für die Community selbst, sondern auch für die Gesellschaft als Ganzes von Bedeutung.

Herausforderungen

Gesetzliche Diskriminierung Trotz bedeutender Fortschritte in vielen Ländern gibt es nach wie vor rechtliche Diskriminierungen, die LGBTQ-Personen betreffen. In einigen Regionen werden Gesetze erlassen, die die Rechte von LGBTQ-Personen einschränken, einschließlich des Zugangs zu Gesundheitsdiensten, Bildung und rechtlicher Anerkennung. Ein Beispiel hierfür ist die Verabschiedung von „Anti-Trans-Gesetzen" in verschiedenen US-Bundesstaaten, die es Trans-Personen erschweren, Zugang zu medizinischer

Versorgung zu erhalten oder ihre Geschlechtsidentität rechtlich anerkennen zu lassen.

Soziale Vorurteile Soziale Vorurteile und Diskriminierung bleiben in vielen Gesellschaften ein hartnäckiges Problem. Trotz der zunehmenden Sichtbarkeit von LGBTQ-Personen in den Medien und der Politik erleben viele Menschen nach wie vor Diskriminierung im Alltag. Diese Vorurteile können sich in Form von Mobbing, Belästigung und Gewalt äußern, was das psychische Wohlbefinden der Betroffenen erheblich beeinträchtigen kann.

Psychische Gesundheit Die psychische Gesundheit von LGBTQ-Personen ist ein weiteres zentrales Thema. Studien zeigen, dass LGBTQ-Personen ein höheres Risiko für psychische Erkrankungen wie Depressionen und Angstzustände haben, oft als Folge von Diskriminierung und Isolation. Die Notwendigkeit, geeignete Unterstützungsangebote und Ressourcen zu schaffen, ist daher von entscheidender Bedeutung.

Chancen

Technologischer Fortschritt Die fortschreitende Digitalisierung bietet der LGBTQ-Community neue Möglichkeiten zur Vernetzung und Mobilisierung. Soziale Medien und Online-Plattformen ermöglichen es Aktivisten, ihre Botschaften schnell zu verbreiten und Unterstützer zu gewinnen. Diese Technologien können auch dazu beitragen, Informationen über Rechte und Ressourcen zu verbreiten, was besonders in Regionen von Vorteil ist, in denen LGBTQ-Personen marginalisiert sind.

Intersektionalität im Aktivismus Ein wachsendes Bewusstsein für intersektionale Themen innerhalb der LGBTQ-Community eröffnet neue Chancen für den Aktivismus. Der Fokus auf die Überschneidungen von Geschlecht, Rasse, Klasse und sexueller Orientierung ermöglicht eine umfassendere Perspektive auf die Herausforderungen, mit denen verschiedene Gruppen konfrontiert sind. Dies kann zu einer stärkeren Solidarität und Zusammenarbeit zwischen verschiedenen sozialen Bewegungen führen.

Bildung und Aufklärung Bildungsinitiativen, die sich auf LGBTQ-Themen konzentrieren, bieten eine wertvolle Gelegenheit, Vorurteile abzubauen und das Bewusstsein für die Herausforderungen der Community zu schärfen. Programme in Schulen und Gemeinden können dazu beitragen, eine inklusive Umgebung zu schaffen, in der alle Menschen, unabhängig von ihrer sexuellen Orientierung oder Geschlechtsidentität, akzeptiert und respektiert werden.

Politische Mobilisierung Die politische Mobilisierung der LGBTQ-Community hat in den letzten Jahren zugenommen, was neue Chancen für die Einflussnahme auf politische Entscheidungen bietet. Aktivisten können durch Lobbyarbeit und die Teilnahme an Wahlen direkt auf die Gesetzgebung einwirken und sicherstellen, dass die Stimmen der LGBTQ-Personen gehört werden. Ein Beispiel hierfür ist die Organisation von Pride-Veranstaltungen, die nicht nur Feierlichkeiten sind, sondern auch als Plattformen für politische Anliegen dienen.

Fazit

Zusammenfassend lässt sich sagen, dass die LGBTQ-Community vor bedeutenden Herausforderungen steht, die sowohl rechtlicher als auch sozialer Natur sind. Gleichzeitig bieten technologische Fortschritte, intersektionaler Aktivismus und Bildungsinitiativen neue Chancen zur Förderung von Gleichheit und Akzeptanz. Die Fähigkeit, diese Herausforderungen zu meistern und die Chancen zu nutzen, wird entscheidend sein für die zukünftige Entwicklung der LGBTQ-Community und deren Einfluss auf die Gesellschaft insgesamt. Es ist unerlässlich, dass Aktivisten und Unterstützer weiterhin zusammenarbeiten, um eine inklusive und gerechte Zukunft für alle zu schaffen.

Die Bedeutung von Bildung und Aufklärung

Bildung und Aufklärung spielen eine entscheidende Rolle im Aktivismus, insbesondere für die LGBTQ-Community. Sie sind nicht nur grundlegende Menschenrechte, sondern auch essentielle Werkzeuge, um Vorurteile abzubauen, Verständnis zu fördern und die Sichtbarkeit von marginalisierten Gruppen zu erhöhen. In diesem Abschnitt werden wir die verschiedenen Dimensionen der Bildung und Aufklärung beleuchten, die für die LGBTQ-Bewegung von Bedeutung sind.

Theoretische Grundlagen

Die Theorie der sozialen Gerechtigkeit betont, dass Bildung ein Schlüssel zu Chancengleichheit ist. Nach dem Sozialtheoretiker Paulo Freire ist Bildung nicht nur ein Mittel zur Wissensvermittlung, sondern auch ein Werkzeug zur Befreiung von Unterdrückung. In seinem Werk *Pedagogy of the Oppressed* argumentiert Freire, dass Bildung transformativ sein kann, wenn sie auf kritisches Denken und das Bewusstsein für soziale Ungerechtigkeiten abzielt. Diese Prinzipien sind besonders relevant für LGBTQ-Aktivisten, die sich gegen Diskriminierung und Ungerechtigkeit einsetzen.

Herausforderungen in der Bildung

Trotz der Bedeutung von Bildung gibt es zahlreiche Herausforderungen, die die Aufklärung über LGBTQ-Themen behindern. In vielen Schulen wird das Thema Geschlechtsidentität und sexuelle Orientierung entweder ignoriert oder auf eine Weise behandelt, die nicht inklusiv ist. Dies führt zu einem Mangel an Wissen und Verständnis unter Schüler:innen und Lehrkräften, was wiederum Vorurteile und Diskriminierung verstärken kann.

Ein Beispiel für eine solche Herausforderung ist die sogenannte "*No Promo Homo*"-Gesetzgebung, die in einigen US-Bundesstaaten existiert. Diese Gesetze verbieten die positive Darstellung von LGBTQ-Personen in Bildungsinhalten, was dazu führt, dass Schüler:innen nicht die nötige Aufklärung erhalten, um die Vielfalt menschlicher Identität zu verstehen.

Rolle der Aufklärung

Aufklärung ist ein zentraler Bestandteil des Aktivismus, da sie das Bewusstsein für LGBTQ-Themen schärft und das Verständnis fördert. Initiativen zur Aufklärung können in verschiedenen Formen auftreten, darunter Workshops, Schulungen und Informationskampagnen. Diese Programme zielen darauf ab, Vorurteile abzubauen und Empathie zu fördern, indem sie die Erfahrungen und Herausforderungen von LGBTQ-Personen vermitteln.

Ein bemerkenswertes Beispiel für erfolgreiche Aufklärungsarbeit ist die "*It Gets Better*"-Kampagne, die 2010 ins Leben gerufen wurde. Diese Kampagne nutzt soziale Medien, um Jugendlichen in der LGBTQ-Community Hoffnung zu geben und ihnen zu zeigen, dass sich die Dinge mit der Zeit verbessern können. Durch persönliche Geschichten und Videos von LGBTQ-Personen aus verschiedenen Lebensbereichen wird ein Gefühl der Gemeinschaft und Unterstützung geschaffen.

Bildung als Werkzeug für Veränderung

Bildung kann auch als Werkzeug für politischen Wandel dienen. Wenn Menschen über LGBTQ-Rechte und -Themen informiert sind, sind sie eher bereit, sich für Veränderungen einzusetzen. Dies zeigt sich in der Zunahme von LGBTQ-Themen in Lehrplänen und der Integration von Diversity-Trainings in Schulen und Unternehmen.

Ein Beispiel hierfür ist die Einführung von *Gender Studies* an Universitäten, die Studierenden eine fundierte Ausbildung zu Geschlechterfragen und LGBTQ-Themen bieten. Diese Programme fördern nicht nur das Verständnis, sondern auch die kritische Auseinandersetzung mit gesellschaftlichen Normen und Werten.

Langfristige Auswirkungen von Bildung und Aufklärung

Die langfristigen Auswirkungen von Bildung und Aufklärung auf die LGBTQ-Community sind tiefgreifend. Eine gut informierte Gesellschaft ist weniger anfällig für Vorurteile und Diskriminierung. Studien zeigen, dass Schulen, die LGBTQ-Themen in ihren Lehrplänen behandeln, eine inklusivere und unterstützende Umgebung schaffen, was zu besseren psychischen Gesundheitsresultaten für LGBTQ-Schüler:innen führt.

Darüber hinaus kann Bildung auch zu einem stärkeren Engagement in der Politik führen. Wenn Menschen die Bedeutung von LGBTQ-Rechten verstehen, sind sie eher bereit, sich an Wahlen zu beteiligen und für Gleichheit einzutreten. Dies ist besonders wichtig in Zeiten, in denen LGBTQ-Rechte weltweit unter Druck stehen.

Fazit

Zusammenfassend lässt sich sagen, dass Bildung und Aufklärung unerlässlich für den Fortschritt der LGBTQ-Community sind. Sie sind nicht nur notwendig, um Vorurteile abzubauen, sondern auch um eine informierte und engagierte Gesellschaft zu schaffen. Ivan Coyote und andere Aktivisten haben durch ihre Arbeit zur Aufklärung beigetragen, indem sie Geschichten erzählen und Räume für Dialog schaffen. Der Weg zur Gleichstellung und Akzeptanz ist lang, aber durch Bildung und Aufklärung können wir eine inklusivere Zukunft gestalten.

Strategien für nachhaltigen Aktivismus

Nachhaltiger Aktivismus ist ein Konzept, das in den letzten Jahren an Bedeutung gewonnen hat, insbesondere in der LGBTQ-Community, wo es darum geht, langfristige Veränderungen zu bewirken und dabei die Bedürfnisse und Stimmen aller Mitglieder zu berücksichtigen. Um sicherzustellen, dass Aktivismus nicht nur kurzfristige Erfolge erzielt, sondern auch dauerhafte Auswirkungen hat, müssen verschiedene Strategien implementiert werden. In diesem Abschnitt werden wir einige dieser Strategien erörtern, die auf den Prinzipien der Inklusion, Bildung und Gemeinschaftsbildung basieren.

Bildung und Aufklärung

Eine der grundlegendsten Strategien für nachhaltigen Aktivismus ist die Förderung von Bildung und Aufklärung. Aktivist:innen sollten sich darauf konzentrieren, Wissen über LGBTQ-Themen zu verbreiten, um Vorurteile abzubauen und das Bewusstsein für die Herausforderungen zu schärfen, mit denen die Community konfrontiert ist. Dies kann durch Workshops, Seminare und Schulungen in Schulen, Universitäten und Gemeinschaftszentren erfolgen.

Ein Beispiel hierfür ist das Programm *Safe Spaces*, das in vielen Schulen implementiert wurde. Es zielt darauf ab, Schüler:innen über Geschlechtsidentität und sexuelle Orientierung aufzuklären, um eine sicherere Umgebung für LGBTQ-Jugendliche zu schaffen. Studien zeigen, dass solche Bildungsinitiativen nicht nur das Verständnis für LGBTQ-Themen erhöhen, sondern auch die Akzeptanz in der breiten Bevölkerung fördern.

Intersektionalität im Aktivismus

Ein weiterer wichtiger Aspekt nachhaltigen Aktivismus ist die Berücksichtigung der Intersektionalität. Dies bedeutet, dass Aktivist:innen die unterschiedlichen Identitäten und Erfahrungen innerhalb der LGBTQ-Community anerkennen und respektieren müssen. Menschen können mehrere Identitäten haben, die ihre Erfahrungen mit Diskriminierung und Ungerechtigkeit beeinflussen.

Beispielsweise erleben schwarze trans Frauen oft eine andere Form der Diskriminierung als weiße cisgender Männer. Ein nachhaltiger Aktivismus muss daher die Stimmen und Bedürfnisse aller Mitgliedern der Community einbeziehen und sicherstellen, dass niemand zurückgelassen wird. Die Organisation *Black Trans Advocacy Coalition* arbeitet aktiv daran, die Anliegen von schwarzen trans Personen zu vertreten und ihnen eine Plattform zu bieten.

Langfristige Partnerschaften

Nachhaltiger Aktivismus erfordert auch den Aufbau von langfristigen Partnerschaften mit anderen Organisationen und Gemeinschaften. Durch die Zusammenarbeit mit verschiedenen Gruppen, die ähnliche Ziele verfolgen, können Ressourcen gebündelt und die Wirkung des Aktivismus verstärkt werden.

Ein Beispiel für eine erfolgreiche Partnerschaft ist die Zusammenarbeit zwischen *PFLAG* und *GLAAD*, die gemeinsam Kampagnen zur Sensibilisierung für LGBTQ-Rechte durchführen. Diese Partnerschaften fördern nicht nur den Austausch von Ideen und Strategien, sondern helfen auch, eine breitere Basis von Unterstützern zu mobilisieren.

Nutzung von sozialen Medien

In der heutigen digitalen Welt sind soziale Medien ein unverzichtbares Werkzeug für nachhaltigen Aktivismus. Plattformen wie Twitter, Instagram und Facebook ermöglichen es Aktivist:innen, ihre Botschaften schnell und effektiv zu verbreiten und eine breitere Öffentlichkeit zu erreichen.

Ein Beispiel für die erfolgreiche Nutzung sozialer Medien ist die Kampagne *#BlackLivesMatter*, die soziale Gerechtigkeit für schwarze Menschen, einschließlich der LGBTQ-Community, fordert. Diese Kampagne hat nicht nur das Bewusstsein für Rassismus geschärft, sondern auch eine globale Bewegung ins Leben gerufen, die viele Menschen inspiriert hat, sich für soziale Gerechtigkeit einzusetzen.

Selbstfürsorge und Resilienz

Ein oft übersehener Aspekt nachhaltigen Aktivismus ist die Bedeutung von Selbstfürsorge und Resilienz für Aktivist:innen. Aktivismus kann emotional und physisch anstrengend sein, und es ist wichtig, dass Aktivist:innen Strategien entwickeln, um ihre eigene Gesundheit und ihr Wohlbefinden zu fördern.

Gruppen wie *The Trevor Project* bieten Ressourcen für LGBTQ-Jugendliche, um Unterstützung in Krisenzeiten zu erhalten und sich um ihre psychische Gesundheit zu kümmern. Die Implementierung von Selbstfürsorge-Programmen innerhalb von Aktivistengruppen kann dazu beitragen, Burnout zu vermeiden und die langfristige Effektivität des Aktivismus zu sichern.

Evaluierung und Reflexion

Um sicherzustellen, dass die Strategien des Aktivismus nachhaltig sind, ist es wichtig, regelmäßig Evaluierungen und Reflexionen durchzuführen. Aktivist:innen sollten die Auswirkungen ihrer Arbeit analysieren und herausfinden, was funktioniert und was nicht.

Durch die Anwendung von Methoden wie *Theories of Change* können Aktivist:innen klar definierte Ziele setzen und den Fortschritt messen. Dies ermöglicht es, Anpassungen vorzunehmen und die Strategien kontinuierlich zu verbessern.

Ein Beispiel für eine solche Evaluierung ist die jährliche Berichterstattung von Organisationen wie *Human Rights Campaign*, die ihre Fortschritte im Bereich der LGBTQ-Rechte dokumentieren und ihre Strategien entsprechend anpassen.

Gemeinschaftsbildung und Solidarität

Die Förderung von Gemeinschaftsbildung und Solidarität ist eine der effektivsten Strategien für nachhaltigen Aktivismus. Wenn Menschen sich als Teil einer größeren Gemeinschaft fühlen, sind sie eher bereit, sich aktiv zu engagieren und ihre Stimmen zu erheben.

Initiativen wie *Pride Events* und LGBTQ-Festivals schaffen Räume, in denen Menschen zusammenkommen, um ihre Identität zu feiern und sich gegenseitig zu unterstützen. Diese Veranstaltungen stärken nicht nur das Gemeinschaftsgefühl, sondern bieten auch eine Plattform für Aktivismus und politische Mobilisierung.

Fazit

Nachhaltiger Aktivismus ist ein kontinuierlicher Prozess, der Engagement, Kreativität und Zusammenarbeit erfordert. Durch Bildung, Intersektionalität, langfristige Partnerschaften, soziale Medien, Selbstfürsorge, Evaluierung und Gemeinschaftsbildung können Aktivist:innen sicherstellen, dass ihre Arbeit nicht nur kurzfristige Erfolge erzielt, sondern auch langfristige Veränderungen bewirken kann. Ivan Coyote und andere Aktivist:innen haben durch ihre Arbeit gezeigt, dass es möglich ist, eine nachhaltige Bewegung zu schaffen, die die Stimmen aller Mitglieder der LGBTQ-Community berücksichtigt und stärkt.

Die Entwicklung neuer Technologien im Aktivismus

In den letzten Jahren hat die Entwicklung neuer Technologien eine transformative Rolle im Aktivismus gespielt, insbesondere innerhalb der LGBTQ-Community. Diese Technologien haben nicht nur die Art und Weise verändert, wie Aktivisten kommunizieren und mobilisieren, sondern auch die Reichweite und Effektivität ihrer Botschaften erheblich erhöht. In diesem Abschnitt werden wir die verschiedenen Technologien untersuchen, die im Aktivismus eingesetzt werden, die Herausforderungen, die sie mit sich bringen, sowie einige exemplarische Fälle, die ihren Einfluss verdeutlichen.

Digitale Plattformen und soziale Medien

Die Verbreitung von sozialen Medien hat es Aktivisten ermöglicht, ihre Anliegen schnell und effektiv einem globalen Publikum vorzustellen. Plattformen wie Twitter, Facebook und Instagram bieten nicht nur Raum für den Austausch von Informationen, sondern auch für die Mobilisierung von Unterstützern.

Ein Beispiel hierfür ist die #LoveIsLove-Kampagne, die auf sozialen Medien viral ging und die Diskussion über die Ehe für alle in vielen Ländern vorantrieb. Diese Kampagne nutzte die Macht der sozialen Medien, um eine breite Öffentlichkeit zu erreichen und das Bewusstsein für LGBTQ-Rechte zu schärfen.

Online-Petitionen und Crowdfunding

Online-Petitionen, wie sie über Plattformen wie Change.org oder Avaaz.org organisiert werden, haben es Aktivisten ermöglicht, schnell Unterschriften zu sammeln und öffentliche Unterstützung für ihre Anliegen zu mobilisieren. Diese Technologien bieten eine einfache Möglichkeit, um auf Missstände aufmerksam zu machen und politische Entscheidungsträger unter Druck zu setzen.

Darüber hinaus hat Crowdfunding es Aktivisten ermöglicht, finanzielle Unterstützung für Projekte und Initiativen zu erhalten, die sonst möglicherweise keine Finanzierung finden würden. Plattformen wie GoFundMe und Kickstarter haben es LGBTQ-Aktivisten ermöglicht, kreative Projekte zu finanzieren, die zur Sichtbarkeit und Unterstützung der Community beitragen.

Die Rolle von Apps und digitalen Tools

Apps haben sich als wertvolle Werkzeuge im Aktivismus etabliert. Sie bieten Möglichkeiten zur Vernetzung, Informationsverbreitung und Unterstützung in Krisensituationen. Beispielsweise gibt es spezielle Apps, die LGBTQ-Personen helfen, sicherere Orte zu finden oder Unterstützung in Notfällen zu erhalten.

Ein bemerkenswertes Beispiel ist die App "SafeT", die LGBTQ-Personen in gefährlichen Situationen ermöglicht, schnell Hilfe zu rufen und ihre Standorte mit Freunden zu teilen. Solche Technologien tragen zur Sicherheit und zum Wohlbefinden der Community bei und fördern gleichzeitig das Gefühl von Zusammenhalt und Unterstützung.

Herausforderungen und Probleme

Trotz der vielen Vorteile, die neue Technologien im Aktivismus bieten, gibt es auch Herausforderungen. Die digitale Kluft bleibt ein bedeutendes Problem, da nicht alle Mitglieder der LGBTQ-Community gleich Zugang zu Technologien und dem Internet haben. Dies kann zu einer Ungleichheit in der Mobilisierung und im Zugang zu Informationen führen.

Darüber hinaus gibt es Bedenken hinsichtlich der Privatsphäre und der Sicherheit. Aktivisten, die sich für LGBTQ-Rechte einsetzen, sind oft Ziel von Online-Belästigung und Bedrohungen. Die Anonymität des Internets kann sowohl ein Vorteil als auch ein Nachteil sein, da sie es Aktivisten ermöglicht, sich auszudrücken, aber auch Angreifern die Möglichkeit gibt, ihre Identität zu verschleiern.

Zukunftsausblick

Die Entwicklung neuer Technologien im Aktivismus wird voraussichtlich weiterhin an Bedeutung gewinnen. Mit dem Aufkommen von Künstlicher Intelligenz (KI) und Big Data können Aktivisten gezielte Kampagnen entwickeln und ihre Botschaften effektiver verbreiten. Die Nutzung von Datenanalyse kann helfen, Trends zu identifizieren und die Bedürfnisse der Community besser zu verstehen.

Ein Beispiel für den Einsatz von KI im Aktivismus ist die Analyse von Social-Media-Daten, um herauszufinden, welche Themen bei der Zielgruppe am meisten Anklang finden. Solche Ansätze ermöglichen es Aktivisten, ihre Strategien anzupassen und eine größere Wirkung zu erzielen.

Fazit

Zusammenfassend lässt sich sagen, dass die Entwicklung neuer Technologien eine entscheidende Rolle im Aktivismus spielt, insbesondere für die LGBTQ-Community. Diese Technologien haben nicht nur die Art und Weise verändert, wie Aktivisten kommunizieren und mobilisieren, sondern auch neue Möglichkeiten geschaffen, um Sichtbarkeit und Unterstützung zu fördern. Während Herausforderungen bestehen, bleibt der Einfluss neuer Technologien auf den Aktivismus unbestreitbar. Die Zukunft des Aktivismus wird durch diese Technologien geprägt sein, und es liegt an der Community, diese Werkzeuge verantwortungsvoll und kreativ zu nutzen, um eine gerechtere und inklusivere Gesellschaft zu schaffen.

Gemeinschaftsbildung und Solidarität

Gemeinschaftsbildung und Solidarität sind zentrale Elemente im Aktivismus von Ivan Coyote und der LGBTQ-Community insgesamt. Diese Konzepte sind nicht nur theoretische Konstrukte, sondern praktische Ansätze, die das Leben und die Kämpfe von Individuen in marginalisierten Gruppen prägen. In dieser Sektion werden wir die Bedeutung von Gemeinschaftsbildung und Solidarität für den LGBTQ-Aktivismus untersuchen, die Herausforderungen, die damit verbunden sind, und einige Beispiele für erfolgreiche Initiativen.

Die Bedeutung von Gemeinschaftsbildung

Gemeinschaftsbildung bezieht sich auf den Prozess, durch den Individuen und Gruppen Verbindungen zueinander aufbauen, um gemeinsame Interessen, Werte und Ziele zu fördern. Für die LGBTQ-Community ist Gemeinschaftsbildung ein entscheidender Faktor, um ein Gefühl der Zugehörigkeit und des Schutzes zu schaffen. In einem Umfeld, das oft von Diskriminierung und Vorurteilen geprägt ist, bieten Gemeinschaften einen sicheren Raum, in dem sich Individuen authentisch ausdrücken können.

Ein Beispiel für erfolgreiche Gemeinschaftsbildung ist die Gründung von LGBTQ-Zentren in vielen Städten, die als Anlaufstellen für Unterstützung, Bildung und soziale Interaktion dienen. Diese Zentren bieten nicht nur Dienstleistungen wie psychologische Beratung und Gesundheitsversorgung an, sondern fördern auch soziale Veranstaltungen, die es den Mitgliedern der Community ermöglichen, sich zu vernetzen und ihre Erfahrungen zu teilen.

Solidarität als Akt des Widerstands

Solidarität geht über die bloße Gemeinschaftsbildung hinaus; sie erfordert aktives Engagement und Unterstützung für andere in der Gemeinschaft, insbesondere für die am stärksten marginalisierten. Ivan Coyote hat oft betont, dass Solidarität nicht nur eine moralische Verpflichtung ist, sondern auch eine strategische Notwendigkeit im Kampf gegen Diskriminierung und Ungerechtigkeit.

Die Theorie der Solidarität, wie sie von Sozialwissenschaftlern wie [Meyer, 2007] und [Tilly, 2004] behandelt wird, legt nahe, dass kollektive Identität und gemeinsames Handeln entscheidend sind, um soziale Veränderungen herbeizuführen. Diese Theorien unterstützen die Idee, dass Solidarität nicht nur eine emotionale Unterstützung darstellt, sondern auch eine aktive Teilnahme an Kämpfen für Gleichheit und Gerechtigkeit.

Herausforderungen der Gemeinschaftsbildung und Solidarität

Trotz der positiven Aspekte der Gemeinschaftsbildung und Solidarität gibt es auch Herausforderungen, die es zu bewältigen gilt. Eine der größten Herausforderungen ist die interne Diversität innerhalb der LGBTQ-Community. Unterschiede in Bezug auf Rasse, Klasse, Geschlecht und sexuelle Orientierung können Spannungen erzeugen, die die Solidarität untergraben. [Crenshaw, 1991] argumentiert, dass intersektionale Ansätze notwendig sind, um die vielfältigen Erfahrungen innerhalb der Gemeinschaft zu berücksichtigen und sicherzustellen, dass alle Stimmen gehört werden.

Ein weiteres Problem ist die Tendenz zur Fragmentierung in der Bewegung. Verschiedene Gruppen innerhalb der LGBTQ-Community können unterschiedliche Prioritäten und Strategien haben, was zu Rivalitäten und Missverständnissen führen kann. Um diese Herausforderungen zu überwinden, ist es wichtig, einen inklusiven Dialog zu fördern und gemeinsame Ziele zu definieren, die alle Mitglieder der Gemeinschaft ansprechen.

Beispiele erfolgreicher Initiativen

Ein herausragendes Beispiel für Gemeinschaftsbildung und Solidarität ist die „Pride"-Bewegung, die weltweit stattfindet. Diese Feierlichkeiten sind nicht nur eine Gelegenheit, die LGBTQ-Identität zu feiern, sondern auch ein kraftvoller Akt des Widerstands gegen Diskriminierung und Ungerechtigkeit. Pride-Events bringen Menschen aus verschiedenen Hintergründen zusammen und fördern ein Gefühl der Einheit und des kollektiven Handelns.

Ein weiteres Beispiel ist die „Transgender Day of Visibility", die darauf abzielt, die Sichtbarkeit von Transgender-Personen zu fördern und ihre Beiträge zur Gesellschaft zu feiern. Diese Veranstaltung bietet eine Plattform, um die Erfolge von Transgender-Individuen zu würdigen und gleichzeitig auf die Herausforderungen aufmerksam zu machen, mit denen sie konfrontiert sind.

Zusammenfassend lässt sich sagen, dass Gemeinschaftsbildung und Solidarität im Aktivismus von Ivan Coyote und der LGBTQ-Community von entscheidender Bedeutung sind. Diese Konzepte schaffen nicht nur ein unterstützendes Umfeld, sondern fördern auch kollektives Handeln und Widerstand gegen Ungerechtigkeiten. Trotz der Herausforderungen, die damit verbunden sind, bleibt die Fähigkeit, Gemeinschaften zu bilden und Solidarität zu praktizieren, ein Schlüssel zur Schaffung einer gerechteren und inklusiveren Gesellschaft.

Bibliography

[Crenshaw, 1991] Crenshaw, K. (1991). Mapping the Margins: Intersectionality, Identity Politics, and Violence against Women of Color. *Stanford Law Review*, 43(6), 1241-1299.

[Meyer, 2007] Meyer, D. S. (2007). Protest and Political Opportunities. In *The Blackwell Companion to Social Movements* (pp. 3-22). Blackwell Publishing.

[Tilly, 2004] Tilly, C. (2004). Social Movements, 1768-2004. Paradigm Publishers.

Die Rolle von Kunst im sozialen Wandel

Kunst hat seit jeher eine transformative Kraft, die über die bloße Ästhetik hinausgeht. Sie dient nicht nur als Ausdruck individueller Kreativität, sondern auch als Katalysator für sozialen Wandel. In der LGBTQ-Community hat Kunst eine besonders bedeutende Rolle gespielt, indem sie Sichtbarkeit und Repräsentation gefördert hat, während sie gleichzeitig als Plattform für Widerstand und kritische Reflexion fungiert.

Theoretische Grundlagen

Die Theorie der sozialen Veränderung durch Kunst basiert auf der Annahme, dass Kunst in der Lage ist, gesellschaftliche Normen und Werte in Frage zu stellen. Der Kulturwissenschaftler *Theodor Adorno* argumentierte, dass Kunst eine Form der Kritik an der Gesellschaft sein kann, die es ermöglicht, bestehende Machtstrukturen zu hinterfragen. In ähnlicher Weise betont die *Critical Art Ensemble* die Rolle von Kunst als Mittel zur Aufklärung und als Werkzeug des Widerstands. Kunst wird somit nicht nur als dekoratives Element, sondern als strategisches Instrument verstanden, das in der Lage ist, soziale und politische Diskurse zu beeinflussen.

Kunst als Ausdruck von Identität

Für viele LGBTQ-Künstler:innen ist die Schaffung von Kunst eine Möglichkeit, ihre Identität auszudrücken und die Herausforderungen, mit denen sie konfrontiert sind, zu thematisieren. *Ivan Coyote* beispielsweise nutzt ihre literarischen Werke und Performances, um ihre Erfahrungen als transgeschlechtliche Person zu teilen und um die oft unsichtbaren Kämpfe der LGBTQ-Community sichtbar zu machen. Durch Geschichten, die sowohl persönlich als auch universell sind, schafft Coyote eine Verbindung zwischen ihrem Publikum und den Themen, die für die LGBTQ-Community von Bedeutung sind.

Kunst als Plattform für Aktivismus

Kunst kann auch als Plattform für aktivistische Botschaften dienen. Die *AIDS-Aktivist:innen* der 1980er Jahre, wie die Gruppe *ACT UP*, verwendeten Kunst, um auf die AIDS-Krise aufmerksam zu machen und um Druck auf die Regierung und die Pharmaindustrie auszuüben. Ihre Plakate, Performances und öffentlichen Aktionen waren nicht nur visuell eindrucksvoll, sondern auch strategisch durchdacht, um maximale Aufmerksamkeit zu erregen und eine dringende gesellschaftliche Debatte zu initiieren.

Herausforderungen in der Kunstszene

Trotz der positiven Aspekte, die Kunst für sozialen Wandel bieten kann, gibt es auch Herausforderungen. Künstler:innen aus der LGBTQ-Community sehen sich oft mit Vorurteilen und Diskriminierung konfrontiert, sowohl in der Kunstwelt als auch in der breiteren Gesellschaft. Die Frage der Finanzierung und Unterstützung von LGBTQ-Kunstprojekten ist ebenfalls von zentraler Bedeutung. Oftmals sind LGBTQ-Künstler:innen auf alternative Finanzierungsmöglichkeiten angewiesen, da traditionelle Kunstinstitutionen nicht immer bereit sind, ihre Arbeiten zu unterstützen.

Beispiele für Kunst im sozialen Wandel

Ein bemerkenswertes Beispiel für die Rolle der Kunst im sozialen Wandel ist das *Stonewall Inn*, das nicht nur als historischer Ort für den Aufstand von 1969 gilt, sondern auch als kulturelles Symbol für den Kampf für LGBTQ-Rechte. In den letzten Jahren wurden zahlreiche Kunstprojekte ins Leben gerufen, die die Geschichte von Stonewall und den Kampf für Gleichheit thematisieren. Diese Projekte fördern nicht nur das Bewusstsein für die Geschichte der

LGBTQ-Bewegung, sondern inspirieren auch neue Generationen von Aktivist:innen.

Ein weiteres Beispiel ist die Arbeit von *Zanele Muholi*, einer südafrikanischen Fotografin und Aktivistin, die durch ihre Porträts von LGBTQ-Personen in Südafrika Sichtbarkeit und Anerkennung schafft. Muholis Werke sind sowohl eine Feier der Identität als auch ein kraftvoller Kommentar zu den Herausforderungen, mit denen die LGBTQ-Community in einem von Diskriminierung geprägten Umfeld konfrontiert ist.

Schlussfolgerung

Insgesamt ist die Rolle der Kunst im sozialen Wandel von entscheidender Bedeutung. Sie bietet nicht nur einen Raum für Ausdruck und Identität, sondern fungiert auch als Plattform für Aktivismus und gesellschaftliche Reflexion. Die Herausforderungen, mit denen LGBTQ-Künstler:innen konfrontiert sind, dürfen nicht übersehen werden, doch die Kraft der Kunst, Veränderung zu bewirken und Gemeinschaften zu mobilisieren, bleibt unbestritten. In einer Welt, die oft von Intoleranz geprägt ist, bleibt die Kunst ein strahlendes Licht der Hoffnung und eine Quelle der Inspiration für alle, die für eine gerechtere und inklusivere Gesellschaft kämpfen.

Globale Perspektiven auf LGBTQ-Rechte

In den letzten Jahrzehnten haben sich die Perspektiven auf LGBTQ-Rechte weltweit erheblich verändert. Während einige Länder bedeutende Fortschritte bei der Anerkennung und dem Schutz der Rechte von LGBTQ-Personen gemacht haben, stehen andere weiterhin vor erheblichen Herausforderungen und Rückschritten. Diese globale Betrachtung umfasst verschiedene Dimensionen, darunter rechtliche, soziale und kulturelle Aspekte.

Rechtliche Rahmenbedingungen

Die rechtlichen Rahmenbedingungen für LGBTQ-Rechte variieren stark von Land zu Land. In einigen Ländern, wie Kanada, den Niederlanden und Deutschland, sind gleichgeschlechtliche Ehen legalisiert, und es gibt umfassende Anti-Diskriminierungsgesetze. Diese rechtlichen Fortschritte haben nicht nur die Sichtbarkeit von LGBTQ-Personen erhöht, sondern auch deren gesellschaftliche Akzeptanz gefördert.

Rechtliche Gleichheit = Zugang zu Ehe + Antidiskriminierungsschutz (24)

Im Gegensatz dazu gibt es Länder, in denen LGBTQ-Personen mit schweren rechtlichen Nachteilen konfrontiert sind. In Ländern wie Saudi-Arabien, Iran und Uganda sind Homosexualität und transgeschlechtliche Identitäten kriminalisiert, was zu Verhaftungen, Diskriminierung und sogar zur Todesstrafe führen kann. Diese rechtlichen Rahmenbedingungen schaffen ein Klima der Angst und Unterdrückung, das die Lebensqualität von LGBTQ-Personen erheblich beeinträchtigt.

Soziale Akzeptanz und Diskriminierung

Die soziale Akzeptanz von LGBTQ-Personen ist ein weiterer entscheidender Faktor, der die Lebensqualität und die Rechte dieser Gemeinschaft beeinflusst. In vielen westlichen Ländern hat sich die öffentliche Meinung in den letzten Jahren positiv verändert, was sich in Umfragen widerspiegelt, die zeigen, dass eine Mehrheit der Bevölkerung gleichgeschlechtliche Ehen unterstützt.

Soziale Akzeptanz = Öffentliche Meinung + Medienrepräsentation (25)

In vielen Kulturen jedoch bleibt die Diskriminierung tief verwurzelt. Vorurteile und stereotype Vorstellungen über LGBTQ-Personen führen häufig zu sozialer Isolation, Gewalt und Diskriminierung am Arbeitsplatz. Ein Beispiel hierfür ist die Situation in vielen afrikanischen Ländern, wo kulturelle und religiöse Überzeugungen oft gegen die LGBTQ-Community verwendet werden.

Kulturelle Unterschiede

Kulturelle Unterschiede spielen eine wesentliche Rolle bei der Wahrnehmung und Behandlung von LGBTQ-Rechten. In einigen Kulturen, wie den indigenen Gemeinschaften in Nordamerika, gibt es historische Traditionen, die Vielfalt in Geschlechtsidentitäten und sexuellen Orientierungen anerkennen. Diese Traditionen stehen im Gegensatz zu den kolonialen Einflüssen, die oft eine binäre Sichtweise auf Geschlecht und Sexualität fördern.

Kulturelle Vielfalt = Traditionelle Werte + Koloniale Einflüsse (26)

Ein Beispiel für eine positive kulturelle Perspektive ist die Anerkennung von „Two-Spirit" Personen in vielen indigenen Kulturen, die Geschlechtsidentität und Sexualität in einem breiteren und inklusiven Rahmen verstehen. Diese Sichtweisen können als Modell für die Akzeptanz von Vielfalt in anderen Kulturen dienen.

Globale Bewegungen und Solidarität

Globale Bewegungen für LGBTQ-Rechte, wie die Pride-Bewegung, haben dazu beigetragen, das Bewusstsein für die Herausforderungen zu schärfen, mit denen LGBTQ-Personen weltweit konfrontiert sind. Diese Bewegungen fördern die Solidarität zwischen verschiedenen Gemeinschaften und unterstützen den Austausch von Strategien zur Bekämpfung von Diskriminierung.

$$\text{Globale Solidarität} = \text{Aktivismus} + \text{Internationale Kooperation} \quad (27)$$

Ein Beispiel für erfolgreiche globale Solidarität ist die Unterstützung von LGBTQ-Aktivisten in Ländern mit repressiven Regierungen durch internationale NGOs. Diese Organisationen bieten rechtliche Unterstützung, Ressourcen und eine Plattform, um die Stimmen derjenigen zu stärken, die unterdrückt werden.

Herausforderungen und Ausblick

Trotz der Fortschritte bleiben zahlreiche Herausforderungen bestehen. Die COVID-19-Pandemie hat viele LGBTQ-Personen in prekären Situationen weiter marginalisiert, da soziale Dienstleistungen und Unterstützungsnetzwerke oft nicht für ihre speziellen Bedürfnisse ausgelegt sind.

$$\text{Herausforderungen} = \text{Pandemie} + \text{Ökonomische Unsicherheit} \quad (28)$$

Die Zukunft der LGBTQ-Rechte erfordert weiterhin internationale Zusammenarbeit und den Austausch bewährter Praktiken. Der intersektionale Ansatz, der die Überschneidungen von Geschlecht, Rasse, Klasse und Sexualität berücksichtigt, ist entscheidend, um die komplexen Herausforderungen zu bewältigen, mit denen LGBTQ-Personen weltweit konfrontiert sind.

Insgesamt zeigt sich, dass die globalen Perspektiven auf LGBTQ-Rechte ein dynamisches und sich ständig veränderndes Feld sind, das sowohl Erfolge als auch Rückschläge umfasst. Der Kampf für Gleichheit und Akzeptanz ist ein fortlaufender Prozess, der das Engagement aller erfordert, um eine gerechtere und inklusivere Gesellschaft zu schaffen.

Die Bedeutung von intersektionalem Aktivismus

Intersektionaler Aktivismus ist ein Konzept, das die verschiedenen Dimensionen der Identität und die komplexen Weisen, in denen diese Dimensionen miteinander interagieren, anerkennt. Es wurde ursprünglich von der amerikanischen Juristin und Aktivistin Kimberlé Crenshaw in den späten 1980er Jahren formuliert und hat sich seither zu einem zentralen Bestandteil des zeitgenössischen Aktivismus entwickelt. Der intersektionale Ansatz betrachtet nicht nur die Diskriminierung aufgrund eines einzelnen Merkmals, wie Geschlecht oder Rasse, sondern analysiert, wie verschiedene Identitätsmerkmale wie Geschlecht, Rasse, sexuelle Orientierung, Klasse und Behinderung zusammenwirken, um einzigartige Erfahrungen von Unterdrückung oder Privileg zu schaffen.

Theoretische Grundlagen

Die Theorie des intersektionalen Aktivismus basiert auf der Annahme, dass soziale Ungerechtigkeiten nicht isoliert betrachtet werden können. Crenshaw argumentiert, dass die Erfahrungen von Frauen of Color nicht vollständig durch feministische oder rassistische Theorien erklärt werden können, da diese Ansätze oft eine homogene Sichtweise auf Geschlecht oder Rasse annehmen. Stattdessen müssen wir die Überlappungen und Wechselwirkungen zwischen verschiedenen Identitäten verstehen.

Ein Beispiel für diese Theorie ist die folgende Gleichung, die die Wechselwirkungen zwischen verschiedenen Identitätsdimensionen veranschaulicht:

$$U = f(G, R, S, K, B)$$

wobei U die Erfahrung von Ungerechtigkeit darstellt, G Geschlecht, R Rasse, S sexuelle Orientierung, K Klasse und B Behinderung ist. Diese Gleichung verdeutlicht, dass die Erfahrungen von Ungerechtigkeit nicht linear sind, sondern durch die Interaktion dieser verschiedenen Faktoren beeinflusst werden.

Herausforderungen des intersektionalen Aktivismus

Trotz seiner Bedeutung sieht sich der intersektionale Aktivismus mit verschiedenen Herausforderungen konfrontiert. Eine der größten Schwierigkeiten besteht darin, dass viele soziale Bewegungen oft dazu neigen, sich auf eine einzige Identität zu konzentrieren. Dies kann dazu führen, dass die Stimmen und Bedürfnisse von marginalisierten Gruppen innerhalb dieser Bewegungen übersehen werden.

Ein weiteres Problem ist die Fragmentierung innerhalb der LGBTQ-Community, wo bestimmte Identitäten, wie cisgender weiße Männer, häufig mehr Sichtbarkeit und Ressourcen erhalten als andere, wie trans Frauen of Color oder queer Menschen mit Behinderungen. Diese Ungleichheiten können zu einem Gefühl der Entfremdung und Isolation innerhalb der Community führen.

Beispiele für intersektionalen Aktivismus

Ein herausragendes Beispiel für intersektionalen Aktivismus ist die Arbeit der Organisation *Black Lives Matter*, die nicht nur rassistische Ungerechtigkeiten anprangert, sondern auch die spezifischen Herausforderungen, mit denen schwarze LGBTQ-Personen konfrontiert sind, in den Vordergrund stellt. Die Gründerinnen der Bewegung, Alicia Garza, Patrisse Cullors und Opal Tometi, haben die Notwendigkeit betont, dass die Kämpfe gegen Rassismus, Sexismus und Homophobie miteinander verbunden sind.

Ein weiteres Beispiel ist die Initiative *Transgender Day of Visibility*, die nicht nur die Sichtbarkeit von trans Personen fördert, sondern auch die spezifischen Herausforderungen anerkennt, mit denen trans Menschen aus verschiedenen ethnischen und sozialen Hintergründen konfrontiert sind. Diese Veranstaltungen und Kampagnen sind entscheidend, um das Bewusstsein für die Vielfalt innerhalb der LGBTQ-Community zu schärfen und um sicherzustellen, dass alle Stimmen gehört werden.

Die Zukunft des intersektionalen Aktivismus

Die Zukunft des intersektionalen Aktivismus liegt in der Fähigkeit, Brücken zwischen verschiedenen sozialen Bewegungen zu schlagen und eine inklusive Plattform zu schaffen, die die Vielfalt der Erfahrungen anerkennt. Aktivist:innen müssen weiterhin die Notwendigkeit betonen, dass alle Dimensionen der Identität in den Kampf für Gerechtigkeit einbezogen werden, um eine gerechtere und gleichberechtigtere Gesellschaft zu schaffen.

Zusammenfassend lässt sich sagen, dass intersektionaler Aktivismus nicht nur eine theoretische Perspektive ist, sondern ein praktischer Ansatz, der konkrete Veränderungen in der Gesellschaft bewirken kann. Durch die Anerkennung und das Verständnis der komplexen Wechselwirkungen zwischen verschiedenen Identitäten können Aktivist:innen effektivere Strategien entwickeln, um soziale Gerechtigkeit für alle zu fördern.

Ein Aufruf zur kollektiven Verantwortung

In der heutigen Zeit ist es unerlässlich, dass wir als Gemeinschaft zusammenarbeiten, um die Herausforderungen, vor denen die LGBTQ-Community steht, zu bewältigen. Ivan Coyote hat immer wieder betont, dass Aktivismus nicht nur die Verantwortung Einzelner, sondern die kollektive Verantwortung aller ist. Diese Verantwortung umfasst nicht nur das Eintreten für die Rechte von LGBTQ-Personen, sondern auch das Schaffen eines Umfelds, in dem Vielfalt gefeiert und nicht toleriert wird.

Theoretische Grundlagen

Die Theorie des intersektionalen Aktivismus, wie sie von Kimberlé Crenshaw formuliert wurde, fordert uns auf, die verschiedenen Identitäten, die Menschen prägen, zu berücksichtigen. Es ist wichtig, dass wir die Überschneidungen von Geschlecht, Rasse, Klasse und sexueller Orientierung in unserem Aktivismus anerkennen. Nur so können wir die komplexen Realitäten verstehen, mit denen viele Mitglieder der LGBTQ-Community konfrontiert sind.

Herausforderungen

Eine der größten Herausforderungen, vor denen wir stehen, ist die Fragmentierung innerhalb der Community. Oft gibt es Differenzen zwischen verschiedenen Gruppen, sei es aufgrund von Geschlechtsidentität, ethnischer Zugehörigkeit oder sozialem Status. Diese Fragmentierung kann dazu führen, dass wichtige Anliegen übersehen werden. Um dies zu überwinden, ist es entscheidend, dass wir uns auf gemeinsame Ziele konzentrieren und uns gegenseitig unterstützen.

Praktische Beispiele

Ein Beispiel für kollektive Verantwortung ist die Organisation von Pride-Paraden, die nicht nur Feiern, sondern auch Plattformen für politische Botschaften sind. Diese Veranstaltungen bieten Raum für verschiedene Stimmen innerhalb der Community und fördern die Sichtbarkeit und Akzeptanz.

Ein weiteres Beispiel ist die Zusammenarbeit zwischen LGBTQ-Organisationen und anderen sozialen Bewegungen, wie der feministischen Bewegung oder der Black Lives Matter-Bewegung. Diese Allianzen stärken den Aktivismus und zeigen, dass wir gemeinsam stärker sind.

Schlussfolgerung

Ein Aufruf zur kollektiven Verantwortung bedeutet, dass wir alle Teil einer größeren Bewegung sind, die für Gleichheit und Gerechtigkeit kämpft. Jeder von uns hat die Fähigkeit, Veränderungen herbeizuführen, sei es durch Bildung, Aktivismus oder einfach durch das Zuhören und Unterstützen anderer. Lassen Sie uns gemeinsam für eine Zukunft arbeiten, in der jeder Mensch, unabhängig von seiner Identität, in Würde leben kann.

$$\text{Kollektive Verantwortung} = \text{Individuelle Aktionen} + \text{Gemeinschaftliche Unterstützung} \tag{29}$$

Wenn wir uns dieser Verantwortung bewusst sind und aktiv danach handeln, können wir eine inklusive und gerechte Gesellschaft schaffen, die die Vielfalt feiert und schützt.

Ivan Coyote heute

Aktuelle Projekte und Initiativen

Neueste literarische Werke

Ivan Coyote hat in den letzten Jahren eine beeindruckende Reihe literarischer Werke veröffentlicht, die nicht nur ihre persönliche Reise reflektieren, sondern auch die Herausforderungen und Errungenschaften der LGBTQ-Community beleuchten. Diese Werke sind ein Zeugnis für Coyotes Fähigkeit, Geschichten zu erzählen, die sowohl intim als auch universell sind, und sie bieten wertvolle Einblicke in die Themen Identität, Zugehörigkeit und Widerstand.

Thematische Schwerpunkte

In Coyotes neuesten Veröffentlichungen, wie *„Tales from the Safe Zone"* und *„One in Every Crowd"*, wird deutlich, dass sie sich weiterhin mit den Themen Geschlechtsidentität und gesellschaftlicher Akzeptanz auseinandersetzt. Diese Bücher kombinieren autobiografische Elemente mit fiktiven Erzählungen, um die Komplexität der menschlichen Erfahrung zu erfassen.

Ein zentrales Thema in diesen Werken ist die **Sichtbarkeit**. Coyote fordert die Leser:innen auf, die Geschichten von marginalisierten Stimmen zu hören und zu verstehen. Sie stellt die Frage: „Wie können wir eine Welt schaffen, in der jeder Mensch gesehen und gehört wird?" Diese Frage ist nicht nur rhetorisch, sondern spiegelt auch die Herausforderungen wider, mit denen viele LGBTQ-Personen konfrontiert sind.

Einfluss der persönlichen Erfahrungen

Coyotes eigene Erfahrungen als transgeschlechtliche Person fließen tief in ihre Texte ein. In *„Tales from the Safe Zone"* beschreibt sie, wie sie in ihrer Jugend oft das Gefühl hatte, zwischen den Geschlechtern zu stehen, und wie diese Unsicherheit sie dazu brachte, ihre Stimme durch das Schreiben zu finden. Sie schreibt:

> „Das Schreiben war mein sicherer Raum, ein Ort, an dem ich die Grenzen meiner Identität erkunden konnte, ohne Angst vor Verurteilung."

Diese Reflexion über das Schreiben als therapeutischen Prozess ist ein wiederkehrendes Motiv in Coyotes Werk und bietet den Leser:innen die Möglichkeit, ihre eigene Beziehung zur Sprache und Identität zu hinterfragen.

Kritische Rezeption

Die kritische Rezeption von Coyotes neuesten literarischen Werken war überwältigend positiv. Kritiker:innen loben nicht nur ihren einzigartigen Schreibstil, sondern auch ihre Fähigkeit, komplexe Themen in zugänglicher Form zu präsentieren. In einer Rezension für *The Globe and Mail* wird festgestellt:

> „Coyote hat die seltene Gabe, die Herzen der Leser:innen zu erreichen und sie gleichzeitig zum Nachdenken über die gesellschaftlichen Normen anzuregen, die wir oft als selbstverständlich erachten."

Diese Fähigkeit, sowohl emotional zu berühren als auch intellektuell herauszufordern, ist ein Markenzeichen von Coyotes literarischem Schaffen.

Beispiele für neue Werke

Ein herausragendes Beispiel ist ihr Gedichtband „The Last Word", in dem Coyote mit der Form des lyrischen Erzählens spielt, um Themen wie Verlust und Hoffnung zu behandeln. Die Gedichte sind oft autobiografisch und reflektieren über die Herausforderungen, die sie als trans-Person erlebt hat. In einem ihrer Gedichte schreibt sie:

> „In der Stille finde ich meine Stimme, / in der Dunkelheit leuchtet mein Licht."

Diese Zeilen verdeutlichen die Dualität von Schmerz und Hoffnung, die in Coyotes Werk allgegenwärtig ist.

Die Rolle von Lesungen und Auftritten

Coyote nutzt auch öffentliche Lesungen und Auftritte, um ihre neuesten Werke zu präsentieren und mit der Community in Kontakt zu treten. Diese Veranstaltungen sind nicht nur Gelegenheiten, ihre Texte zu teilen, sondern auch Plattformen, um über die Herausforderungen des Aktivismus und der Kunst zu diskutieren. In einem kürzlichen Auftritt in Vancouver erklärte sie:

> „Jede Lesung ist eine Erinnerung daran, dass unsere Geschichten Macht haben. Sie können Brücken bauen und Barrieren durchbrechen."

Diese Interaktion mit dem Publikum ist ein wesentlicher Bestandteil von Coyotes Ansatz, da sie die Bedeutung von Gemeinschaft und Austausch in den Vordergrund stellt.

Zukunftsausblick

Mit Blick auf die Zukunft plant Coyote, weiterhin neue literarische Projekte zu entwickeln, die sowohl persönliche als auch kollektive Erfahrungen der LGBTQ-Community thematisieren. Sie hat angedeutet, dass ihr nächstes Buch eine tiefere Auseinandersetzung mit intersektionalen Themen und der Rolle von Kunst im Aktivismus sein wird.

In einer Welt, in der Geschichten oft übersehen werden, bleibt Ivan Coyote eine unverzichtbare Stimme, die die Kraft des Geschichtenerzählens nutzt, um Veränderungen zu bewirken und die Sichtbarkeit der LGBTQ-Community zu fördern. Ihre neuesten Werke sind ein Beweis für ihr Engagement und ihre Leidenschaft, und sie inspirieren sowohl Leser:innen als auch aufstrebende Schriftsteller:innen, ihre eigenen Geschichten zu erzählen.

Engagement in der Community

Ivan Coyote hat sich im Laufe seiner Karriere durch ein bemerkenswertes Engagement in der LGBTQ-Community ausgezeichnet. Sein Einfluss erstreckt sich über literarische Werke hinaus und manifestiert sich in einer Vielzahl von Initiativen, die darauf abzielen, die Sichtbarkeit und Unterstützung für LGBTQ-Personen zu erhöhen. In diesem Abschnitt werden wir die verschiedenen Facetten von Coyotes Engagement in der Community untersuchen, einschließlich seiner aktiven Teilnahme an Veranstaltungen, der Gründung von Unterstützungsgruppen und der Schaffung von Räumen für Dialog und Austausch.

Teilnahme an Community-Veranstaltungen

Coyote ist bekannt für seine regelmäßige Teilnahme an LGBTQ-Veranstaltungen, die von Pride-Paraden bis hin zu lokalen Workshops reichen. Diese Veranstaltungen bieten nicht nur eine Plattform für die Sichtbarkeit der LGBTQ-Community, sondern auch die Möglichkeit, wichtige Themen anzusprechen. Ein Beispiel ist die jährliche Pride-Parade in Vancouver, wo Coyote oft als Redner auftritt, um über die Herausforderungen und Erfolge der Community zu sprechen. Seine leidenschaftlichen Reden inspirieren viele, sich aktiv für ihre Rechte einzusetzen und Solidarität zu zeigen.

Die Teilnahme an solchen Veranstaltungen ist nicht nur eine Frage der Sichtbarkeit, sondern auch eine Möglichkeit, Gemeinschaft zu schaffen. Coyote nutzt diese Gelegenheiten, um mit anderen Aktivisten und Künstlern in Kontakt zu treten, was zu einem stärkeren Netzwerk innerhalb der Community führt. Dies ist besonders wichtig in einem Umfeld, in dem viele LGBTQ-Personen sich isoliert oder marginalisiert fühlen.

Gründung von Unterstützungsgruppen

Ein weiterer wichtiger Aspekt von Coyotes Engagement ist die Gründung und Unterstützung von Gruppen, die sich für LGBTQ-Jugendliche einsetzen. In Whitehorse, Yukon, initiierte Coyote ein Programm, das speziell darauf abzielt, jungen Menschen einen sicheren Raum zu bieten, in dem sie ihre Identität erkunden und Unterstützung finden können. Diese Gruppen bieten nicht nur emotionale Unterstützung, sondern auch praktische Ressourcen, wie Workshops zu Themen wie Selbstakzeptanz, Coming-out und rechtliche Unterstützung.

Die Herausforderungen, denen sich LGBTQ-Jugendliche gegenübersehen, sind oft erheblich. Sie sind häufig mit Diskriminierung, Mobbing und einem Mangel an Unterstützung in ihrem Umfeld konfrontiert. Durch die Schaffung dieser Gruppen trägt Coyote dazu bei, eine Gemeinschaft zu bilden, die diese Jugendlichen unterstützt und ihnen hilft, ihre Stimmen zu finden. Die positiven Rückmeldungen von Teilnehmern bestätigen den Wert dieser Initiativen.

Schaffung von Räumen für Dialog

Coyote hat auch zahlreiche Lesungen und Diskussionsrunden organisiert, die darauf abzielen, einen Dialog über LGBTQ-Themen zu fördern. Diese Veranstaltungen bieten eine Plattform für Menschen, um ihre Geschichten zu teilen, und schaffen ein Bewusstsein für die Herausforderungen, mit denen die Community konfrontiert ist. Ein bemerkenswertes Beispiel ist die Reihe „Voices of the Marginalized", die Coyote ins Leben gerufen hat, um unterrepräsentierte Stimmen innerhalb der LGBTQ-Community zu fördern.

In diesen Räumen wird nicht nur über persönliche Erfahrungen gesprochen, sondern es wird auch Raum für kritische Diskussionen über gesellschaftliche Normen und Strukturen geschaffen. Coyote ermutigt die Teilnehmer, aktiv an diesen Gesprächen teilzunehmen, was zu einem tieferen Verständnis der Komplexität von Identität und Gemeinschaft führt.

Theoretische Perspektiven

Das Engagement von Ivan Coyote in der Community kann auch durch verschiedene theoretische Perspektiven betrachtet werden. Die soziale Identitätstheorie, die von Henri Tajfel und John Turner entwickelt wurde, legt nahe, dass das Zugehörigkeitsgefühl zu einer bestimmten Gruppe das Selbstwertgefühl und das Verhalten von Individuen beeinflussen kann. Coyotes Arbeit fördert ein starkes Gemeinschaftsgefühl, das es den Mitgliedern der LGBTQ-Community ermöglicht, sich gegenseitig zu unterstützen und zu ermutigen.

Darüber hinaus kann Coyotes Engagement auch im Kontext der intersektionalen Theorie gesehen werden, die die verschiedenen Identitätsdimensionen (wie Geschlecht, Sexualität, Ethnizität) berücksichtigt. Coyote betont oft, dass die Herausforderungen, mit denen LGBTQ-Personen konfrontiert sind, nicht isoliert betrachtet werden können, sondern im Zusammenhang mit anderen sozialen Ungleichheiten stehen. Dies fördert ein umfassenderes Verständnis der Bedürfnisse und Kämpfe innerhalb der Community.

Beispiele für Erfolge und Herausforderungen

Ein konkretes Beispiel für den Erfolg von Coyotes Engagement ist die Einführung von Bildungsprogrammen in Schulen, die LGBTQ-Themen behandeln. Diese Programme haben dazu beigetragen, das Bewusstsein für die Vielfalt von Geschlechtsidentitäten zu schärfen und Vorurteile abzubauen. Dennoch stehen solche Initiativen oft vor Herausforderungen, insbesondere in konservativeren Regionen, wo Widerstand gegen LGBTQ-Bildungsinhalte besteht.

Ein weiteres Beispiel ist die Zusammenarbeit mit politischen Organisationen, um Gesetze zu fördern, die die Rechte von LGBTQ-Personen schützen. Coyote hat an zahlreichen Kampagnen teilgenommen, die darauf abzielen, Diskriminierung zu bekämpfen und Gleichstellung zu fördern. Diese politischen

Bemühungen sind jedoch oft mit Rückschlägen konfrontiert, insbesondere in einem sich ständig verändernden politischen Klima.

Fazit

Zusammenfassend lässt sich sagen, dass Ivan Coyotes Engagement in der Community ein entscheidender Faktor für die Förderung von LGBTQ-Rechten und -Sichtbarkeit ist. Durch seine Teilnahme an Veranstaltungen, die Gründung von Unterstützungsgruppen und die Schaffung von Räumen für Dialog hat er nicht nur das Leben vieler Menschen positiv beeinflusst, sondern auch einen bleibenden Eindruck in der LGBTQ-Community hinterlassen. Coyotes Arbeit zeigt, wie wichtig es ist, Solidarität zu zeigen und sich aktiv für Veränderungen einzusetzen. Die Herausforderungen, denen er und die Community gegenüberstehen, sind weiterhin präsent, aber Coyotes unermüdlicher Einsatz bietet Hoffnung und Inspiration für zukünftige Generationen von Aktivisten.

Einfluss auf neue Künstler:innen

Ivan Coyote hat nicht nur die LGBTQ-Community durch ihre eigene Kunst und Aktivismus geprägt, sondern auch als Mentorin und Inspirationsquelle für eine neue Generation von Künstler:innen gewirkt. Ihr Einfluss zeigt sich in verschiedenen Bereichen, von der Literatur über die Performancekunst bis hin zu sozialen Medien. In diesem Abschnitt werden wir die Mechanismen untersuchen, durch die Coyote neue Künstler:innen beeinflusst hat, sowie die Herausforderungen, mit denen diese konfrontiert sind.

Mentorship und Unterstützung

Coyote hat aktiv Workshops und Schreibgruppen geleitet, in denen sie ihr Wissen und ihre Erfahrungen an aufstrebende Künstler:innen weitergibt. Diese Mentorship-Programme sind nicht nur eine Plattform für kreativen Ausdruck, sondern auch ein sicherer Raum, in dem junge LGBTQ-Künstler:innen ihre Stimme finden und entwickeln können. Ein Beispiel hierfür ist das *Queer Youth Writing Project*, das von Coyote ins Leben gerufen wurde und jungen Menschen die Möglichkeit bietet, ihre Geschichten zu erzählen und sich künstlerisch auszudrücken.

AKTUELLE PROJEKTE UND INITIATIVEN

Einfluss auf die Themenwahl

Die Themen, die Coyote in ihrer eigenen Arbeit behandelt, haben auch die Inhalte neuer Künstler:innen beeinflusst. Themen wie Geschlechtsidentität, soziale Gerechtigkeit und persönliche Erfahrungen mit Diskriminierung sind zentral in Coyotes Werk und finden sich auch in den Arbeiten junger Künstler:innen wieder. Diese Themen sind nicht nur relevant, sondern auch notwendig, um die Diversität und Komplexität der LGBTQ-Erfahrungen darzustellen.

Ein Beispiel ist die aufstrebende Schriftstellerin *Jordan Tannahill*, die in seinen Arbeiten oft mit den Themen Identität und Gemeinschaft spielt. Tannahill hat in Interviews wiederholt betont, wie Coyotes Arbeit ihn inspiriert hat, seine eigene Stimme zu finden und über seine Erfahrungen als queer-identifizierte Person zu schreiben.

Interaktive Kunst und Performance

Coyote hat auch die Performancekunst revolutioniert, indem sie Storytelling mit interaktiven Elementen kombiniert. Diese Form der Kunst hat viele neue Künstler:innen ermutigt, ihre eigenen Geschichten durch Performance zu erzählen. Ein Beispiel ist die Künstlerin *Megan O'Hara*, die in ihren Performances Coyotes Stil und Ansatz aufgreift, um Themen wie Trauma und Heilung zu erforschen. O'Hara hat in ihrer Arbeit betont, wie wichtig es ist, eine Verbindung zum Publikum herzustellen und eine gemeinsame Erfahrung zu schaffen.

Herausforderungen für neue Künstler:innen

Trotz des positiven Einflusses von Coyote stehen neue Künstler:innen vor einer Vielzahl von Herausforderungen. Viele von ihnen kämpfen mit der Sichtbarkeit in einer oft marginalisierten Kunstszene. Es gibt auch strukturelle Barrieren, die den Zugang zu Ressourcen und Plattformen erschweren.

Ein zentrales Problem ist die Finanzierung. Viele LGBTQ-Künstler:innen haben Schwierigkeiten, finanzielle Unterstützung für ihre Projekte zu finden, was ihre Möglichkeiten einschränkt, ihre Kunst zu schaffen und zu präsentieren. Coyote hat sich in der Vergangenheit für mehr Fördermittel und Unterstützung für LGBTQ-Künstler:innen eingesetzt, um diese Barrieren zu verringern.

Die Rolle der sozialen Medien

In der heutigen Zeit spielen soziale Medien eine entscheidende Rolle bei der Verbreitung von Kunst und der Schaffung von Netzwerken. Coyote hat die Macht von Plattformen wie Instagram und Twitter genutzt, um ihre eigene Arbeit zu fördern und gleichzeitig anderen Künstler:innen eine Bühne zu bieten.

Künstler:innen wie *Maya Angelou* und *Rupi Kaur* haben durch soziale Medien eine massive Anhängerschaft gewonnen und ihre Kunst einem breiten Publikum zugänglich gemacht. Coyote hat diesen Trend erkannt und ermutigt junge Künstler:innen, soziale Medien als Werkzeug zur Selbstvermarktung und zum Aufbau von Gemeinschaften zu nutzen.

Fazit

Der Einfluss von Ivan Coyote auf neue Künstler:innen ist vielschichtig und tiefgreifend. Durch Mentorship, thematische Inspiration, innovative Performancekunst und die Nutzung sozialer Medien hat sie nicht nur ihre eigene Karriere gefördert, sondern auch eine Plattform für kommende Generationen geschaffen. Trotz der Herausforderungen, mit denen diese Künstler:innen konfrontiert sind, bleibt Coyotes Erbe eine Quelle der Hoffnung und Inspiration für all jene, die ihre Stimme erheben und ihre Geschichten erzählen möchten. Die Verbindung von Kunst, Identität und Aktivismus, die Coyote verkörpert, wird weiterhin als Leitfaden für die nächste Generation von LGBTQ-Künstler:innen dienen.

Teilnahme an internationalen Konferenzen

Ivan Coyote hat im Laufe ihrer Karriere an zahlreichen internationalen Konferenzen teilgenommen, die sich mit LGBTQ-Rechten, Geschlechtsidentität und sozialer Gerechtigkeit befassen. Diese Konferenzen bieten nicht nur eine Plattform für den Austausch von Ideen und Strategien, sondern auch eine Gelegenheit, um die Sichtbarkeit von LGBTQ-Themen auf globaler Ebene zu erhöhen.

Eine der bemerkenswertesten Konferenzen, an der Coyote teilnahm, war die *International LGBTQ+ Rights Conference* in Toronto. Hier diskutierten Aktivist:innen und Wissenschaftler:innen aus aller Welt über die Herausforderungen, denen LGBTQ-Communities gegenüberstehen, sowie über erfolgreiche Strategien zur Förderung von Gleichheit und Akzeptanz. Coyote nutzte ihre Stimme, um die Bedeutung von Geschichten in der Aktivismusarbeit zu betonen. Sie erklärte, dass Geschichten nicht nur persönliche Erfahrungen widerspiegeln, sondern auch als kraftvolle Werkzeuge dienen, um Empathie zu fördern und Vorurteile abzubauen.

AKTUELLE PROJEKTE UND INITIATIVEN

„Geschichten sind das Herzstück unseres Kampfes. Sie verbinden uns und zeigen die Menschlichkeit hinter den Statistiken."

Eine weitere wichtige Konferenz war die *World Conference on LGBTQ+ Rights* in Berlin, wo Coyote als Hauptrednerin auftrat. In ihrer Rede thematisierte sie die anhaltenden Diskriminierungen, die viele LGBTQ-Personen weltweit erfahren, und forderte die internationale Gemeinschaft auf, sich aktiv für die Rechte dieser Gruppen einzusetzen. Sie stellte fest, dass trotz der Fortschritte in einigen Ländern viele andere noch hinterherhinken, was die rechtliche und soziale Anerkennung von LGBTQ-Personen betrifft.

$$\text{Sichtbarkeit} = \frac{\text{Anzahl der LGBTQ-Personen in Medien}}{\text{Gesamtbevölkerung}} \times 100 \quad (30)$$

Diese Gleichung veranschaulicht, wie wichtig Sichtbarkeit in den Medien ist, um das Bewusstsein für LGBTQ-Themen zu schärfen und gesellschaftliche Akzeptanz zu fördern. Coyote argumentierte, dass eine erhöhte Sichtbarkeit in den Medien zu einer besseren Repräsentation führen kann, was wiederum die gesellschaftliche Akzeptanz fördert.

Darüber hinaus nahm Coyote an der *Global Summit on Gender and Sexuality* in San Francisco teil, wo sie Workshops über die Verbindung zwischen Kunst und Aktivismus leitete. Diese Workshops ermutigten die Teilnehmer:innen, kreative Ausdrucksformen zu nutzen, um ihre Botschaften zu verbreiten. Coyote erklärte, dass Kunst eine universelle Sprache ist, die Barrieren überwinden und Gemeinschaften zusammenbringen kann.

Ein zentrales Problem, das während dieser Konferenzen angesprochen wurde, ist die Intersektionalität in der LGBTQ-Bewegung. Coyote betonte die Notwendigkeit, die unterschiedlichen Identitäten und Erfahrungen innerhalb der LGBTQ-Community zu berücksichtigen, um eine inklusive und gerechte Bewegung zu fördern. Sie sagte:

„Wir müssen sicherstellen, dass die Stimmen aller gehört werden, nicht nur der lautesten. Jeder Mensch hat eine Geschichte, die es wert ist, erzählt zu werden."

Ein Beispiel für eine erfolgreiche Initiative, die aus einer dieser Konferenzen hervorging, war die Gründung eines internationalen Netzwerks von LGBTQ-Aktivist:innen, das den Austausch von Ressourcen und Strategien fördert. Dieses Netzwerk hat es sich zur Aufgabe gemacht, die Sichtbarkeit von

LGBTQ-Personen in verschiedenen Kulturen zu erhöhen und den Dialog über Geschlechtsidentität und sexuelle Orientierung zu fördern.

Insgesamt zeigt Coyotes Teilnahme an internationalen Konferenzen, wie wichtig der Austausch von Ideen und Erfahrungen für den Fortschritt der LGBTQ-Bewegung ist. Ihre Beiträge und ihre Fähigkeit, andere zu inspirieren, haben dazu beigetragen, eine globale Gemeinschaft von Aktivist:innen zu schaffen, die sich für Gleichheit und Gerechtigkeit einsetzen. Coyote bleibt eine zentrale Figur in der Diskussion über LGBTQ-Rechte und hat durch ihre Teilnahme an diesen Konferenzen sowohl auf individueller als auch auf kollektiver Ebene einen bedeutenden Einfluss ausgeübt.

Medienpräsenz und öffentliche Auftritte

Ivan Coyote hat sich nicht nur als Schriftstellerin und Aktivistin einen Namen gemacht, sondern auch durch ihre bemerkenswerte Medienpräsenz und öffentliche Auftritte. Diese Aspekte sind entscheidend, um ihre Botschaften zu verbreiten und das Bewusstsein für die Herausforderungen der LGBTQ-Community zu schärfen. In diesem Abschnitt werden wir die verschiedenen Facetten von Coyotes Medienpräsenz und ihren öffentlichen Auftritten untersuchen, einschließlich der Plattformen, die sie nutzt, der Themen, die sie anspricht, und der Auswirkungen, die sie auf die Gesellschaft hat.

Die Rolle der Medien in Coyotes Aktivismus

Die Medien spielen eine zentrale Rolle im Aktivismus, indem sie Informationen verbreiten und eine Plattform für Stimmen bieten, die oft übersehen werden. Für Ivan Coyote ist die Medienpräsenz nicht nur ein Werkzeug zur Verbreitung ihrer Arbeit, sondern auch ein Mittel, um die Sichtbarkeit von LGBTQ-Personen zu erhöhen. Sie nutzt verschiedene Medienformate, darunter soziale Medien, Podcasts, Interviews und Dokumentationen, um ihre Botschaften zu vermitteln und eine breitere Öffentlichkeit zu erreichen.

Ein Beispiel für Coyotes Einfluss in den Medien ist ihre aktive Präsenz auf Plattformen wie Twitter und Instagram, wo sie regelmäßig ihre Gedanken zu sozialen Themen teilt und mit ihren Followern interagiert. In einem ihrer Tweets erklärte sie:

> „Es ist wichtig, dass wir unsere Geschichten erzählen und die Stimmen derjenigen hören, die oft zum Schweigen gebracht werden. Jede Stimme zählt!"

AKTUELLE PROJEKTE UND INITIATIVEN

Diese Interaktion fördert nicht nur das Bewusstsein, sondern ermutigt auch andere, sich zu äußern und ihre eigenen Geschichten zu teilen.

Öffentliche Auftritte und Lesungen

Neben ihrer Online-Präsenz ist Ivan Coyote auch für ihre kraftvollen öffentlichen Auftritte bekannt. Sie hat an zahlreichen Veranstaltungen, Lesungen und Konferenzen teilgenommen, bei denen sie ihre Texte vorträgt und ihre Erfahrungen teilt. Diese Auftritte sind oft emotional und inspirierend und bieten dem Publikum einen Einblick in die Herausforderungen und Triumphe des Lebens als trans-Person.

Ein bemerkenswerter Auftritt fand auf der *LGBTQ+ Pride Parade* in Vancouver statt, wo Coyote eine Rede hielt, die sowohl bewegend als auch motivierend war. Sie sprach über die Bedeutung von Gemeinschaft und Solidarität in der LGBTQ-Community und ermutigte die Anwesenden, für ihre Rechte zu kämpfen:

> „Wir sind hier, um zu zeigen, dass wir existieren, dass wir kämpfen und dass wir niemals aufgeben werden. Unsere Stimmen sind mächtig, und wir müssen sie nutzen!"

Diese öffentlichen Auftritte haben nicht nur Coyotes Karriere gefördert, sondern auch das Bewusstsein für LGBTQ-Themen in der breiteren Gesellschaft geschärft.

Medienberichterstattung und ihre Auswirkungen

Die Berichterstattung über Ivan Coyotes Arbeit in den Medien hat ebenfalls einen erheblichen Einfluss auf ihre Sichtbarkeit und die Wahrnehmung von LGBTQ-Themen. Durch Interviews und Artikel in verschiedenen Publikationen hat sie die Möglichkeit, ihre Perspektiven und Erfahrungen zu teilen. Ein Beispiel hierfür ist ein Artikel in der *Globe and Mail*, der ihre literarische Karriere und ihren Aktivismus beleuchtet und die Herausforderungen, mit denen sie konfrontiert war, in den Vordergrund stellt.

Die Medienberichterstattung hat dazu beigetragen, Coyotes Einfluss als Stimme der LGBTQ-Community zu festigen. Sie wird oft als Expertin für Themen wie Geschlechtsidentität und soziale Gerechtigkeit zitiert, was ihre Glaubwürdigkeit und Reichweite erhöht. Diese Sichtbarkeit hat auch dazu geführt, dass sie in verschiedenen Dokumentarfilmen und Fernsehprogrammen vorgestellt wurde, wodurch ihre Botschaften ein noch breiteres Publikum erreichen.

Herausforderungen und Kritik

Trotz ihrer Erfolge sieht sich Ivan Coyote auch Herausforderungen in Bezug auf ihre Medienpräsenz und öffentlichen Auftritte gegenüber. Kritische Stimmen und Diskriminierung sind häufige Begleiter in der Welt des Aktivismus. Coyote hat in Interviews offen über die negativen Reaktionen gesprochen, die sie auf ihre Arbeit erhält, und betont, wie wichtig es ist, sich von diesen Angriffen nicht entmutigen zu lassen.

In einem Interview sagte sie:

> „Es gibt immer Menschen, die nicht verstehen oder akzeptieren, was wir tun. Aber das sollte uns nicht davon abhalten, für unsere Wahrheit einzustehen. Wir müssen resilient sein und weiterkämpfen."

Diese Resilienz ist ein Schlüsselthema in Coyotes Arbeit und inspiriert viele ihrer Anhänger, sich ebenfalls für ihre Rechte einzusetzen.

Fazit

Zusammenfassend lässt sich sagen, dass Ivan Coyotes Medienpräsenz und öffentlichen Auftritte einen wesentlichen Beitrag zu ihrem Einfluss als LGBTQ-Aktivistin und Schriftstellerin leisten. Durch die Nutzung verschiedener Plattformen und die Teilnahme an öffentlichen Veranstaltungen hat sie nicht nur ihre eigene Karriere gefördert, sondern auch das Bewusstsein für die Herausforderungen der LGBTQ-Community geschärft. Ihre Fähigkeit, Geschichten zu erzählen und eine Verbindung zu ihrem Publikum herzustellen, ist ein entscheidender Faktor für ihren Erfolg und ihre Wirkung in der Gesellschaft. In einer Welt, in der Sichtbarkeit und Repräsentation von entscheidender Bedeutung sind, bleibt Ivan Coyote eine inspirierende Figur, die andere ermutigt, ihre eigenen Stimmen zu finden und zu erheben.

Die Rolle in der LGBTQ-Politik

Die Rolle von Ivan Coyote in der LGBTQ-Politik ist sowohl vielschichtig als auch bedeutend. Als prominente Stimme innerhalb der LGBTQ-Community hat Coyote nicht nur als Künstlerin, sondern auch als Aktivistin und politische Figur eine wichtige Funktion eingenommen. Diese Rolle umfasst die Förderung von

Rechten, die Sensibilisierung für Diskriminierung und die Unterstützung von politischen Bewegungen, die sich für die Gleichstellung und Akzeptanz von LGBTQ-Personen einsetzen.

Theoretische Grundlagen der LGBTQ-Politik

Die LGBTQ-Politik stützt sich auf verschiedene theoretische Rahmenbedingungen, die die sozialen und politischen Dynamiken innerhalb der Community und darüber hinaus analysieren. Eine zentrale Theorie ist die Queer-Theorie, die Geschlecht und Sexualität als soziale Konstrukte betrachtet und die Heteronormativität in Frage stellt. Diese Theorie betont die Vielfalt menschlicher Erfahrungen und Identitäten, was in Coyotes Arbeit und Aktivismus deutlich wird.

Ein weiteres wichtiges Konzept ist das der intersektionalen Identität, das von Kimberlé Crenshaw geprägt wurde. Es beschreibt, wie verschiedene soziale Kategorien wie Geschlecht, Rasse, Klasse und Sexualität miteinander verwoben sind und sich gegenseitig beeinflussen. Coyote nutzt diesen Ansatz, um die Komplexität der LGBTQ-Erfahrungen zu verdeutlichen und die Notwendigkeit einer inklusiven Politik zu betonen, die alle Facetten der Identität berücksichtigt.

Politische Herausforderungen

Trotz der Fortschritte in der LGBTQ-Politik gibt es zahlreiche Herausforderungen, mit denen Coyote und andere Aktivisten konfrontiert sind. Diskriminierung, Gewalt und Ungleichheit sind nach wie vor weit verbreitet. Ein Beispiel ist die anhaltende Gewalt gegen trans Personen, insbesondere Frauen of Color, die in vielen Ländern ein alarmierendes Ausmaß erreicht hat. Laut dem Human Rights Campaign Report 2020 gab es in den USA mindestens 37 bekannte Fälle von ermordeten trans Personen, was die Dringlichkeit von Coyotes Arbeit unterstreicht.

Darüber hinaus gibt es in vielen Ländern noch immer Gesetze, die LGBTQ-Personen diskriminieren, wie z. B. Gesetze, die die Ehe zwischen gleichgeschlechtlichen Partnern verbieten oder die Rechte von LGBTQ-Personen im Gesundheitswesen einschränken. Coyote hat sich aktiv gegen solche Gesetze ausgesprochen und verwendet ihre Plattform, um auf diese Probleme aufmerksam zu machen.

Beispiele für Coyotes Engagement

Coyote hat sich in verschiedenen politischen Kampagnen engagiert, die sich für die Rechte der LGBTQ-Community einsetzen. Ein bemerkenswertes Beispiel ist ihre Teilnahme an der „Transgender Day of Remembrance", einem jährlichen Gedenken an die trans Personen, die aufgrund von Gewalt gestorben sind. Durch ihre Reden und Auftritte bei dieser Veranstaltung hat sie nicht nur das Bewusstsein geschärft, sondern auch eine Plattform für die Stimmen derer geschaffen, die oft übersehen werden.

Ein weiteres Beispiel ist Coyotes Engagement in der Bildungsarbeit. Sie hat Workshops und Vorträge gehalten, die sich mit Themen wie Geschlechtsidentität, Diskriminierung und der Bedeutung von Sichtbarkeit befassen. Diese Bildungsinitiativen sind entscheidend, um das Verständnis für LGBTQ-Themen zu fördern und Vorurteile abzubauen.

Einfluss auf politische Bewegungen

Coyotes Einfluss erstreckt sich auch auf politische Bewegungen, die sich für Gleichstellung und Menschenrechte einsetzen. Sie hat mit verschiedenen Organisationen zusammengearbeitet, um Kampagnen zu starten, die sich gegen Diskriminierung und für die Rechte von LGBTQ-Personen einsetzen. Ihr Engagement in der „Pride"-Bewegung hat dazu beigetragen, die Sichtbarkeit und Akzeptanz von LGBTQ-Personen in der Gesellschaft zu erhöhen.

Darüber hinaus hat Coyote die Wichtigkeit von Solidarität zwischen verschiedenen sozialen Bewegungen betont. Sie hat sich für die Rechte von BIPOC (Black, Indigenous, People of Color) innerhalb der LGBTQ-Community eingesetzt und die Notwendigkeit hervorgehoben, dass alle marginalisierten Gruppen zusammenarbeiten, um die gesellschaftlichen Bedingungen zu verbessern.

Fazit

Zusammenfassend lässt sich sagen, dass Ivan Coyote eine zentrale Rolle in der LGBTQ-Politik spielt. Durch ihre künstlerische Arbeit und ihr Engagement hat sie nicht nur die Sichtbarkeit von LGBTQ-Personen erhöht, sondern auch aktiv an der Gestaltung einer gerechteren und inklusiveren Gesellschaft mitgewirkt. Ihre Stimme ist ein unverzichtbarer Teil des Diskurses über LGBTQ-Rechte und bietet Hoffnung und Inspiration für zukünftige Generationen von Aktivisten. Coyotes Arbeit zeigt, dass Aktivismus in vielen Formen kommen kann und dass die

Kombination von Kunst und Politik eine kraftvolle Strategie zur Förderung von Veränderung ist.

Reflexion über die eigene Karriere

Die Reflexion über die eigene Karriere ist für Ivan Coyote nicht nur eine Rückschau, sondern auch eine tiefgreifende Auseinandersetzung mit den verschiedenen Facetten ihrer Identität und den Herausforderungen, die sie auf ihrem Weg als trans* Aktivistin und Schriftstellerin erlebt hat. Diese Reflexion ist geprägt von persönlichen Erfahrungen, gesellschaftlichen Veränderungen und der Entwicklung eines einzigartigen künstlerischen Ausdrucks.

Einfluss der persönlichen Geschichte

Coyotes Karriere ist untrennbar mit ihrer persönlichen Geschichte verbunden. Aufgewachsen in Whitehorse, Yukon, war sie von Anfang an mit den Herausforderungen konfrontiert, die mit ihrer Geschlechtsidentität einhergingen. Diese frühen Erfahrungen haben nicht nur ihre Sichtweise auf die Welt geprägt, sondern auch ihre künstlerische Stimme geformt. In ihren Werken reflektiert sie oft über die Schwierigkeiten, die sie als Kind und Jugendliche in einer von Normen geprägten Gesellschaft erlebte.

Ein Beispiel für diese Reflexion findet sich in ihrem Buch *"One in Every Crowd"*, wo sie über die Isolation und den Kampf um Akzeptanz schreibt. Sie thematisiert die Diskrepanz zwischen ihrem inneren Selbst und den Erwartungen, die von außen an sie herangetragen wurden. Diese Auseinandersetzung mit ihrer Vergangenheit ermöglicht es ihr, nicht nur ihre eigene Identität zu verstehen, sondern auch anderen, die ähnliche Erfahrungen gemacht haben, einen Raum zu bieten, um sich selbst zu erkennen und zu akzeptieren.

Die Rolle der Kunst im Aktivismus

Ein zentraler Aspekt von Coyotes Reflexion über ihre Karriere ist die Erkenntnis, dass Kunst und Aktivismus in ihrem Leben und Schaffen eng miteinander verwoben sind. Die Kunst bietet ihr nicht nur eine Plattform, um ihre Stimme zu erheben, sondern auch ein Mittel, um gesellschaftliche Themen zu beleuchten und Veränderungen anzustoßen. In ihren Performances und literarischen Arbeiten nutzt sie Storytelling als Werkzeug, um das Bewusstsein für LGBTQ-Themen zu schärfen und Diskriminierung entgegenzutreten.

Die Theorie des *"Artivismus"*, eine Kombination aus Kunst und Aktivismus, beschreibt diesen Ansatz treffend. Coyote nutzt ihre Kunst, um soziale

Ungerechtigkeiten anzuprangern und Empathie zu fördern. Ein Beispiel hierfür ist ihre Teilnahme an der Kampagne "Trans Rights are Human Rights", wo sie ihre Geschichten und Erfahrungen teilt, um auf die Herausforderungen aufmerksam zu machen, denen trans* Personen in der Gesellschaft gegenüberstehen.

Herausforderungen und Rückschläge

Trotz ihrer Erfolge war Coyotes Karriere nicht frei von Rückschlägen. Sie hat Diskriminierung und Vorurteile sowohl im literarischen als auch im aktivistischen Bereich erfahren. Diese Herausforderungen haben sie jedoch nicht entmutigt, sondern vielmehr motiviert, ihre Stimme noch kraftvoller zu erheben. In ihrer Reflexion über diese Rückschläge betont sie die Bedeutung von Resilienz und der Unterstützung durch die Community.

Eine prägnante Anekdote aus ihrem Leben zeigt, wie sie mit Kritik umgeht. Bei einer Lesung wurde sie einmal mit hasserfüllten Kommentaren konfrontiert, die ihre Identität in Frage stellten. Anstatt sich zurückzuziehen, nutzte sie diese Erfahrung, um ein kraftvolles Plädoyer für Akzeptanz und Verständnis zu halten. Diese Fähigkeit, aus negativen Erfahrungen Stärke zu schöpfen, ist ein wiederkehrendes Thema in Coyotes Reflexion über ihre Karriere.

Zukunftsvisionen und persönliche Entwicklung

In ihrer Reflexion blickt Coyote nicht nur auf das, was sie erreicht hat, sondern auch auf die Zukunft. Sie sieht sich als Teil einer größeren Bewegung, die sich für die Rechte und die Sichtbarkeit von LGBTQ-Personen einsetzt. Ihre Vision ist es, eine Welt zu schaffen, in der Vielfalt nicht nur akzeptiert, sondern gefeiert wird.

Coyotes persönliche Entwicklung spiegelt sich auch in ihrem Engagement für die nächste Generation von Aktivist:innen wider. Sie betont die Wichtigkeit von Bildung und Empowerment, um junge Menschen zu ermutigen, ihre eigenen Stimmen zu finden und für ihre Rechte einzutreten. Diese Reflexion über ihre Karriere ist nicht nur eine Rückschau, sondern auch ein Aufruf zur aktiven Teilnahme und zur Übernahme von Verantwortung in der Gemeinschaft.

Schlussfolgerung

Zusammenfassend lässt sich sagen, dass Ivan Coyotes Reflexion über ihre Karriere eine komplexe Auseinandersetzung mit Identität, Kunst und Aktivismus darstellt. Ihre persönlichen Erfahrungen, die Herausforderungen, die sie überwunden hat, und ihre Vision für die Zukunft bilden das Fundament ihrer Arbeit. Diese Reflexion ist nicht nur für sie selbst von Bedeutung, sondern auch für die vielen

AKTUELLE PROJEKTE UND INITIATIVEN 205

Menschen, die von ihrer Geschichte inspiriert werden. Sie zeigt, dass der Weg zur Selbstakzeptanz und zum Engagement für die Gemeinschaft oft mit Schwierigkeiten verbunden ist, aber auch die Möglichkeit bietet, durch Kunst und Aktivismus einen bleibenden Einfluss auf die Gesellschaft auszuüben.

Visionen für die Zukunft

Ivan Coyote hat sich im Laufe ihrer Karriere nicht nur als Schriftstellerin, sondern auch als Vordenkerin und Aktivistin hervorgetan. Ihre Vision für die Zukunft der LGBTQ-Community ist geprägt von Hoffnung, Bildung und der Notwendigkeit, intersektionale Perspektiven zu integrieren. In dieser Sektion werden wir die verschiedenen Facetten von Coyotes Vision und den Herausforderungen, die der LGBTQ-Community bevorstehen, beleuchten.

Die Rolle der nächsten Generation von Aktivist:innen

Coyote betont die Bedeutung der nächsten Generation von Aktivist:innen, die mit frischen Ideen und Perspektiven in die Fußstapfen der Vorgänger treten. Diese neuen Stimmen sind entscheidend, um die Herausforderungen des 21. Jahrhunderts anzugehen. Ein Beispiel dafür ist die Zunahme von Jugendlichen, die sich aktiv für LGBTQ-Rechte einsetzen, oft über soziale Medien, wo sie ihre Geschichten und Kämpfe teilen. Diese Plattformen ermöglichen es, ein breiteres Publikum zu erreichen und Diskussionen zu fördern, die in traditionellen Medien oft unterrepräsentiert sind.

Zukünftige Herausforderungen und Chancen

Die Herausforderungen, denen sich die LGBTQ-Community gegenübersieht, sind vielfältig. Diskriminierung, Gewalt und systematische Ungleichheit sind nach wie vor weit verbreitet. Gleichzeitig gibt es jedoch auch Chancen, insbesondere durch technologische Entwicklungen und soziale Bewegungen. Coyote sieht in der Nutzung von sozialen Medien und digitalen Plattformen eine Möglichkeit, um Mobilisierung und Sichtbarkeit zu erhöhen. Die Frage, wie man diese Technologien effektiv einsetzen kann, bleibt jedoch eine Herausforderung, da nicht alle Mitglieder der Community Zugang zu diesen Ressourcen haben.

Die Bedeutung von Bildung und Aufklärung

Ein zentrales Element von Coyotes Vision ist die Förderung von Bildung und Aufklärung innerhalb und außerhalb der LGBTQ-Community. Sie argumentiert, dass Bildung nicht nur eine Waffe gegen Vorurteile ist, sondern auch ein Werkzeug zur Stärkung der Gemeinschaft. Programme, die sich auf die Aufklärung über Geschlechtsidentität und sexuelle Orientierung konzentrieren, sind entscheidend, um das Verständnis und die Akzeptanz zu fördern. Coyote setzt sich für die Integration solcher Programme in Schulen ein, um bereits in jungen Jahren ein Bewusstsein für Diversität zu schaffen.

Strategien für nachhaltigen Aktivismus

Coyote plädiert für nachhaltigen Aktivismus, der nicht nur auf kurzfristige Erfolge abzielt, sondern auch langfristige Veränderungen anstrebt. Dies umfasst die Entwicklung von Strategien, die auf die Bedürfnisse der Community zugeschnitten sind und die Ressourcen effektiv nutzen. Ein Beispiel hierfür ist die Schaffung von Netzwerken, die lokale und internationale Aktivist:innen verbinden, um Erfahrungen auszutauschen und gemeinsam Lösungen zu erarbeiten.

Die Entwicklung neuer Technologien im Aktivismus

Die rasante Entwicklung neuer Technologien bietet sowohl Herausforderungen als auch Chancen für den Aktivismus. Coyote sieht in der Digitalisierung eine Möglichkeit, um die Reichweite von LGBTQ-Themen zu erhöhen und eine breitere Öffentlichkeit zu erreichen. Allerdings bringt dies auch das Risiko von Cyber-Mobbing und Diskriminierung mit sich. Der Schutz der Privatsphäre und die Sicherheit der Aktivist:innen müssen daher oberste Priorität haben. Zudem ist es wichtig, dass diese Technologien inklusiv gestaltet werden, damit alle Mitglieder der Community Zugang haben.

Gemeinschaftsbildung und Solidarität

Coyote betont die Notwendigkeit der Gemeinschaftsbildung und Solidarität innerhalb der LGBTQ-Community. Diese Solidarität ist entscheidend, um den Herausforderungen der Zukunft zu begegnen. Coyote sieht in intersektionalen Ansätzen eine Möglichkeit, um die Vielfalt innerhalb der Community zu feiern und gleichzeitig die gemeinsamen Kämpfe zu stärken. Der Austausch zwischen verschiedenen Gruppen kann zu einem besseren Verständnis und zu stärkeren Allianzen führen.

AKTUELLE PROJEKTE UND INITIATIVEN

Die Rolle von Kunst im sozialen Wandel

Kunst spielt eine zentrale Rolle in Coyotes Vision für die Zukunft. Sie glaubt, dass kreative Ausdrucksformen nicht nur eine Möglichkeit sind, Geschichten zu erzählen, sondern auch eine kraftvolle Methode, um soziale Veränderungen zu bewirken. Kunst kann als Katalysator für Diskussionen dienen und Menschen dazu inspirieren, aktiv zu werden. Coyote ermutigt Künstler:innen, ihre Plattformen zu nutzen, um wichtige Themen anzusprechen und das Bewusstsein für LGBTQ-Anliegen zu schärfen.

Globale Perspektiven auf LGBTQ-Rechte

Coyotes Vision geht über nationale Grenzen hinaus. Sie sieht die Notwendigkeit, globale Perspektiven auf LGBTQ-Rechte einzubeziehen und die Herausforderungen zu erkennen, die in verschiedenen Kulturen und Gesellschaften bestehen. Der Austausch von Ideen und Strategien zwischen Aktivist:innen weltweit kann zu einem stärkeren kollektiven Handeln führen. Coyote fordert eine internationale Solidarität, um die Rechte von LGBTQ-Personen überall zu fördern.

Die Bedeutung von intersektionalem Aktivismus

Coyote hebt die Wichtigkeit des intersektionalen Aktivismus hervor, der die verschiedenen Identitäten und Erfahrungen innerhalb der LGBTQ-Community berücksichtigt. Eine inklusive Bewegung, die sich mit Rassismus, Sexismus und anderen Formen der Diskriminierung auseinandersetzt, ist entscheidend für den Erfolg des Aktivismus. Coyote ermutigt Aktivist:innen, ihre Kämpfe miteinander zu verknüpfen und zu erkennen, dass die Befreiung aller Menschen miteinander verbunden ist.

Ein Aufruf zur kollektiven Verantwortung

Abschließend appelliert Coyote an die Mitglieder der LGBTQ-Community, ihre kollektive Verantwortung ernst zu nehmen. Jeder Einzelne kann einen Beitrag leisten, sei es durch Aktivismus, Bildung oder einfach durch das Teilen von Geschichten. Coyote ermutigt alle, sich aktiv an der Gestaltung einer gerechteren Gesellschaft zu beteiligen und sich für die Rechte derjenigen einzusetzen, die oft übersehen werden. Ihre Vision ist eine Welt, in der Vielfalt gefeiert und jeder Mensch in seiner Identität akzeptiert wird.

Insgesamt zeigt Coyotes Vision für die Zukunft, dass es sowohl Herausforderungen als auch Chancen gibt. Durch Bildung, Gemeinschaftsbildung, Kunst und intersektionalen Aktivismus kann die LGBTQ-Community weiterhin Fortschritte erzielen und eine gerechtere Gesellschaft schaffen.

Einblicke in das persönliche Leben

Ivan Coyote ist nicht nur eine herausragende Schriftstellerin und Aktivistin, sondern auch eine faszinierende Persönlichkeit mit einem reichen und komplexen Leben. Die Einblicke in Coyotes persönliches Leben zeigen, wie ihre Erfahrungen und Herausforderungen ihre Kunst und ihren Aktivismus geprägt haben.

Familie und Herkunft

Coyote wurde in Whitehorse, Yukon, geboren und wuchs in einer Familie auf, die von einer tiefen Verbundenheit zur Natur und zu den indigenen Kulturen Kanadas geprägt war. Diese Wurzeln spielen eine wesentliche Rolle in ihrer Identität und ihren Erzählungen. In vielen ihrer Geschichten reflektiert Coyote über die Bedeutung der Familie, die Herausforderungen, die mit der Akzeptanz der eigenen Identität verbunden sind, und die Kraft der Gemeinschaft.

Persönliche Beziehungen

Ein zentraler Aspekt von Coyotes Leben sind die Beziehungen, die sie zu Freund:innen, Mentor:innen und Partner:innen gepflegt hat. Diese Verbindungen haben ihr nicht nur Unterstützung geboten, sondern auch ihre Perspektiven auf Geschlecht und Identität erweitert. Coyote hat oft betont, wie wichtig es ist, ein Netzwerk von Gleichgesinnten zu haben, insbesondere in Zeiten von Diskriminierung und persönlichem Zweifel. Ihre Freundschaften haben ihr geholfen, die Herausforderungen des Aktivismus zu meistern und ihre Stimme in der literarischen Welt zu finden.

Identität und Selbstakzeptanz

Die Auseinandersetzung mit der eigenen Identität ist ein wiederkehrendes Thema in Coyotes Leben. Ihre Reise zur Selbstakzeptanz war nicht immer einfach. In ihren autobiografischen Erzählungen beschreibt sie die inneren Kämpfe, die sie durchlebt hat, um ihre Geschlechtsidentität zu verstehen und zu akzeptieren. Coyote thematisiert die Herausforderungen, die mit der Selbstidentifikation einhergehen, und wie gesellschaftliche Normen und Erwartungen oft im Widerspruch zu dem stehen, was man im Inneren fühlt.

Selbstakzeptanz = Identitätsfindung+Gesellschaftliche Unterstützung−Diskriminierung
(31)

Diese Gleichung verdeutlicht, dass Selbstakzeptanz oft das Ergebnis einer positiven Identitätsfindung und der Unterstützung durch die Gemeinschaft ist, während Diskriminierung einen negativen Einfluss ausüben kann. Coyote hat durch ihre Kunst und ihren Aktivismus versucht, diesen negativen Einfluss zu minimieren, indem sie Sichtbarkeit und Repräsentation für marginalisierte Stimmen schafft.

Herausforderungen im Alltag

Wie viele LGBTQ+-Personen hat auch Coyote mit Herausforderungen im Alltag zu kämpfen. Diskriminierung, Vorurteile und der Druck, sich an gesellschaftliche Normen anzupassen, sind ständige Begleiter in ihrem Leben. In Interviews und öffentlichen Auftritten spricht Coyote offen über diese Themen, um das Bewusstsein für die Probleme zu schärfen, mit denen viele Menschen in der LGBTQ-Community konfrontiert sind.

Ein Beispiel für eine solche Herausforderung war Coyotes Erfahrung während ihrer Schulzeit, wo sie häufig mit Mobbing konfrontiert wurde. Diese Erlebnisse haben nicht nur ihre persönliche Entwicklung beeinflusst, sondern auch ihre spätere Arbeit als Aktivistin, die sich für die Rechte von LGBTQ+-Jugendlichen einsetzt.

Kreativer Ausdruck und persönliche Reflexion

Coyotes Schreiben ist ein wichtiger Teil ihres persönlichen Lebens und dient als Medium, um ihre Gedanken und Gefühle auszudrücken. In ihren Werken reflektiert sie über ihre Erfahrungen, ihre Beziehungen und die Herausforderungen, denen sie gegenübersteht. Der kreative Ausdruck ist für Coyote nicht nur eine Form der Selbsttherapie, sondern auch ein Weg, um andere zu inspirieren und zu ermutigen.

In ihrem Buch *"One in Every Crowd"* thematisiert sie die Vielfalt der menschlichen Erfahrungen und die Suche nach einem Platz in der Welt. Ihre Erzählungen sind oft autobiografisch und bieten einen tiefen Einblick in ihre Gedankenwelt und ihre Emotionen.

Aktuelle Lebenssituation

Heute lebt Ivan Coyote in Vancouver und ist weiterhin aktiv in der LGBTQ-Community. Sie engagiert sich nicht nur als Schriftstellerin, sondern auch als Mentorin für junge Aktivist:innen und Künstler:innen. Coyote nutzt ihre Plattform, um über aktuelle gesellschaftliche Herausforderungen zu sprechen und um die nächste Generation von Aktivist:innen zu inspirieren.

In ihrem persönlichen Leben hat Coyote gelernt, die Balance zwischen Aktivismus, Kunst und Selbstfürsorge zu finden. Sie betont die Bedeutung von Selbstliebe und -akzeptanz und ermutigt andere, ähnliche Wege zu gehen.

Schlussfolgerung

Die Einblicke in Ivan Coyotes persönliches Leben zeigen, dass ihre Identität und Erfahrungen untrennbar mit ihrem Werk und ihrem Aktivismus verbunden sind. Durch die Auseinandersetzung mit ihrer eigenen Geschichte hat Coyote nicht nur ihre Stimme gefunden, sondern auch die Fähigkeit, andere zu inspirieren und für Veränderungen zu kämpfen. Ihre Reise zur Selbstakzeptanz und ihre Herausforderungen sind ein kraftvolles Zeugnis für die Resilienz und den Mut, die in der LGBTQ-Community zu finden sind.

Die Reflexion über ihr persönliches Leben und ihre Erfahrungen bietet nicht nur einen tiefen Einblick in die Herausforderungen, denen sie gegenüberstand, sondern auch in die Stärke und den Einfluss, den sie auf andere ausübt. Coyotes Leben ist ein lebendiges Beispiel dafür, wie persönliche Geschichten das Potenzial haben, das Bewusstsein zu schärfen und Veränderungen in der Gesellschaft herbeizuführen.

Die Bedeutung von Authentizität

Authentizität ist ein zentrales Konzept in der Arbeit von Ivan Coyote und spielt eine entscheidende Rolle in ihrem Leben und ihrer Karriere als Schriftstellerin und Aktivistin. In einer Welt, die oft von Normen und Erwartungen geprägt ist, stellt die Fähigkeit, authentisch zu sein, einen Akt des Widerstands dar. Coyote hat immer betont, wie wichtig es ist, die eigene Identität zu leben und die eigene Stimme zu finden, um sowohl persönliche als auch gesellschaftliche Veränderungen herbeizuführen.

Theoretische Grundlagen

Die Theorie der Authentizität bezieht sich auf die Übereinstimmung zwischen dem inneren Selbst und dem äußeren Ausdruck. Laut dem Psychologen Carl

Rogers ist Authentizität ein wesentlicher Bestandteil des psychologischen Wohlbefindens. Rogers beschreibt Authentizität als die Fähigkeit, sich selbst treu zu bleiben, unabhängig von äußeren Einflüssen oder Druck. In der LGBTQ-Community ist diese Theorie besonders relevant, da viele Menschen mit Identitätskonflikten und dem Druck konfrontiert sind, sich an gesellschaftliche Normen anzupassen.

Probleme der Authentizität

Trotz der positiven Aspekte von Authentizität gibt es erhebliche Herausforderungen, die mit dem Streben nach einem authentischen Leben verbunden sind. Diskriminierung und Vorurteile können dazu führen, dass Individuen sich gezwungen fühlen, ihre wahre Identität zu verbergen. Coyote selbst hat in ihren Schriften die emotionalen und psychologischen Kosten beschrieben, die mit der Maskierung der eigenen Identität verbunden sind. Diese Kosten können sich in Form von Angst, Depression und einem Gefühl der Isolation manifestieren.

Ein Beispiel für solche Herausforderungen ist die Erfahrung von Transgender-Personen, die oft mit einer hohen Rate an Gewalt und Diskriminierung konfrontiert sind. Laut Berichten von Organisationen wie der Human Rights Campaign sind Transgender-Personen, insbesondere Frauen of Color, überproportional von Gewalt betroffen. Diese Realität kann den Wunsch nach Authentizität untergraben, da die Angst vor Reaktionen der Gesellschaft oft lähmend wirkt.

Beispiele für Authentizität in Coyotes Arbeit

Ivan Coyotes literarisches Werk ist ein Paradebeispiel für Authentizität. In ihren Erzählungen und Gedichten teilt sie offen ihre persönlichen Erfahrungen, einschließlich ihrer Reise zur Selbstakzeptanz und ihrer Auseinandersetzung mit Geschlechtsidentität. In einem ihrer bekanntesten Werke, *„One in Every Crowd"*, reflektiert Coyote über die Herausforderungen, die sie als Transgender-Person erlebt hat, und ermutigt andere, ihre eigene Wahrheit zu leben.

Ein weiteres Beispiel findet sich in Coyotes Auftritten, bei denen sie oft Geschichten aus ihrem Leben erzählt. Diese Erzählungen sind nicht nur eine Form des persönlichen Ausdrucks, sondern auch ein Mittel, um das Bewusstsein für die Herausforderungen der LGBTQ-Community zu schärfen. Durch ihre Authentizität schafft Coyote eine Verbindung zu ihrem Publikum, die sowohl emotional als auch inspirierend ist.

Die gesellschaftliche Relevanz von Authentizität

Die Bedeutung von Authentizität erstreckt sich über das Individuum hinaus und hat weitreichende gesellschaftliche Implikationen. Authentische Stimmen in der Literatur und im Aktivismus tragen dazu bei, stereotype Narrative zu hinterfragen und die Vielfalt menschlicher Erfahrungen sichtbar zu machen. Coyotes Arbeit hat nicht nur das Leben vieler Einzelner beeinflusst, sondern auch zu einem breiteren Verständnis von Geschlechtsidentität und LGBTQ-Anliegen beigetragen.

Darüber hinaus fördert die Sichtbarkeit authentischer Stimmen in der Gesellschaft ein Gefühl der Zugehörigkeit und Unterstützung innerhalb der LGBTQ-Community. Wenn Menschen sehen, dass andere ihre wahre Identität leben, ermutigt dies sie oft, dasselbe zu tun. Authentizität kann somit als Katalysator für positive Veränderungen in der Gesellschaft fungieren.

Fazit

Zusammenfassend lässt sich sagen, dass die Bedeutung von Authentizität in der Arbeit von Ivan Coyote nicht nur auf persönlicher Ebene, sondern auch in einem breiteren gesellschaftlichen Kontext von entscheidender Bedeutung ist. Die Herausforderungen, die mit der Suche nach Authentizität verbunden sind, sind real und oft schmerzhaft, aber die Belohnungen – sowohl für das Individuum als auch für die Gemeinschaft – sind unvergleichlich. Coyotes Leben und Werk zeigen uns, dass das Streben nach Authentizität ein kraftvoller Akt des Widerstands und der Hoffnung ist, der die Fähigkeit hat, Herzen zu verändern und Gesellschaften zu transformieren.

Fazit und Ausblick

Zusammenfassung der wichtigsten Erkenntnisse

Coyotes Einfluss auf Literatur und Aktivismus

Ivan Coyote hat sich als eine der einflussreichsten Stimmen in der zeitgenössischen LGBTQ-Literatur etabliert. Ihre Werke sind nicht nur literarische Meisterwerke, sondern auch kraftvolle Werkzeuge des Aktivismus, die die Leser:innen dazu anregen, über Geschlechtsidentität, soziale Gerechtigkeit und die Herausforderungen, denen die LGBTQ-Community gegenübersteht, nachzudenken. Coyotes Einfluss auf Literatur und Aktivismus lässt sich in mehreren Schlüsselbereichen erkennen.

Authentizität und persönliche Erzählung

Ein zentrales Element von Coyotes Einfluss ist die Betonung der Authentizität in der Erzählung. Ihre Geschichten sind oft autobiografisch und bieten einen tiefen Einblick in die Erfahrungen von Transgender-Personen. Diese Authentizität ist entscheidend, um Vorurteile abzubauen und das Verständnis für geschlechtliche Vielfalt zu fördern. In einem ihrer bekanntesten Werke, *"One in Every Crowd"*, thematisiert Coyote die Herausforderungen und Triumphe ihrer eigenen Identität, was viele Leser:innen dazu ermutigt hat, ihre eigenen Geschichten zu teilen. Diese Art der Erzählung fördert nicht nur das individuelle Verständnis, sondern stärkt auch das kollektive Bewusstsein innerhalb der LGBTQ-Community.

Verknüpfung von Kunst und Aktivismus

Coyote hat die Grenzen zwischen Kunst und Aktivismus erfolgreich verwischt. Ihre Lesungen und Performances sind nicht nur literarische Darbietungen, sondern auch politische Erklärungen. Durch die Kombination von Storytelling mit aktivistischen Botschaften hat Coyote eine Plattform geschaffen, die es ihr ermöglicht, auf dringende soziale Themen aufmerksam zu machen. Ein Beispiel hierfür ist ihre Teilnahme an der "*Trans March*" in Vancouver, wo sie nicht nur als Künstlerin auftrat, sondern auch als Stimme für die Rechte von Transgender-Personen. Diese Verknüpfung von Kunst und Aktivismus hat viele andere Künstler:innen inspiriert, ähnliche Wege zu gehen.

Sichtbarkeit und Repräsentation

Coyotes Arbeit hat auch zur Sichtbarkeit von LGBTQ-Personen in der Literatur beigetragen. Sie hat es geschafft, eine Vielzahl von Themen zu behandeln, die oft in der Mainstream-Literatur übersehen werden, wie z.B. die Erfahrungen von Transgender-Personen in ländlichen Gebieten oder die Herausforderungen, denen sich queer-feministische Stimmen gegenübersehen. Durch ihre Geschichten hat Coyote eine breitere Diskussion über Geschlechtsidentität und -vielfalt angestoßen und damit eine wichtige Rolle in der Repräsentation von marginalisierten Stimmen gespielt.

Bildung und Aufklärung

Ein weiterer bedeutender Einfluss von Coyote auf die Literatur und den Aktivismus ist ihr Engagement für Bildung und Aufklärung. Sie hat Workshops und Vorträge an Schulen und Universitäten gehalten, um das Bewusstsein für LGBTQ-Themen zu schärfen. Ihre Arbeit hat dazu beigetragen, dass viele junge Menschen ein besseres Verständnis für Geschlechtsidentität und die Herausforderungen, denen LGBTQ-Personen gegenüberstehen, entwickeln. Diese Bildungsarbeit ist entscheidend, um Vorurteile abzubauen und eine inklusive Gesellschaft zu fördern.

Herausforderungen und Widerstände

Trotz ihres Erfolgs hat Coyote auch mit erheblichen Herausforderungen und Widerständen zu kämpfen gehabt. Diskriminierung und Vorurteile sind ständige Begleiter in ihrem Leben und Werk. In ihren Schriften thematisiert sie diese Herausforderungen offen und ehrlich, was nicht nur ihre Authentizität unterstreicht, sondern auch den Leser:innen hilft, die Realität des Lebens für viele LGBTQ-Personen zu verstehen. Diese Auseinandersetzung mit Widerständen ist ein wesentlicher Bestandteil ihres Einflusses, da sie zeigt, dass der Weg zur Akzeptanz und Gleichheit oft steinig ist, aber dennoch verfolgt werden muss.

Langfristige Auswirkungen auf die Gesellschaft

Die langfristigen Auswirkungen von Coyotes Einfluss auf Literatur und Aktivismus sind unbestreitbar. Ihre Arbeit hat nicht nur das Bewusstsein für LGBTQ-Themen geschärft, sondern auch dazu beigetragen, dass sich die gesellschaftliche Wahrnehmung von Geschlechtsidentität und -vielfalt verändert hat. Coyotes Geschichten ermutigen Menschen, sich für Gerechtigkeit und Gleichheit einzusetzen, und inspirieren zukünftige Generationen von Aktivist:innen und Künstler:innen, die ihre Stimme erheben und für ihre Rechte kämpfen.

Insgesamt lässt sich sagen, dass Ivan Coyotes Einfluss auf Literatur und Aktivismus tiefgreifend und vielschichtig ist. Durch ihre authentischen Erzählungen, die Verknüpfung von Kunst und Aktivismus, das Streben nach Sichtbarkeit und Repräsentation sowie ihr Engagement für Bildung hat sie nicht nur die LGBTQ-Community bereichert, sondern auch einen bleibenden Eindruck in der Welt der Literatur hinterlassen.

Die Bedeutung von Geschichten für die Gemeinschaft

Die Kraft von Geschichten erstreckt sich weit über das bloße Erzählen von Erlebnissen; sie sind das Herzstück jeder Gemeinschaft und fungieren als Brücke zwischen Individuen. In der LGBTQ-Community, wo Identität und Erfahrung oft durch gesellschaftliche Normen und Vorurteile in Frage gestellt werden, spielen Geschichten eine entscheidende Rolle in der Schaffung von Verständnis, Empathie und Solidarität.

Theoretische Grundlagen

Der Narratologe Mikhail Bakhtin betont in seinen Theorien die Bedeutung des Dialogs in der Literatur. Geschichten sind nicht nur Erzählungen; sie sind Ausdrucksformen, die den Dialog zwischen verschiedenen Stimmen und Perspektiven ermöglichen. Diese Dialoge sind besonders wichtig in Gemeinschaften, die oft marginalisiert werden. Die Erzählungen von LGBTQ-Individuen bieten nicht nur eine Plattform für persönliche Erfahrungen, sondern auch einen Raum für kollektive Identitätsbildung.

Die Rolle von Geschichten in der Identitätsbildung

Geschichten helfen Individuen, ihre eigene Identität zu verstehen und zu formen. Judith Butler, eine prominente Gender-Theoretikerin, argumentiert, dass Identität performativ ist und durch wiederholte Handlungen und Erzählungen konstruiert wird. In diesem Sinne ermöglichen Geschichten LGBTQ-Personen, ihre Erfahrungen zu artikulieren und ihre Identität in einem unterstützenden Kontext zu verankern.

Ein Beispiel für die transformative Kraft von Geschichten ist die Autobiografie von Ivan Coyote, die nicht nur ihre persönliche Reise dokumentiert, sondern auch andere dazu ermutigt, ihre eigene Geschichte zu erzählen. Durch das Teilen ihrer Erfahrungen hat Coyote eine Gemeinschaft geschaffen, in der sich viele wiederfinden können. Diese Erzählungen bieten nicht nur Trost, sondern auch eine Form der politischen Widerstandskraft, indem sie die Sichtbarkeit und die Stimmen der LGBTQ-Community stärken.

Herausforderungen und Probleme

Trotz der positiven Aspekte, die Geschichten für die Gemeinschaft mit sich bringen, gibt es auch Herausforderungen. Oftmals sind LGBTQ-Geschichten von Diskriminierung und Stigmatisierung betroffen. Die Medienberichterstattung über LGBTQ-Themen ist häufig einseitig oder sensationalisiert, was dazu führt, dass viele Geschichten nicht gehört oder verzerrt werden. Dies kann das Gefühl der Isolation verstärken und den Zugang zu unterstützenden Netzwerken erschweren.

Darüber hinaus kann die Komplexität der Identität innerhalb der LGBTQ-Community dazu führen, dass bestimmte Geschichten übersehen werden. Intersektionalität, ein Konzept, das von Kimberlé Crenshaw geprägt wurde, beschreibt, wie verschiedene Identitäten – wie Rasse, Geschlecht und sexuelle Orientierung – miteinander verwoben sind und unterschiedliche Erfahrungen von Diskriminierung erzeugen. Geschichten, die diese Intersektionalität nicht berücksichtigen, können die Vielfalt innerhalb der Gemeinschaft nicht vollständig erfassen und repräsentieren.

Beispiele für Geschichten, die Gemeinschaften stärken

Ein herausragendes Beispiel für die Kraft von Geschichten in der LGBTQ-Community ist das Projekt „StoryCorps", das Menschen ermutigt, ihre Geschichten in Audioform zu teilen. Viele LGBTQ-Personen haben an diesem Projekt teilgenommen, um ihre Erlebnisse zu dokumentieren und die Vielfalt innerhalb der Community sichtbar zu machen. Diese Geschichten fördern nicht nur das Verständnis, sondern schaffen auch eine Plattform für Dialog und Reflexion.

Ein weiteres Beispiel ist die Reihe „Queer Voices", die in verschiedenen Städten organisiert wird und LGBTQ-Autoren die Möglichkeit bietet, ihre Werke vorzustellen. Diese Veranstaltungen fördern nicht nur die Sichtbarkeit von LGBTQ-Geschichten, sondern stärken auch das Gefühl der Gemeinschaft und Zugehörigkeit.

Schlussfolgerung

Die Bedeutung von Geschichten für die Gemeinschaft kann nicht hoch genug eingeschätzt werden. Sie sind ein Werkzeug zur Identitätsbildung, zur Schaffung von Solidarität und zur Förderung des Verständnisses. In einer Welt, in der viele LGBTQ-Personen weiterhin mit Diskriminierung und Isolation konfrontiert sind, bieten Geschichten eine Möglichkeit, sich zu verbinden, zu heilen und zu wachsen. Ivan Coyotes Werk ist ein leuchtendes Beispiel dafür, wie Geschichten nicht nur das individuelle Leben eines Menschen beeinflussen können, sondern auch das Potenzial haben, ganze Gemeinschaften zu transformieren. Indem wir die Geschichten der LGBTQ-Community hören und teilen, tragen wir dazu bei, eine inklusivere und gerechtere Gesellschaft zu schaffen.

Ein Blick auf die Erfolge und Herausforderungen

Ivan Coyote hat in ihrer Karriere als trans-Schriftstellerin und Aktivistin bedeutende Erfolge erzielt, die nicht nur ihre persönliche Entwicklung widerspiegeln, sondern auch einen tiefgreifenden Einfluss auf die LGBTQ-Community und die Gesellschaft insgesamt haben. In diesem Abschnitt werden wir sowohl die Erfolge als auch die Herausforderungen betrachten, die Coyote auf ihrem Weg begegnet sind.

Erfolge in der Literatur

Ein zentraler Erfolg von Ivan Coyote ist ihre Fähigkeit, durch ihre literarischen Werke eine breite Leserschaft zu erreichen. Ihre Bücher, darunter *"One in Every Crowd"* und *"Tomboy Survival Guide"*, haben nicht nur die Herzen vieler Leser:innen berührt, sondern auch wichtige Themen wie Geschlechtsidentität und Selbstakzeptanz in den Mittelpunkt gerückt. Diese Werke sind nicht nur autobiografisch, sondern bieten auch eine kritische Reflexion über die gesellschaftlichen Normen, die oft marginalisierte Stimmen unterdrücken.

Coyote hat zahlreiche Preise für ihre literarischen Beiträge erhalten, darunter den *Canadian Authors Association Award*. Diese Anerkennung hat dazu beigetragen, ihre Stimme zu legitimieren und sie als führende Figur in der

LGBTQ-Literatur zu etablieren. Ihre Lesungen und Auftritte haben zudem dazu beigetragen, das Bewusstsein für LGBTQ-Themen zu schärfen und eine Plattform für andere marginalisierte Stimmen zu schaffen.

Einfluss auf den Aktivismus

Neben ihren literarischen Erfolgen hat Coyote auch einen bedeutenden Einfluss auf den Aktivismus innerhalb der LGBTQ-Community. Sie hat an zahlreichen Protesten und Kampagnen teilgenommen, die sich für die Rechte von trans und nicht-binären Personen einsetzen. Ein bemerkenswertes Beispiel ist ihre Rolle in der Kampagne "*Trans Rights are Human Rights*", die auf die Notwendigkeit von rechtlichen Schutzmaßnahmen für trans Personen aufmerksam machte.

Coyotes Engagement hat nicht nur dazu beigetragen, die Sichtbarkeit von LGBTQ-Personen zu erhöhen, sondern auch den Diskurs über Geschlechteridentität und -rollen zu verändern. Durch ihre Verwendung von Storytelling als Aktivismus-Tool hat sie gezeigt, wie Geschichten als Mittel zur Mobilisierung und zum Verständnis von komplexen Themen dienen können.

Herausforderungen im Aktivismus

Trotz ihrer Erfolge war Coyotes Weg nicht ohne Herausforderungen. Diskriminierung und Vorurteile, die sie sowohl in der Gesellschaft als auch in der literarischen Welt erfahren hat, sind ständige Begleiter ihrer Karriere. Ein Beispiel hierfür ist die oft negative Berichterstattung über trans Themen in den Medien, die Coyotes Botschaften und die Sichtbarkeit der Community untergraben können.

Darüber hinaus hat Coyote in ihrer persönlichen Umgebung Verlust und Trauer erlebt, die ihren Aktivismus beeinflussten. Diese Erfahrungen haben sie jedoch nicht entmutigt; stattdessen haben sie ihre Entschlossenheit gestärkt, für die Rechte der LGBTQ-Community zu kämpfen. In ihren Schriften reflektiert sie oft über die Herausforderungen, die sie überwinden musste, und bietet damit anderen, die ähnliche Kämpfe durchleben, eine Quelle der Inspiration.

Persönliche Resilienz

Ein wichtiger Aspekt von Coyotes Reise ist ihre Fähigkeit zur Resilienz. Sie hat gelernt, mit Kritik und Ablehnung umzugehen, indem sie Strategien zur Selbstfürsorge und zur Bewältigung von Rückschlägen entwickelt hat. In Interviews betont sie häufig die Bedeutung von Gemeinschaft und Unterstützung, die ihr geholfen haben, in schwierigen Zeiten stark zu bleiben. Diese Resilienz ist ein zentrales Thema in ihrer Arbeit und inspiriert viele, die sich in ähnlichen Situationen befinden.

Langfristige Auswirkungen

Die Erfolge und Herausforderungen, die Ivan Coyote erlebt hat, haben nicht nur ihre persönliche Entwicklung geprägt, sondern auch langfristige Auswirkungen auf die Gesellschaft gehabt. Ihre Arbeit hat dazu beigetragen, das Bewusstsein für LGBTQ-Themen zu schärfen und die Diskussion über Geschlechteridentität zu fördern. Durch ihre literarischen und aktivistischen Bemühungen hat sie eine Brücke zwischen verschiedenen Generationen von Aktivist:innen geschlagen und eine neue Welle von Stimmen in der LGBTQ-Community inspiriert.

Insgesamt ist Ivan Coyotes Lebenswerk ein eindrucksvolles Beispiel dafür, wie eine Person durch Kunst und Aktivismus nicht nur ihr eigenes Leben, sondern auch das Leben vieler anderer verändern kann. Ihre Erfolge und Herausforderungen sind nicht nur Teil ihrer persönlichen Geschichte, sondern auch ein Spiegelbild der Kämpfe und Triumphe der LGBTQ-Community im Allgemeinen.

Reflexion über persönliche und gesellschaftliche Veränderungen

In dieser Sektion möchten wir die tiefgreifenden persönlichen und gesellschaftlichen Veränderungen reflektieren, die Ivan Coyote durch ihre Identität und ihr Engagement in der LGBTQ-Community erlebt hat. Diese Reflexion ist nicht nur eine Betrachtung von Coyotes individuellem Werdegang, sondern auch ein Spiegelbild der kollektiven Entwicklung innerhalb der LGBTQ-Bewegung und der Gesellschaft als Ganzes.

Persönliche Veränderungen

Ivan Coyotes Reise zur Selbstakzeptanz ist ein eindrucksvolles Beispiel für die Herausforderungen und Triumphe, die viele Menschen in der LGBTQ-Community erleben. Die Auseinandersetzung mit der eigenen Geschlechtsidentität und der Prozess der Selbstfindung sind oft von inneren Konflikten geprägt. Coyote beschreibt in ihren Werken, wie sie sich von den Erwartungen der Gesellschaft befreien musste, um ihre wahre Identität zu leben. Diese innere Transformation kann durch verschiedene psychologische Theorien erklärt werden, wie zum Beispiel die *Identitätsentwicklungstheorie* von Erik Erikson, die besagt, dass Individuen in verschiedenen Lebensphasen mit identitätsbezogenen Herausforderungen konfrontiert sind.

Ein zentrales Element in Coyotes persönlicher Entwicklung war die Unterstützung durch die LGBTQ-Community. Diese Gemeinschaft bot nicht nur einen Raum für Akzeptanz, sondern auch eine Plattform für den Austausch von Erfahrungen. Die Rolle von sozialen Netzwerken in der Selbstakzeptanz ist in der Forschung gut dokumentiert. Laut einer Studie von [?] kann die Zugehörigkeit zu einer unterstützenden Gemeinschaft das Selbstwertgefühl und die Resilienz von LGBTQ-Personen signifikant steigern.

Gesellschaftliche Veränderungen

Die gesellschaftlichen Veränderungen, die mit Coyotes Aktivismus einhergehen, sind ebenso bemerkenswert. Die Sichtbarkeit von LGBTQ-Personen in den Medien und in der Literatur hat in den letzten Jahrzehnten zugenommen, was zu einer breiteren Akzeptanz und einem besseren Verständnis von Geschlechtsidentität und sexueller Orientierung geführt hat. Coyotes Werke, die oft autobiografische Elemente enthalten, haben dazu beigetragen, die Stimmen von marginalisierten Gruppen zu stärken und die gesellschaftliche Wahrnehmung zu verändern.

Ein Beispiel für diese Veränderung ist die zunehmende Repräsentation von trans* und nicht-binären Personen in der Popkultur. Filme und Fernsehsendungen, die von trans* Menschen erzählt werden, haben dazu beigetragen, stereotype Darstellungen abzubauen und ein realistischeres Bild von Geschlechtsidentität zu fördern. Dies steht im Einklang mit der *Theorie der sozialen Identität*, die besagt, dass die Identifikation mit einer bestimmten Gruppe das Selbstbild und die Wahrnehmung des Individuums beeinflusst.

Trotz dieser Fortschritte gibt es jedoch weiterhin Herausforderungen und Widerstände. Diskriminierung und Vorurteile sind nach wie vor weit verbreitet, und viele LGBTQ-Personen erleben soziale Isolation. Die *Minority Stress Theory* von [?] beschreibt, wie gesellschaftliche Diskriminierung zu erhöhtem Stress und schlechterer psychischer Gesundheit führen kann. Coyotes Erfahrungen mit Diskriminierung und der Kampf um Sichtbarkeit sind daher nicht nur persönliche Geschichten, sondern auch Teil eines größeren gesellschaftlichen Diskurses.

Der Einfluss von Geschichten

Die Bedeutung von Geschichten in der persönlichen und gesellschaftlichen Veränderung kann nicht genug betont werden. Coyote nutzt Storytelling als Werkzeug, um ihre Erfahrungen zu teilen und Empathie zu fördern. Die Erzählung persönlicher Geschichten schafft Verbindungen zwischen Menschen und ermöglicht es, Vorurteile abzubauen. Die *Narrative Theorie* legt nahe, dass Geschichten eine transformative Kraft besitzen, indem sie das Verständnis und die Akzeptanz von Diversität fördern.

Ein Beispiel für den Einfluss von Coyotes Geschichten ist die Resonanz, die ihre Werke bei jungen LGBTQ-Personen finden. Viele Leser:innen berichten, dass Coyotes Texte ihnen geholfen haben, ihre eigene Identität zu verstehen und zu akzeptieren. Diese Rückmeldungen zeigen, wie wichtig es ist, dass Stimmen wie die von Ivan Coyote gehört werden, um eine positive Veränderung in der Gesellschaft zu bewirken.

Schlussfolgerung

Zusammenfassend lässt sich sagen, dass die Reflexion über persönliche und gesellschaftliche Veränderungen in Ivan Coyotes Leben sowohl inspirierend als auch herausfordernd ist. Ihre Reise zur Selbstakzeptanz und ihr unermüdlicher Einsatz für die LGBTQ-Community sind Beispiele für die Kraft des Individuums, Veränderungen herbeizuführen. Gleichzeitig verdeutlichen sie die Notwendigkeit, weiterhin gegen Diskriminierung und Vorurteile anzukämpfen und die Bedeutung von Gemeinschaft und Unterstützung zu betonen. Die Geschichten, die Coyote erzählt, sind nicht nur ihre eigenen, sondern auch die vieler anderer, die auf der Suche nach Identität und Akzeptanz sind. In einer Welt, in der Vielfalt gefeiert werden sollte, bleibt die Arbeit von Aktivist:innen wie Ivan Coyote von entscheidender Bedeutung für die Schaffung eines inklusiven und gerechten Umfelds für alle.

Ermutigung zur aktiven Teilnahme

Die aktive Teilnahme an der LGBTQ-Community ist nicht nur ein persönlicher Akt des Engagements, sondern auch eine gesellschaftliche Notwendigkeit. Ivan Coyote, als eine der einflussreichsten Stimmen in der LGBTQ-Bewegung, hat immer wieder betont, wie wichtig es ist, dass Individuen ihre Stimmen erheben und aktiv an der Gestaltung ihrer Gemeinschaften teilnehmen. Diese aktive Teilnahme kann in verschiedenen Formen erfolgen, sei es durch Freiwilligenarbeit, Teilnahme an Protesten, oder durch das Teilen von Geschichten und Erfahrungen.

Theoretische Grundlagen

Die Theorie des sozialen Wandels, wie sie von Autoren wie Paulo Freire und bell hooks formuliert wurde, legt nahe, dass Bildung und Bewusstsein der ersten Schritte zu aktivem Engagement sind. Freire spricht in seinem Werk *Pädagogik der*

Unterdrückten von der Notwendigkeit, dass Individuen sich ihrer eigenen Realität bewusst werden, um Veränderungen herbeizuführen. Diese Bewusstseinsbildung ist der Schlüssel zur aktiven Teilnahme, da sie Menschen ermutigt, sich nicht nur als passive Zuschauer, sondern als aktive Mitgestalter ihrer Gesellschaft zu sehen.

Herausforderungen und Probleme

Trotz der positiven Aspekte der aktiven Teilnahme gibt es auch zahlreiche Herausforderungen, die es zu bewältigen gilt. Diskriminierung und Vorurteile innerhalb der Gesellschaft können Menschen davon abhalten, sich zu engagieren. Ein Beispiel hierfür ist die Angst vor Stigmatisierung, die viele LGBTQ-Personen davon abhält, offen über ihre Identität zu sprechen oder sich an öffentlichen Aktionen zu beteiligen. Diese Probleme können durch den Einfluss von sozialen Medien verstärkt werden, wo negative Kommentare und Mobbing oft an der Tagesordnung sind.

Darüber hinaus können interne Konflikte innerhalb der LGBTQ-Community, wie etwa Spannungen zwischen verschiedenen Identitäten und Erfahrungen, zu einem Gefühl der Isolation führen. Diese Herausforderungen erfordern eine kollektive Anstrengung, um eine inklusive und unterstützende Umgebung zu schaffen, die es jedem ermöglicht, sich aktiv zu beteiligen.

Beispiele für aktive Teilnahme

Es gibt zahlreiche inspirierende Beispiele für aktive Teilnahme in der LGBTQ-Community, die als Vorbilder dienen können. Eine solche Initiative ist der *Pride Month*, der nicht nur Feierlichkeiten und Paraden umfasst, sondern auch Bildungs- und Unterstützungsprogramme für junge Menschen bietet. Diese Veranstaltungen fördern das Bewusstsein und ermutigen die Teilnehmer, sich über ihre Rechte und die Geschichte der LGBTQ-Bewegung zu informieren.

Ein weiteres Beispiel ist die Gründung von *Support-Gruppen* in Schulen und Gemeinden, die LGBTQ-Jugendlichen einen sicheren Raum bieten, um ihre Erfahrungen zu teilen und Unterstützung zu finden. Diese Gruppen sind entscheidend, um das Gefühl der Zugehörigkeit zu fördern und die aktive Teilnahme an der Gemeinschaft zu stärken.

Aufruf zur Handlung

Um die aktive Teilnahme in der LGBTQ-Community zu fördern, ist es wichtig, dass jede:r Einzelne die Verantwortung für die eigene Stimme und die eigene Geschichte übernimmt. Dies kann durch einfache Schritte geschehen, wie das

Teilen von persönlichen Erfahrungen in sozialen Medien, das Organisieren von Diskussionsrunden oder das Mitwirken an lokalen LGBTQ-Veranstaltungen.

Zusammenfassend lässt sich sagen, dass die aktive Teilnahme an der LGBTQ-Community eine fundamentale Rolle bei der Schaffung eines inklusiven und unterstützenden Umfelds spielt. Indem wir uns gegenseitig ermutigen, unsere Stimmen zu erheben und aktiv zu handeln, können wir nicht nur unsere eigenen Erfahrungen validieren, sondern auch die Gemeinschaft stärken und Veränderungen in der Gesellschaft bewirken. In den Worten von Ivan Coyote: *"Wenn wir unsere Geschichten erzählen, schaffen wir Raum für andere, ihre eigenen Geschichten zu erzählen."* Dies ist der Kern des aktiven Engagements – die Schaffung eines Raums, in dem jede:r gehört wird und jede:r die Möglichkeit hat, zur Veränderung beizutragen.

Die Rolle von Hoffnung und Widerstand

Die Konzepte von Hoffnung und Widerstand sind tief in der Geschichte der LGBTQ-Community verwurzelt. Hoffnung fungiert als ein starkes Motivationsinstrument, das Individuen und Gemeinschaften dazu anregt, für ihre Rechte und Identitäten zu kämpfen. Widerstand hingegen ist der aktive Ausdruck dieser Hoffnung, oft manifestiert durch Proteste, Kunst und andere Formen des sozialen Engagements. In dieser Sektion werden wir die Wechselwirkungen zwischen Hoffnung und Widerstand untersuchen, ihre theoretischen Grundlagen beleuchten und praktische Beispiele aus der LGBTQ-Bewegung anführen.

Theoretische Grundlagen

Hoffnung wird oft als ein psychologisches Konstrukt betrachtet, das es Individuen ermöglicht, trotz widriger Umstände positive Erwartungen zu formulieren. Der Psychologe Charles Snyder definiert Hoffnung als eine Kombination aus Zielen, der Fähigkeit, Wege zu diesen Zielen zu finden, und dem Willen, diese Wege zu verfolgen. Diese Definition lässt sich auf die LGBTQ-Bewegung übertragen, in der die Hoffnung auf Gleichheit und Akzeptanz als treibende Kraft für viele Aktivisten fungiert.

Widerstand wird in der Sozialwissenschaft oft als eine Antwort auf Unterdrückung und Ungerechtigkeit verstanden. Der Soziologe James Scott beschreibt in seinem Werk *Weapons of the Weak* Widerstand als eine Form des alltäglichen Kampfes gegen die Dominanzstrukturen. In der LGBTQ-Community zeigt sich dieser Widerstand in verschiedenen Formen, von der Sichtbarkeit in den Medien bis hin zu direkten Protestaktionen.

Hoffnung als Antriebskraft

Die Hoffnung innerhalb der LGBTQ-Community speist sich aus der Vorstellung einer besseren Zukunft. Diese Hoffnung wird oft durch Erfolge in der Gesetzgebung, wie die Legalisierung der gleichgeschlechtlichen Ehe in vielen Ländern, genährt. Solche Fortschritte bieten nicht nur rechtliche Anerkennung, sondern auch emotionale Bestätigung für die Identität und die Kämpfe der LGBTQ-Personen.

Ein Beispiel für diese Hoffnung ist die Reaktion auf den Obersten Gerichtshof der USA, der 2015 in der Entscheidung *Obergefell v. Hodges* die gleichgeschlechtliche Ehe legalisierte. Diese Entscheidung wurde von vielen als Meilenstein in der Geschichte der LGBTQ-Rechte gefeiert und gab den Menschen das Gefühl, dass ihre Kämpfe nicht vergeblich waren.

Widerstand als Ausdruck von Hoffnung

Widerstand ist oft ein notwendiger Schritt, um Hoffnung in die Tat umzusetzen. Künstlerische Ausdrucksformen wie Theater, Literatur und Musik haben sich als besonders kraftvolle Mittel erwiesen, um sowohl Hoffnung zu vermitteln als auch Widerstand zu leisten. Ivan Coyote selbst ist ein Beispiel für diese Verbindung. Durch ihre Geschichten und Performances bringt sie nicht nur ihre eigene Stimme zum Ausdruck, sondern inspiriert auch andere, ihre Geschichten zu teilen und sich gegen Diskriminierung zu wehren.

Ein weiteres Beispiel ist die *Stonewall*-Rebellion von 1969, die als Wendepunkt in der LGBTQ-Bewegung gilt. Diese Rebellion war nicht nur ein Akt des Widerstands gegen Polizeigewalt, sondern auch ein Ausdruck der Hoffnung auf eine gerechtere Gesellschaft. Die Ereignisse in Stonewall führten zu einer Welle von Protesten und zur Gründung von Organisationen, die sich für die Rechte von LGBTQ-Personen einsetzen.

Die Herausforderungen von Hoffnung und Widerstand

Trotz der positiven Aspekte von Hoffnung und Widerstand gibt es auch Herausforderungen. Diskriminierung und Gewalt gegen LGBTQ-Personen sind nach wie vor weit verbreitet, und diese Realität kann die Hoffnung beeinträchtigen. Es ist wichtig, sich mit den emotionalen und psychologischen Auswirkungen dieser Herausforderungen auseinanderzusetzen.

Ein Beispiel für diese Herausforderungen ist die hohe Rate an Suizidversuchen unter LGBTQ-Jugendlichen, die oft das Gefühl haben, dass ihre Identität nicht akzeptiert wird. Hier wird deutlich, dass Hoffnung allein nicht ausreicht; es bedarf auch konkreter Maßnahmen und Unterstützung, um Widerstand zu leisten und eine sichere Umgebung zu schaffen.

Schlussfolgerung

Insgesamt zeigt sich, dass Hoffnung und Widerstand in der LGBTQ-Community eng miteinander verbunden sind. Hoffnung inspiriert den Widerstand, während der Widerstand die Hoffnung nährt. Diese dynamische Beziehung ist entscheidend für den fortwährenden Kampf um Gleichheit und Akzeptanz. Die Herausforderungen sind groß, aber die Geschichten von Aktivisten wie Ivan Coyote zeigen, dass Hoffnung und Widerstand auch in den dunkelsten Zeiten bestehen bleiben können.

Ein Aufruf zur Solidarität und zur aktiven Teilnahme an der Bewegung ist unerlässlich. Die LGBTQ-Community und ihre Unterstützer müssen weiterhin für die Rechte und die Sichtbarkeit kämpfen, um eine Zukunft zu schaffen, in der Hoffnung und Widerstand nicht nur überleben, sondern auch gedeihen können.

Ein Aufruf zur Solidarität in der LGBTQ-Community

In einer Zeit, in der die Herausforderungen für die LGBTQ-Community weiterhin bestehen, ist es unerlässlich, einen starken Aufruf zur Solidarität zu formulieren. Solidarität ist nicht nur ein Wort; es ist ein aktives Engagement für die Rechte und das Wohlergehen aller Mitglieder dieser vielfältigen Gemeinschaft. Ivan Coyote hat in ihrem Werk und durch ihr Engagement eindrücklich gezeigt, wie wichtig es ist, zusammenzustehen und sich gegenseitig zu unterstützen.

Die Theorie der Solidarität, wie sie von Sozialwissenschaftlern wie Émile Durkheim und später von feministischen und queeren Theoretikern weiterentwickelt wurde, legt nahe, dass Gemeinschaften durch gemeinsame Werte, Erfahrungen und Ziele verbunden sind. Diese Verbindung ist besonders wichtig in der LGBTQ-Community, wo Mitglieder oft mit Diskriminierung, Vorurteilen und gesellschaftlicher Isolation konfrontiert sind.

Ein zentrales Problem, das die LGBTQ-Community betrifft, ist die Fragmentierung innerhalb der Gemeinschaft selbst. Unterschiedliche Identitäten, wie Transgender, nicht-binär, schwul, lesbisch oder queer, bringen unterschiedliche Erfahrungen und Herausforderungen mit sich. Diese Diversität sollte nicht zu einer Spaltung führen, sondern vielmehr als Stärke betrachtet werden. Ein Beispiel dafür ist die Reaktion auf die COVID-19-Pandemie, die viele LGBTQ-Personen in eine besonders verletzliche Lage brachte. In dieser Zeit haben viele Organisationen und Einzelpersonen zusammengearbeitet, um

Ressourcen, Unterstützung und Sichtbarkeit zu bieten, was zeigt, dass Solidarität in Krisenzeiten entscheidend ist.

Ein weiterer Aspekt der Solidarität ist die intersektionale Perspektive, die von der amerikanischen Juristin Kimberlé Crenshaw geprägt wurde. Diese Theorie besagt, dass verschiedene Identitäten—wie Rasse, Geschlecht, sexuelle Orientierung und soziale Klasse—sich überschneiden und zusammenwirken, um einzigartige Erfahrungen von Diskriminierung zu schaffen. Ein Beispiel für intersektionale Solidarität innerhalb der LGBTQ-Community ist die Unterstützung von BIPOC (Black, Indigenous, People of Color) LGBTQ-Personen, die oft mit einer doppelt so hohen Belastung von Diskriminierung konfrontiert sind.

Die Herausforderungen, denen sich die LGBTQ-Community gegenübersieht, sind vielfältig: von rechtlichen Diskriminierungen und Gewalt bis hin zu psychischen Gesundheitsproblemen und sozialer Isolation. Ein Aufruf zur Solidarität bedeutet, dass wir uns nicht nur um die Belange unserer eigenen Identität kümmern, sondern auch die Stimmen und Kämpfe anderer hören und unterstützen.

Ein praktisches Beispiel für Solidarität in der LGBTQ-Community ist die Unterstützung von Organisationen wie „Trans Lifeline" und „The Trevor Project", die sich für die Rechte und das Wohlbefinden von LGBTQ-Personen einsetzen. Diese Organisationen bieten nicht nur Hilfe in Krisensituationen, sondern fördern auch das Bewusstsein und die Bildung über LGBTQ-Themen.

Darüber hinaus ist es wichtig, dass wir in unseren täglichen Interaktionen und in der Öffentlichkeit Solidarität zeigen. Dies kann durch das Teilen von Geschichten, die Förderung von Sichtbarkeit und die aktive Teilnahme an Protesten und Veranstaltungen geschehen, die die Rechte der LGBTQ-Community unterstützen.

Zusammenfassend lässt sich sagen, dass Solidarität in der LGBTQ-Community nicht nur wünschenswert, sondern notwendig ist. Es ist ein Aufruf an alle, ihre Unterschiede zu feiern und sich gemeinsam für eine gerechtere und inklusivere Gesellschaft einzusetzen. Ivan Coyotes Leben und Werk sind ein leuchtendes Beispiel dafür, wie die Kraft der Gemeinschaft und der Zusammenhalt uns helfen können, die Herausforderungen zu bewältigen, die vor uns liegen. Lassen Sie uns gemeinsam für eine Zukunft kämpfen, in der jeder Mensch, unabhängig von seiner Identität, die Freiheit und Akzeptanz findet, die er verdient.

$$\text{Solidarität} = \frac{\text{Gemeinschaftliches Engagement}}{\text{Individuelle Unterschiede}} \qquad (32)$$

Die Bedeutung von Vielfalt und Inklusion

Vielfalt und Inklusion sind zentrale Konzepte in der heutigen Gesellschaft, insbesondere innerhalb der LGBTQ-Community. Diese Begriffe beziehen sich nicht nur auf die Anerkennung und Wertschätzung unterschiedlicher Identitäten, sondern auch auf die aktive Schaffung von Räumen, in denen alle Menschen, unabhängig von Geschlecht, sexueller Orientierung, ethnischer Zugehörigkeit oder anderen Identitätsmerkmalen, gleichberechtigt und respektiert werden.

Theoretische Grundlagen

Vielfalt bezieht sich auf die Vielzahl von Unterschieden, die Menschen ausmachen, einschließlich, aber nicht beschränkt auf Geschlecht, sexuelle Orientierung, Ethnizität, Alter, Behinderung und soziale Schicht. Inklusion hingegen bedeutet, dass diese Unterschiede nicht nur anerkannt, sondern auch aktiv in Entscheidungsprozesse und gesellschaftliche Strukturen integriert werden. Die Theorie der intersektionalen Identität, die von Kimberlé Crenshaw geprägt wurde, bietet einen Rahmen, um zu verstehen, wie verschiedene Identitätsmerkmale miteinander interagieren und sich gegenseitig beeinflussen. Diese Theorie ist besonders relevant für die LGBTQ-Community, da sie die komplexen Erfahrungen von Menschen beleuchtet, die mehreren marginalisierten Gruppen angehören.

Herausforderungen der Vielfalt und Inklusion

Trotz der Fortschritte in der Anerkennung von Vielfalt stehen viele LGBTQ-Personen weiterhin vor erheblichen Herausforderungen. Diskriminierung, Vorurteile und soziale Isolation sind nach wie vor weit verbreitet. Eine Studie von Herek (2009) zeigt, dass LGBTQ-Individuen häufig Diskriminierung am Arbeitsplatz, in Bildungseinrichtungen und im Gesundheitswesen erfahren. Diese Diskriminierung kann zu erheblichen psychischen und physischen Gesundheitsproblemen führen, was die Notwendigkeit einer inklusiven Gesellschaft unterstreicht.

Ein weiteres Problem ist die Tokenisierung, bei der Vielfalt lediglich als oberflächliches Konzept betrachtet wird, ohne echte Maßnahmen zur Förderung von Inklusion zu ergreifen. Dies kann dazu führen, dass marginalisierte Stimmen nicht gehört werden und ihre spezifischen Bedürfnisse ignoriert werden.

Beispiele für Vielfalt und Inklusion

Ein positives Beispiel für Vielfalt und Inklusion findet sich in der Literatur, insbesondere in den Werken von Ivan Coyote, die oft Themen der Identität und Selbstakzeptanz behandeln. Coyotes Geschichten bieten Einblicke in die Erfahrungen von trans und nicht-binären Menschen und tragen dazu bei, das Bewusstsein für die Herausforderungen zu schärfen, mit denen diese Gruppen konfrontiert sind. Die Verwendung von persönlichen Erzählungen ist ein kraftvolles Mittel, um Empathie zu fördern und die Sichtbarkeit marginalisierter Stimmen zu erhöhen.

In der Unternehmenswelt haben viele Firmen begonnen, Diversitäts- und Inklusionsprogramme zu implementieren, um eine integrativere Kultur zu schaffen. Diese Programme fördern nicht nur ein positives Arbeitsumfeld, sondern können auch die Produktivität und Kreativität steigern. Laut einer Studie von McKinsey (2020) haben Unternehmen mit einer höheren Vielfalt in der Führungsetage eine bessere finanzielle Leistung.

Der Weg nach vorne

Um Vielfalt und Inklusion in der Gesellschaft weiter voranzutreiben, sind mehrere Schritte erforderlich:

- **Bildung und Sensibilisierung:** Schulen und Organisationen sollten Programme zur Aufklärung über LGBTQ-Themen anbieten, um Vorurteile abzubauen und das Verständnis zu fördern.
- **Politische Maßnahmen:** Regierungen sollten Gesetze erlassen, die Diskriminierung aufgrund von Geschlecht und sexueller Orientierung verbieten und die Rechte von LGBTQ-Personen schützen.
- **Community-Building:** Die Schaffung sicherer Räume für LGBTQ-Personen ist entscheidend, um Gemeinschaften zu fördern, in denen sich Menschen akzeptiert und unterstützt fühlen.

Zusammenfassend lässt sich sagen, dass Vielfalt und Inklusion nicht nur moralische Imperative sind, sondern auch wesentliche Elemente für das Wohlergehen und den Fortschritt der Gesellschaft insgesamt. Die Schaffung einer inklusiven Gesellschaft, in der alle Stimmen gehört werden, ist entscheidend für die Förderung von Gleichheit, Gerechtigkeit und sozialem Zusammenhalt.

$$\text{Vielfalt} + \text{Inklusion} = \text{Stärkung der Gemeinschaft} \tag{33}$$

ZUSAMMENFASSUNG DER WICHTIGSTEN ERKENNTNISSE

In der heutigen Zeit ist es unerlässlich, dass wir uns aktiv für Vielfalt und Inklusion einsetzen, um eine gerechtere und gleichberechtigtere Welt für alle zu schaffen. Nur durch kollektive Anstrengungen können wir die Herausforderungen überwinden, die uns trennen, und eine Zukunft gestalten, in der jeder Mensch in seiner Einzigartigkeit gefeiert wird.

Abschließende Gedanken über Identität und Selbstakzeptanz

Die Reise zur Selbstakzeptanz ist für viele Menschen, insbesondere innerhalb der LGBTQ-Community, eine komplexe und oft herausfordernde Erfahrung. Ivan Coyote hat in ihrem Leben und Werk eindrucksvoll demonstriert, wie wichtig es ist, die eigene Identität zu akzeptieren und zu feiern. In diesem Abschnitt werden wir die Konzepte von Identität und Selbstakzeptanz untersuchen, die Herausforderungen, die viele Menschen auf diesem Weg erleben, sowie die transformative Kraft von Geschichten und Gemeinschaft.

Identität und deren Konstruktion

Identität ist ein dynamisches Konstrukt, das sich aus einer Vielzahl von Faktoren zusammensetzt, darunter Geschlecht, Sexualität, Ethnizität, Kultur und persönliche Erfahrungen. Theoretische Ansätze wie die soziale Identitätstheorie von Henri Tajfel und John Turner (1979) betonen, dass Individuen ihre Identität durch die Zugehörigkeit zu sozialen Gruppen definieren. Diese Zugehörigkeit kann sowohl positive als auch negative Auswirkungen auf das Selbstwertgefühl haben. Für viele LGBTQ-Personen ist die Akzeptanz ihrer Identität oft mit dem Risiko von Diskriminierung und Ablehnung verbunden, was die Suche nach Selbstakzeptanz erschwert.

Herausforderungen auf dem Weg zur Selbstakzeptanz

Die Herausforderungen, die mit der Selbstakzeptanz verbunden sind, können vielfältig sein. Diskriminierung, Vorurteile und gesellschaftliche Normen tragen dazu bei, dass viele Menschen sich in ihrer Identität unsicher fühlen. Ein Beispiel ist die Erfahrung von Ivan Coyote, die in ihren Erzählungen oft von den Schwierigkeiten berichtet, die sie als trans Person in einer heteronormativen Gesellschaft durchlebt hat. Diese Herausforderungen können zu inneren Konflikten führen, die das Selbstwertgefühl und die psychische Gesundheit beeinträchtigen.

$$S = \frac{C}{D} \qquad (34)$$

wobei S das Selbstwertgefühl, C die positiven Bestätigungen von Freunden und Familie und D die Diskriminierungserfahrungen darstellt. Diese Gleichung verdeutlicht, dass das Selbstwertgefühl stark von der Unterstützung des sozialen Umfelds abhängt. Je mehr positive Bestätigungen vorhanden sind, desto höher ist das Selbstwertgefühl, selbst in Anbetracht von Diskriminierung.

Die Rolle von Geschichten und Kunst

Ivan Coyotes Arbeit zeigt, wie Geschichten als Werkzeug zur Selbstakzeptanz und zur Förderung von Verständnis und Empathie dienen können. Durch das Teilen ihrer Erfahrungen ermöglicht Coyote anderen, sich mit ihrer eigenen Identität auseinanderzusetzen und die Herausforderungen zu erkennen, die viele LGBTQ-Personen erleben. Die Macht der Erzählung liegt darin, dass sie nicht nur das individuelle Erlebnis widerspiegelt, sondern auch als Katalysator für gesellschaftlichen Wandel fungiert.

Gemeinschaft und Unterstützung

Die Bedeutung von Gemeinschaft kann nicht unterschätzt werden, wenn es um die Selbstakzeptanz geht. Unterstützungsnetzwerke, sei es durch Familie, Freunde oder LGBTQ-Organisationen, bieten einen Raum, in dem Individuen ihre Identität ohne Angst vor Ablehnung erkunden können. Coyotes Engagement in der Community verdeutlicht, wie wichtig es ist, eine unterstützende Umgebung zu schaffen, in der Menschen sich sicher fühlen, ihre wahre Identität zu leben.

Reflexion über Identität und Selbstakzeptanz

Abschließend lässt sich sagen, dass die Reise zur Selbstakzeptanz eine lebenslange Auseinandersetzung mit der eigenen Identität ist. Ivan Coyote hat uns gelehrt, dass es in Ordnung ist, anders zu sein, und dass die Akzeptanz der eigenen Identität nicht nur für das individuelle Wohlbefinden entscheidend ist, sondern auch für die Stärkung der Gemeinschaft. Die Geschichten, die wir erzählen, die Verbindungen, die wir knüpfen, und die Unterstützung, die wir bieten, sind alle Teil eines größeren Ganzen, das die Vielfalt und die Schönheit des menschlichen Erlebens feiert.

$$A = \sum_{i=1}^{n} E_i \qquad (35)$$

wobei A die Akzeptanz der Identität und E_i die positiven Erfahrungen und Ermutigungen darstellt, die Individuen auf ihrem Weg zur Selbstakzeptanz sammeln. Diese Gleichung verdeutlicht, dass jede positive Erfahrung zur Stärkung des Selbstwertgefühls beiträgt und den Weg zur Selbstakzeptanz ebnet.

Die Herausforderungen, die mit der Selbstakzeptanz verbunden sind, sind real und oft schmerzhaft, aber sie können auch die Grundlage für persönliches Wachstum und Gemeinschaftsbildung sein. Ivan Coyotes Leben und Werk sind ein leuchtendes Beispiel dafür, wie man die eigene Identität umarmen und gleichzeitig andere dazu inspirieren kann, dasselbe zu tun. In einer Welt, die oft dazu neigt, Unterschiede zu marginalisieren, ist die Feier der Vielfalt und die Förderung von Selbstakzeptanz nicht nur wünschenswert, sondern notwendig.

Ein Dankeschön an Ivan Coyote und alle Aktivist:innen

In einer Welt, die oft von Vorurteilen und Diskriminierung geprägt ist, ist es von entscheidender Bedeutung, die Stimmen derjenigen zu würdigen, die unermüdlich für Gleichheit und Gerechtigkeit kämpfen. Ivan Coyote ist nicht nur eine herausragende Schriftstellerin, sondern auch eine unermüdliche Aktivistin, die für die LGBTQ-Community und darüber hinaus einen bleibenden Einfluss hinterlassen hat. Ihre Arbeit hat nicht nur die Literatur bereichert, sondern auch das Bewusstsein für die Herausforderungen und Errungenschaften von trans und nicht-binären Personen geschärft.

Die Bedeutung von Ivan Coyotes Beitrag Coyotes Beiträge zur LGBTQ-Literatur sind von unschätzbarem Wert. Sie hat es geschafft, komplexe Themen wie Geschlechtsidentität und Selbstakzeptanz in einer Weise zu präsentieren, die sowohl zugänglich als auch tiefgründig ist. Ihre Geschichten sind nicht nur persönliche Erzählungen, sondern auch universelle Botschaften, die das Publikum dazu anregen, über die eigene Identität und die der anderen nachzudenken. Diese Art des Geschichtenerzählens fördert Empathie und Verständnis, zwei essentielle Komponenten für den sozialen Wandel.

Ein Beispiel für Einfluss Ein bemerkenswertes Beispiel für Coyotes Einfluss ist ihr Werk „One in Every Crowd", in dem sie die Herausforderungen und Triumphe von Menschen innerhalb der LGBTQ-Community beleuchtet. Durch ihre Erzählungen werden die Leser:innen nicht nur in die persönlichen Kämpfe der Charaktere eingeführt, sondern auch in die gesellschaftlichen Strukturen, die diese Kämpfe verstärken. Dies zeigt, wie wichtig es ist, Geschichten zu teilen, um das Bewusstsein zu schärfen und Veränderungen herbeizuführen.

Die Rolle der Aktivist:innen Neben Ivan Coyote sind es die vielen Aktivist:innen, die sich in verschiedenen Bereichen engagieren, die eine bedeutende Rolle im Kampf für Gleichheit spielen. Diese Personen setzen sich für die Rechte von LGBTQ-Personen ein, indem sie Aufklärung betreiben, an Protesten teilnehmen und sich in politischen Organisationen engagieren. Ihre Arbeit ist oft von Herausforderungen geprägt, einschließlich persönlicher Risiken, gesellschaftlicher Ablehnung und psychischer Belastungen. Dennoch bleibt ihr Engagement unermüdlich, und sie inspirieren andere, sich ebenfalls für die Sache einzusetzen.

Ein Aufruf zur Solidarität Es ist wichtig, dass wir als Gesellschaft die Arbeit von Ivan Coyote und anderen Aktivist:innen anerkennen und unterstützen. Solidarität ist eine Schlüsselkomponente im Kampf für Gleichheit. Indem wir uns zusammenschließen und unsere Stimmen erheben, können wir die Botschaft verbreiten, dass jeder Mensch, unabhängig von Geschlechtsidentität oder sexueller Orientierung, das Recht auf ein erfülltes und respektvolles Leben hat.

Abschließende Gedanken In diesem Sinne möchten wir Ivan Coyote und allen Aktivist:innen, die sich für die Rechte der LGBTQ-Community einsetzen, unseren tiefsten Dank aussprechen. Ihre unermüdliche Arbeit und ihr Mut, ihre Geschichten zu teilen, haben nicht nur das Leben vieler Menschen verändert, sondern auch das gesellschaftliche Bewusstsein für die Herausforderungen, mit denen LGBTQ-Personen konfrontiert sind, geschärft. Ihre Beiträge sind nicht nur Inspiration, sondern auch ein Aufruf zur Handlung für alle, die an einer gerechteren und inklusiveren Gesellschaft arbeiten möchten.

$$\text{Gleichheit} \rightarrow \text{Akzeptanz} \rightarrow \text{Solidarität} \tag{36}$$

In der Hoffnung, dass wir alle die Lehren von Ivan Coyote und den vielen anderen Aktivist:innen in unser tägliches Leben integrieren, um eine Welt zu schaffen, in der Vielfalt gefeiert und jeder Mensch in seiner Identität respektiert wird.

Index

, ebenso wie, 12
-Sichtbarkeit, 194
1980er Jahren, 184

abbauen, 94, 99
aber auch, 36, 41, 132, 176, 205
aber Coyotes unermüdlicher Einsatz bietet, 194
aber dennoch verfolgt, 214
aber es, 18
aber ihre, 151
aber sie, 35, 157, 158, 231
aber wunderschöne, 31
abgelehnt, 29, 57
abgeleitet, 60
abhält, 222
Ablehnung, 6, 24, 32, 45, 48, 58, 108, 116, 124, 136, 143–146, 154, 230, 232
Ablehnung kann, 146
ableiten, 149, 151
Abschließend lässt sich, 137, 230
abschließende, 13
abzielt, 192, 206
Achtsamkeit, 149
afrikanischen, 182
Akt, 33, 42

aktiv Selbstfürsorge praktizieren, 148
aktiven Teilnahme, 13, 191, 204, 225
Aktivismus, 2, 12, 30, 47, 57, 60, 62, 107, 110, 130, 159, 169, 174, 176, 212
Aktivismus deutlich wird, 201
Aktivismus erfolgreich, 157
Aktivismus lässt sich, 213
Aktivismus sein wird, 191
Aktivismus spielen, 103
Aktivismus von, 93, 177, 178
Aktivisten, 103, 163, 168, 176, 194
Aktivisten ermöglicht, 176
Aktivisten oft mit, 80
aktivistischen Kreisen, 6
aktuelle gesellschaftliche, 210
Akzeptanz innerhalb der, 79
Akzeptanz innerhalb und, 102
Akzeptanz seiner, 24
akzeptiert, 21, 26, 29, 112, 128, 135, 136, 169, 204, 207, 224
alle, 5, 13, 17, 20, 30, 62, 80, 82, 98, 100, 105, 107, 112, 123, 136, 157, 163, 169, 176, 178, 181, 185, 187, 201, 205–207, 221, 226–230, 232

aller, 20, 60, 158, 165, 167, 172, 174, 183, 186, 207, 225
Allerdings, 206
allgegenwärtig, 162, 190
Allianzen führen, 206
Allianzen können, 97
als, 1, 2, 4–6, 8, 10, 11, 13, 16, 20, 21, 23–36, 40–43, 45, 47, 48, 52, 55, 56, 58–60, 62–65, 67, 69, 71, 74–80, 85, 87, 89, 91, 93, 94, 99–103, 105–110, 115–118, 120, 121, 124, 126, 127, 129–132, 134, 135, 140, 142, 143, 145, 146, 149–151, 154, 155, 157–159, 161, 166–169, 171, 174–177, 179–181, 183, 185, 186, 189–192, 194, 196, 198–201, 203–213, 215, 217–219, 221, 223–225, 227, 229–232
alten, 67
analysieren, 15, 153, 174, 201
analysiert, 12, 184
analysierte, 155
anbieten, 132
anbietet, 141
andere, 16, 21, 27, 30, 32, 33, 36, 37, 41, 43, 55, 60, 66, 68, 75, 83, 102, 108, 117, 121, 122, 125, 130, 132–136, 141, 146, 148–150, 156, 158, 162, 163, 171, 174, 177, 181, 185, 198–201, 209, 210, 212, 216, 223, 224, 231, 232
anderen, 30
anderen akzeptiert, 135
anderen aufzubauen, 129, 132
anderen beeinflusst, 64
anderen geholfen, 56
anderen hilft, 3
anderen Künstler, 11, 48, 81–83, 87, 148, 149, 196
anderen marginalisierten, 22
anderen Mitgliedern der, 97
anderen Mut zu, 43
anderen sozialen, 21, 103, 105, 167, 186
anderen teilen kann, 40
anderen teilt, 158
anderer, 17, 47, 59, 73, 97, 137, 162, 187, 219, 221, 226
anders zu, 230
Andersartigkeit geprägt, 1
Anekdoten, 46, 74
anerkannt wird, 77
anerkennen, 3, 35, 148, 172, 182, 186, 232
anerkennt, 20, 184, 185
angedeutet, 191
angehende, 62
angehören, 227
angesehen, 78, 126
angestoßen, 214
angewendet, 65
angewiesen, 156, 180
Angreifern, 176
Angriffen, 57
Angriffen auf, 140
anhaltende, 166, 201
Anklang finden, 176
Anliegen schnell, 175
anregt, 74, 223
ansprach, 46, 155
ansprechen, 32, 72, 178

Index

ansprechend, 74, 75
anspricht, 63, 198
anstatt ihre, 63
Anstatt Misserfolge als, 157
Anstatt sich, 204
Anstoß gaben, 43
Anstrengungen können, 229
Ansätze oft eine, 184
anzugehen, 205
anzuregen, 80
anzustoßen, 203
Arbeit behandelt, 195
Arbeit zeigt, 202
arbeiten, 161, 187, 232
argumentiert, 5, 215
argumentierte, 197
artikulieren, 32, 42, 216
Aspekten, 87
auch, 2–8, 10, 12, 13, 16–18,
    20–37, 40–43, 45–49,
    51–60, 62–69, 71–83, 85,
    87, 89, 91–93, 96, 97,
    99–101, 103–111,
    116–125, 127, 129–137,
    139–143, 146, 148–151,
    153–159, 161–163,
    165–169, 171–181, 183,
    186, 189–196, 198–200,
    202–219, 221, 222,
    224–228, 230–232
Auch wenn der, 60
Audre Lorde, 31, 48
auf, 1, 2, 5, 6, 11–15, 17–20, 23–25,
    29–31, 33, 35, 37, 39, 41,
    45, 46, 51, 52, 55, 57, 58,
    60, 62–65, 68, 69, 71, 72,
    74, 75, 77, 79–83, 85, 87,
    91–94, 96–101, 107, 109,
    111, 112, 115, 117–119,
    122, 124, 125, 128–131,
    135, 136, 139–141,
    143–146, 148, 151–156,
    158, 159, 168–172,
    175–177, 180–184, 186,
    191, 196, 198, 200, 201,
    203–208, 210, 213–215,
    217, 219, 221, 223, 225,
    227, 229, 232
Aufbau von, 53, 173
auffälligsten Techniken ist, 75
Aufgabe, 197
Aufgewachsen, 25, 27, 116, 203
aufgrund, 57, 58, 108, 124, 125,
    140, 142, 184, 186
Aufklärung innerhalb, 205
Aufklärung innerhalb der, 97
aufrechtzuerhalten, 151, 161
auftreten, 18, 57, 133, 143, 170
Auftritt, 154
auftritt, 141, 192
Auftritte, 41, 45, 46, 79, 85, 162,
    191, 198
Auftritte als, 11, 41, 47
Auftritte bekannt, 199
Auftritte einen, 200
Auftritte gegenüber, 200
Auftritte haben, 199
Auftritte sind, 6
Auftritte von, 45, 79, 81
Auftritte ziehen oft große
    Menschenmengen, 106
Auftritten, 116
Auftritten oft über, 140
Auftritts, 80
aufzubauen, 65, 110, 129, 132
Augenzwinkern erzählte, 46
Augusto Boal, 154

aus, 8, 10, 15, 17, 19, 23, 31, 34, 45, 52, 60, 68, 73, 77, 80, 86, 97, 106, 110, 120, 129, 135–137, 142, 149–153, 156–158, 161–163, 180, 197, 204, 211, 223, 224
Ausdruck, 179, 224
ausdruck, 26
Ausdruck dieser, 223
Ausdruck ist, 209
auseinandergesetzt, 109
auseinandersetzen, 5, 26, 39, 43, 45, 69, 87, 146
Auseinandersetzung kann, 86
Auseinandersetzung mit, 42, 72, 73, 83, 116, 122, 130, 154, 191, 204, 210, 230
auseinanderzusetzen, 24, 46, 48, 56, 59, 117, 121, 155, 162, 224, 230
ausgelegt, 183
ausgesetzt, 144
ausgezeichnet, 191
ausgeübt, 97, 198
ausmachen, 227
Ausmaß erreicht hat, 201
ausreichend, 86
aussprechen, 232
austauschen konnten, 65
auswirkte, 23, 39
Auswirkungen von, 112, 157
auszudrücken, 17, 24, 29, 32, 33, 43, 98, 116, 129, 132, 142, 176, 209
auszutauschen, 35, 51, 81, 101, 129, 133, 206
auszuüben, 25, 205
ausüben, 117, 209

authentische, 10, 76, 94, 95, 128, 132
Authentische Stimmen, 212
authentischen Leben, 121, 130–132, 135
Authentizität, 42, 47, 73, 77, 85, 132, 214
Authentizität als, 211
Authentizität bedeutet, 130
Authentizität bezieht sich, 210
Authentizität gibt, 211
Authentizität ist, 131, 210
Authentizität kann, 212
Authentizität schafft, 211
Autobiografie von, 216
Außenwelt, 120
außerhalb der, 36, 65, 102, 126, 205

B. Gesetze, 201
Barrieren, 52, 53, 75, 137, 140
Barrieren zu, 36, 69
Barrieren äußern, 92
basiert, 20, 144, 184
bauen, 107
Bedenken hinsichtlich, 176
bedeutende, 24, 62, 97, 103, 155, 156, 179, 181, 217, 232
bedeutender, 107, 214
bedeutendsten, 67, 106
bedeutet, 42, 72, 86, 130, 172, 187, 226, 227
bedingungslosen, 136
Bedürfnisse, 97, 172, 184, 206, 227
beeinflusst, 5, 29, 40, 58, 64, 73, 108, 117, 130, 143, 182, 194, 195, 212
beeinflusste, 23, 47
beeinträchtigen, 49, 131, 168, 224, 229

Index 237

beeinträchtigt, 182
beeinträchtigte, 142
befassen, 52, 196, 202
befreiend, 26
begann, 24, 25, 28, 31, 32, 35, 46, 67, 89, 110, 116, 155
begegnen, 41, 135, 206
begegnet, 60, 217
begegnete, 16, 156
begegneten, 11
Begegnungen mit, 35–37, 74
beginnt, 130
behandeln, 171, 193, 214, 228
behandelt, 12, 74, 75, 98, 170, 195
Behandlung von, 182
behaupten, 31, 43, 51, 109, 122, 146
behindern, 86, 102, 170
Behinderung zusammenwirken, 184
bei, 3, 26, 28, 29, 34, 40, 43, 45, 49, 52, 62, 67, 72, 99, 115–117, 119, 125, 129, 132, 140, 145, 154, 176, 181, 182, 192, 195, 199, 211, 212, 217, 221, 227–229
Bei der, 15
Bei einer, 140, 204
beiden Arten von, 144
beigetragen, 2, 3, 63, 64, 74, 77, 94, 97, 98, 100, 106, 107, 112, 171, 183, 193, 198, 199, 212, 214, 215, 218–220
beim, 31, 85
beinhalten, 17
beinhaltet, 117
beinhalteten, 25
Beispiel dafür, 3, 27, 47, 89, 133, 137, 148, 219

Beispiele, 50, 53, 55, 60, 95, 100, 111, 130, 136, 159, 160, 165, 177, 221, 223
Beispiele betrachten, 38, 49
beitragen, 97, 132, 141, 143, 168, 169, 175
beiträgt, 107
bekannt, 69, 86, 155, 192, 199
bekannte, 201
bekanntesten, 127, 148, 161
Bekämpfung von, 183
Belastung, 80
Belastungen führen, 118
Belastungsstörungen haben, 19
beleuchten, 5, 10, 18, 71, 74, 80, 100, 103, 130, 153, 159, 169, 189, 203, 205, 223
beleuchtet, 11, 12, 57, 62, 69, 77, 156, 227
Belästigung, 168
bemerkenswerter, 106
bemüht, 62
benötigen, 167
Beobachten der, 31
Bereich, 106
Bereich erfahren, 204
Bereichen, 93, 94, 194
Bereichen engagieren, 232
bereichernd, 10
bereichert, 17, 44, 78, 130, 215, 231
bereicherte, 73
bereit, 46, 69, 171, 174, 180
Berichte, 21, 100
berichten, 63, 118, 221
berichtet, 108, 142, 229
berichtete sie, 140
berücksichtigen, 126, 172, 186, 197
berücksichtigt, 174, 183, 201, 207
berühren, 190

besagt, 3, 28, 29, 62, 93, 154, 155
beschreibt, 1, 27, 31, 32, 42, 67, 72, 73, 75, 93, 101, 116, 120, 124, 127, 136, 140, 142, 154, 161, 162, 201, 208, 211
beschrieben, 11, 13, 155, 159, 211
beschränkt, 18, 94, 98, 227
Besondere Beachtung, 11
besser, 40, 151
bessere, 119, 158, 161, 163
besseren, 171, 197, 206, 220, 224
Bestandteil ihres Aktivismus, 155
bestehen, 101, 112, 176, 183, 207, 225
bestimmte Identitäten, 185
bestimmten, 75, 193
bestärkte sie, 30
bestätigen, 192
Bestätigung, 26
betonen, 34, 135, 185, 201, 221
betont, 20, 22, 30, 35, 51, 58, 59, 64, 68, 75, 78, 87, 92, 94, 104, 105, 110, 121, 124, 128–131, 135, 136, 144, 145, 147, 149–151, 156, 157, 163, 177, 186, 200, 201, 204–206, 208, 210, 215, 218, 221
betonte, 197
Betracht, 68
betrachten, 37, 38, 49, 79, 81, 106, 135, 157, 217
betrachtet, 2, 3, 5, 12, 20, 55, 104, 105, 142, 146, 149, 155, 157, 158, 184, 193, 201, 223, 225, 227
betreiben, 232
betrieben wird, 165

betrifft, 119, 125, 225
Betroffener leidet, 21
bevor sie, 86
bevorstehen, 205
Bewegung, 207
Bewegung zu, 166
Bewegungen beleuchten, 103
Bewegungen führen, 102, 168
Bewegungen oft dazu, 184
Bewegungen sich, 105
Bewegungen verbunden, 104, 105
Beweis, 191
Beweis dafür, 69
bewerten, 157
bewirken, 55, 76, 172, 181, 191, 221
bewusst, 101, 187
bewältigen, 20, 28, 30, 109, 110, 131, 135, 148, 153, 161, 165, 183, 186, 222, 226
bezeichnet, 39
bezieht sich, 227
Bezug auf, 20
bieten, 5, 17, 33, 34, 48, 49, 51, 60, 62, 64, 71, 77, 79, 87, 97, 106, 117, 122, 123, 128–131, 133, 143, 145, 146, 149, 151, 157, 158, 168, 169, 175–177, 180, 183, 186, 189, 192, 196, 198, 199, 215–217, 224, 226, 228, 230
bietet, 10, 15, 27, 34, 40, 42, 59, 66, 92, 97, 129, 133–135, 143, 153, 161, 167–169, 181, 190, 194, 202, 203, 205, 206, 210, 218, 227
Bild von, 13
bilden, 51, 63, 92, 103, 110, 178, 192, 204

Index 239

bildete, 31
Bildung, 161, 187, 215
Bildungsbereich, 97
Bildungseinrichtungen
    Schwierigkeiten haben, 97
binäre, 182
binäre Geschlechterrollen, 120
binäre Sichtweise von, 117
binäre Vorstellungen von, 117
Biografie ist, 15
Biografie von, 8
bis, 11, 57, 74, 85, 87, 133, 140, 142,
    143, 166, 192, 194, 226
bleiben, 101, 116, 130, 150, 151,
    163, 168, 183, 211, 218,
    225
bleibt Coyote, 85
bleibt Coyotes Erbe, 196
bleibt Coyotes Stimme, 93
bleibt der, 176
bleibt die, 42, 66, 81, 95, 103, 153,
    178, 181, 221
bleibt eine, 198
bleibt es, 64
bleibt ihr, 232
bleibt Ivan Coyote, 191, 200
bleibt jedoch eine, 205
blieb, 26
blinde Flecken, 157
bloße, 177, 179, 215
bot, 29, 41, 45, 72, 116, 118
boten, 16, 24, 35, 67, 68
Botschaften schnell, 165, 168, 173
brachte sie, 46
brachten, 46, 110
breite, 9, 67, 99, 106
Brené Brown, 132
Brené Brown betonen, 135
bringt, 2, 64, 82, 124, 206, 224

Brown argumentiert, 132
Brücken, 103, 107, 185

Carl Rogers, 211
Castells argumentiert, 101
Charles Snyder, 161, 223
Coyote, 28, 36, 52, 57–59, 63, 68,
    69, 73, 75, 82, 91, 92, 94,
    98, 104, 105, 109, 110,
    124, 129, 131, 135, 140,
    142, 143, 145, 149–151,
    154–158, 163, 193, 195,
    200, 206, 208–210
Coyote glaubt, 2
Coyote hebt, 207
Coyote lernen, 30
Coyote nannte, 48
Coyote oft als, 192
Coyote selbst, 108, 120, 124, 131,
    163, 211
Coyote verwendete, 46
Coyote zeigt, 73, 121
Coyotes Aktivismus, 2, 158, 220
Coyotes Arbeit, 193
Coyotes Arbeit zeigt, 194
Coyotes Auftritt bei, 43
Coyotes Auftritten, 211
Coyotes Aufwachsen, 72
Coyotes Begegnungen mit, 36
Coyotes Beiträge zur, 231
Coyotes Einfluss als, 199
Coyotes Einfluss auf, 2, 155, 213
Coyotes Einfluss zeigt sich, 3
Coyotes Engagement zeigt, 53, 92
Coyotes Familie spielte eine, 29
Coyotes frühen Erfahrungen, 118
Coyotes Fähigkeit, 71, 73, 74, 76, 81,
    106, 109, 189
Coyotes Geschichte zeigt, 110

Coyotes Geschichten, 97, 221
Coyotes Geschichten bieten, 77, 122, 228
Coyotes Geschichten ermutigen Menschen, 215
Coyotes Geschichten reflektieren, 72
Coyotes Geschichten wird deutlich, 121
Coyotes Karriere, 203
Coyotes Kindheit könnte eine, 34
Coyotes Leben, 8, 10, 13, 17, 29, 35, 48, 59, 110, 124, 129, 153, 161, 208, 210
Coyotes Leben herausgestellt, 59
Coyotes Leben wird besonders deutlich, 32
Coyotes literarische Reise, 69
Coyotes Medienpräsenz und, 198
Coyotes persönliche, 73, 204
Coyotes Reise, 119, 156, 218
Coyotes Reise geprägt, 128
Coyotes Schaffen, 79
Coyotes Schreiben, 209
Coyotes Schreiben kam aus, 31
Coyotes Schreibprozess kann, 83
Coyotes Schulzeit, 28
Coyotes Selbstvertrauen, 16
Coyotes Stil, 74
Coyotes Stil geprägt, 45
Coyotes Teilnahme, 198
Coyotes Trauer, 155
Coyotes Weg als, 16
Coyotes Weg zeigt, 37
Coyotes Werk, 2, 6, 31, 44, 67, 69, 77, 88, 136, 190, 195
Coyotes Werk bleibt ein, 76
Coyotes Werk geprägt, 81
Coyotes Werk wird oft, 134
Coyotes Werke, 5, 77, 220

Crenshaw argumentiert, 184

da, 24, 31, 34, 41, 47, 102, 105, 129, 130, 132, 141, 148, 170, 176, 180, 183, 184, 191, 205, 211, 214, 227
dabei helfen, 99
Dabei können, 9
dafür, 2, 3, 6, 27, 29, 47, 48, 60, 69, 72, 89, 95, 99, 133, 137, 143, 148, 155, 205, 210, 217, 219, 225, 226, 231
Daher ist, 17
daher von, 168
damit anderen, 218
damit das Verständnis, 62
damit verbunden, 5, 81, 95, 97, 141, 177, 178
Dankbarkeit, 17
darauf abzielen, 107, 191, 193
darauf hingewiesen, 86
darauf konzentrieren, 172
daraus, 48, 117, 149, 151
dargestellt, 2, 40, 93, 100
darstellen, 5, 75, 79, 86, 87, 163
darstellt, 83, 204
Darstellungen zurückgreifen, 94
darunter, 1, 3, 19, 91, 130, 158, 162, 170, 181, 198
darzustellen, 1, 100, 101, 195
darüber, 13, 58, 74, 77, 81, 86, 97, 135, 201, 231
Darüber hinaus, 16, 21, 32, 52, 77, 105, 107, 112, 130, 142, 143, 171, 175, 176, 201, 212, 218, 222, 226
das bei, 115
das Bewusstsein, 2, 77, 79, 107, 183, 193, 197, 203, 211, 214,

Index 241

219, 228
das Bewusstsein zu, 210
das Coyote, 157
das Erbe der, 143
das es, 24, 81, 132, 134
das Experimentieren mit, 157
das Gefühl von, 128
das oft von, 29, 177
das Recht auf, 232
das Sprechen mit, 158
dass aus, 158
dass der, 64
dass Geduld nicht, 157
dass Gemeinschaftsbildung, 178
dass ihre, 26
dass jede, 53, 222
dass sich, 215
dass sie, 75, 199
dasselbe, 33, 43, 231
dasselbe zu, 32, 212
davon, 48, 134, 222
dazu, 2, 3, 24, 29, 30, 32, 34, 36, 43, 44, 46, 48, 59, 63–65, 68, 72, 74, 77, 78, 80, 86, 91, 97, 98, 100, 106, 107, 112, 125, 132, 142, 148, 154, 155, 157, 168, 169, 182–184, 186, 192, 193, 198, 199, 207, 211–220, 223, 227–229, 231
Dazu gehören, 58, 159
Dazu gehört, 142
definieren, 26, 27, 42, 121, 127–129, 178
definiert, 59, 110, 124, 161, 223
dekonstruiert, 3
dem, 1, 16, 19–21, 31, 32, 35, 40, 43, 45, 51, 52, 56, 57, 68, 72, 75, 77, 80, 82, 85, 86, 97, 98, 106, 112, 115, 116, 119, 121, 128–132, 135, 136, 140, 142, 152, 154, 156, 157, 162, 163, 176, 177, 181, 186, 191, 192, 199, 201, 209–211, 223, 230
demonstriert, 229
den, 1, 2, 4–6, 8–11, 13, 14, 20, 21, 24–31, 33, 34, 36, 42–44, 46–49, 51–53, 56, 58–60, 62–64, 66–69, 72–75, 85–89, 91–95, 97, 99–102, 104–108, 110, 112, 116–122, 124, 128–130, 132, 134, 139–143, 145–147, 149, 151–155, 157, 162, 163, 168, 169, 171–177, 181–186, 189–193, 195–198, 201, 203, 205–208, 210, 211, 214–216, 218, 220–222, 224, 225, 228, 229, 231, 232
denen, 1, 2, 12, 16, 17, 19, 21, 24, 26, 28, 35, 37–39, 45, 49, 52, 57, 60, 65, 67, 72, 76, 78, 83, 85, 87, 89, 92, 99, 102, 107, 108, 110, 116, 117, 119, 129, 135, 141, 143, 145, 154, 156, 159, 161, 165, 168, 171, 172, 181–184, 186, 192, 194, 196, 199, 201, 205, 209–211, 213, 214, 226–228, 232
denn je, 137
Dennoch stehen solche Initiativen

oft vor, 193
Depressionen, 19, 39, 152, 168
Depressionen äußern, 118
der, 1–13, 15–18, 20–37, 39–49,
    51–55, 57, 59, 60, 62–69,
    72–83, 85–87, 89, 91–95,
    97–110, 112, 115–137,
    139–144, 146–149,
    152–159, 161–163,
    165–187, 189, 191–202,
    204–232
Der Aktivismus, 109, 141
Der Aufbau, 64, 66
Der Austausch mit, 43
Der Austausch von, 207
Der Austausch zwischen, 206
Der Druck, 26
Der Einfluss dieser, 31
Der Einfluss von, 20, 62, 98, 118, 128, 196
Der Einsatz von, 74
Der Fokus auf, 168
Der Glaube, 158
Der Kampf, 183
Der Leser, 11
Der Mut, 154
Der Prozess der, 116
Der Schreibprozess von, 83
Der Schutz, 206
Der Tod von, 108
Der Umgang mit, 30, 143, 146
Der Weg, 131, 171
Der Weg zu, 105, 130, 132
Der Zugang zu, 134
deren gesellschaftliche, 5, 181
deren Relevanz, 135
derjenigen einzutreten, 20
des Ausdrucks, 47
dessen, 5, 64, 85

Destruktive Kritik, 143
Deutschland, 100, 181
dialogischen, 85
die, 1–53, 55–60, 62–69, 71–83,
    85–89, 91–112, 116–137,
    139–159, 161–163,
    165–187, 189–232
Die Auseinandersetzung mit, 115, 117, 119, 124, 157, 208
Die Medienberichterstattung, 199, 216
Die Theorie der, 29, 30, 42, 73, 93, 210, 225, 227
Die Theorie des sozialen, 154
Die Verbindung von, 196
Die Verbindung zu, 24
Die Verbindung zwischen, 73, 79
Die Veröffentlichung, 85
diente, 31
Dies wird besonders deutlich, 135
Diese Aktionen, 91
Diese Akzeptanz, 132, 158
Diese Allianzen, 186
Diese Anerkennung brachte nicht, 155
Diese Aspekte, 198
Diese Auftritte ermöglichten, 73
Diese Auftritte haben, 63
Diese Auftritte sind, 199
Diese Auseinandersetzung führte, 72
Diese Auseinandersetzung kann, 130
Diese Auseinandersetzung mit, 214
Diese Auseinandersetzung spiegelt, 67
Diese Begegnungen, 26
Diese Begegnungen zeigten ihr, 36
Diese Begriffe beziehen sich, 227

Index

Diese beiden Elemente bieten, 133
Diese Bewegungen, 183
Diese Beziehungen bieten, 149
Diese Bildungsarbeit, 214
Diese Bildungsinitiativen, 107, 112, 202
Diese Biografie, 8
Diese Danksagung ist, 16
Diese Definition lässt sich, 223
Diese Dialoge, 215
diese Dimensionen miteinander, 184
Diese Diskrepanz, 131
Diese Diskriminierung kann, 57, 166
Diese Diversität sollte nicht, 225
Diese dynamische, 225
Diese Ehrlichkeit, 158
Diese Entdeckung, 44
Diese Entscheidung, 110
Diese Entwicklung steht, 155
Diese Erfahrung, 46
Diese Erfahrungen, 26, 43, 46, 65, 143
Diese Erfolge sind, 106
Diese Erkenntnis, 32, 36, 154, 156
Diese Erzählung könnte bei, 34
Diese Erzählungen, 216
Diese Fragmentierung, 186
Diese Freundschaften, 29, 129
Diese frühen, 1, 25, 31, 203
Diese frühen Arbeiten, 32
Diese frühen Werke, 67
Diese Fähigkeit, 68, 158, 190, 204
Diese Fähigkeit ist, 159
Diese Gemeinschaften, 60, 131, 151
Diese Geschichten, 33, 54
Diese Haltung, 163
diese Herangehensweise, 13
Diese Hindernisse, 108

Diese Hoffnung wird oft durch, 224
Diese Interaktion, 199
Diese Interaktion mit, 191
Diese Interaktionen, 16, 97, 162
Diese kann, 140
Diese Kluft kann, 120
Diese Komponenten, 161
Diese Konferenzen bieten, 196
Diese Konflikte, 30
Diese Konzepte, 93, 178
Diese Kooperationen ermöglichen, 83
Diese Kooperationen sind, 81, 95
Diese Kosten können, 211
Diese Kritik kann, 144
Diese Lektionen, 17, 59, 60, 62
Diese Lücke kann, 98
Diese Momente der, 116
Diese Netzwerke, 101
Diese Normen können, 117
Diese Partnerschaften haben, 130
diese performativen Aspekte, 43
Diese Personen setzen, 232
Diese persönliche, 74
Diese persönlichen Erlebnisse, 72
Diese persönlichen Verluste, 142
Diese Phasen, 83
Diese Praxis hilft, 150
Diese Realität kann, 211
Diese Reise, 121
Diese Resilienz, 75
Diese Resilienz ist, 59, 110, 200, 218
Diese Ressourcen können, 132
Diese Rolle umfasst, 200
Diese Rückmeldungen zeigen, 221
Diese Rückschläge führten, 46
Diese Sammlung wurde, 41
Diese Schriftsteller, 31
Diese Schwierigkeiten, 57

Diese Schwierigkeiten können, 85
Diese Sichtbarkeit, 199
Diese sozialen, 24, 31
Diese Struktur, 11
Diese Suche, 27, 119
Diese Techniken, 74
Diese Theorie, 27, 62
Diese Traditionen stehen, 182
Diese Trauer, 58
Diese Umgebung, 37
Diese Umgebungen, 45
Diese Ungleichheiten können, 185
Diese Unterstützung ist, 17, 110
Diese Unterstützung kann, 28, 156
Diese Unterstützung manifestiert sich, 152
Diese Veranstaltungen bieten, 51, 79, 143, 186, 192
Diese Veranstaltungen sind, 53, 91, 191
Diese Verbindung, 225
diese Verbindung, 224
Diese Verbindung zu, 73
Diese Verbindung zur, 31
Diese Verluste, 108
Diese Veränderungen, 87
Diese Vielfalt, 165
Diese Wendepunkte, 59
Diese Wurzeln spielen, 208
Diese Zeilen, 190
Diese Zentren, 177
Diese äußeren Widerstände können, 43
Diese öffentlichen, 199
diesem, 11, 12, 24, 32, 33, 45, 53, 57, 69, 72, 74, 77, 79, 81, 83, 93, 95, 99, 106, 108, 111, 117, 128, 130, 133, 135, 143, 146, 149, 152–154, 156, 159, 165, 169, 172, 174, 191, 194, 198, 216, 217, 229, 232
diesen, 10, 20, 26, 31, 36, 39, 42, 45, 54, 60, 63, 88, 109, 117, 119, 134, 142, 144, 149, 193, 198, 200, 201, 205, 209, 223
dieser, 7, 10, 13, 15–18, 25, 27, 31, 35, 37, 39, 45, 49, 53, 55, 58, 62, 68, 73, 75, 79, 89, 95, 99, 103, 109, 110, 119, 121, 126, 128, 132, 141, 143, 153, 160, 161, 165, 172, 177, 182, 184, 187, 192, 197, 205, 219, 223–225
Dieser Abschnitt, 12
Dieser Abschnitt zeigt, 11, 12
Differenzen zwischen, 186
digitale, 87, 101, 176
digitalen, 63, 87, 101, 165, 173, 205
direkten Angriffen auf, 92
Diskriminierung innerhalb der, 52
Diskriminierungen, 112
Diskurse, 3
Diskussionsrunden, 51
Diskussionsrunden bieten, 145
diverser wird, 7
doch auch, 26
dokumentiert, 30, 216
dominiert, 99
Dringlichkeit, 32
Dringlichkeit geprägt, 89
Dringlichkeit von, 201
Druck, 211
Druck konfrontiert, 211
Druck stehen, 171
Druckkosten können, 86

Index 245

Dualität, 190
durch, 2, 3, 5, 8, 10, 12, 16, 17, 21,
    22, 25, 27–30, 32, 41, 43,
    55, 63, 75, 87, 92, 94, 97,
    101, 103, 104, 108, 116,
    118, 121, 125, 128–131,
    133, 141, 142, 148, 149,
    152–154, 157, 162, 163,
    167, 169, 171, 172, 174,
    176, 177, 183, 184, 187,
    191, 193, 194, 198, 204,
    205, 207, 209, 215, 216,
    219, 221–226, 229, 230
Durch Geschichten, 132
Durch ihre, 214
durchlebt, 36, 208, 229
durchlebten, 72, 116
dynamische, 225
dynamischen, 46, 79
dynamischer Prozess, 161
dürfen, 181

echten, 101
effektiv, 22, 63, 87, 92, 103, 165,
    173, 175, 205, 206
effektives Netzwerk, 65
Ehen, 182
Ehen legalisiert, 181
eigene, 2, 3, 5, 12, 25, 26, 29–32,
    34–36, 42–44, 56, 58, 59,
    64, 67, 72, 74, 75, 86, 109,
    116, 117, 120, 121, 125,
    129–133, 136, 150, 153,
    156, 158, 161, 173, 190,
    194, 196, 200, 210, 215,
    216, 221, 222, 224, 229,
    231
eigenen, 2, 4, 5, 8, 21, 27, 31, 32, 34,
    42–44, 46, 48, 52, 56, 68,
    73–75, 80, 86, 102, 109,
    110, 116, 117, 120–122,
    125, 129, 130, 132, 135,
    136, 141, 143, 148, 151,
    154–156, 158, 162, 163,
    191, 195, 199, 200, 204,
    208, 210, 211, 221, 226,
    230
ein, 2–8, 11–13, 15–21, 23, 24,
    26–38, 40–49, 51, 53, 55,
    59, 62–66, 69, 72, 74–76,
    78–81, 83, 85, 87, 89, 91,
    93, 95, 97–99, 101, 103,
    105, 107, 109, 110, 112,
    115–117, 119, 121, 122,
    124–126, 128, 130–135,
    137, 140, 141, 143, 145,
    146, 148–158, 160, 161,
    168, 170, 172–174,
    176–178, 181–185,
    189–194, 198, 200–206,
    208–212, 214, 217, 219,
    221, 223–226, 228, 231,
    232
Ein Aufruf zur, 20, 22, 187, 225, 226
Ein Beispiel dafür, 60, 205, 225
Ein charakteristisches Merkmal ihres
    Schreibstils ist, 73
Ein Dankeschön, 13
Ein Wendepunkt, 26
Ein wichtiger, 109, 218
Ein zentrales Element von, 205
Ein zentrales Problem, 195
Ein zentrales Thema, 5, 67
einbeziehen, 22
einbezog, 46
einbezogen, 185
eindringlicher, 74
eindrücklich gezeigt, 225

eine, 1–5, 7–10, 13–18, 20, 22–35, 37, 39, 41–49, 51–53, 55, 57–60, 62, 64, 66–69, 71–77, 79–81, 83, 85–87, 91–95, 97, 99, 101–110, 115–123, 125, 128, 129, 132–137, 140–143, 145, 146, 149, 151–155, 157–159, 161, 163, 165–171, 173–177, 179, 181–185, 187, 189, 191, 192, 194–198, 200, 202–211, 213–219, 221–223, 225, 226, 229–232
Eine zentrale, 201
einem, 1, 10–12, 16, 17, 23, 24, 26, 27, 29–32, 35, 39–43, 45–47, 62, 63, 67, 68, 72, 73, 75, 76, 78, 79, 89, 91, 94, 98, 101, 107, 110, 118–121, 127, 129–132, 135, 137, 140, 142, 144, 148, 151, 152, 154, 155, 158, 161–163, 170, 171, 175, 177, 184, 185, 191–194, 198, 200, 206–208, 211, 212, 216, 220, 222
einen, 6, 16, 20, 21, 25, 31, 33–35, 39, 40, 42, 43, 45, 47–49, 51, 55, 57, 69, 71, 72, 74, 75, 79, 82, 85, 94, 95, 97, 103, 106, 112, 118, 119, 121, 123, 125, 128–130, 132, 133, 135, 142, 143, 154, 157, 162, 163, 177, 178, 181, 192, 194, 198–200, 205, 207, 209, 210, 215, 217, 225, 227, 230, 231
einer, 1, 2, 4, 7, 11, 16, 17, 20, 23, 24, 28–35, 37, 40–46, 48, 49, 51, 52, 55, 67–69, 72, 73, 75, 77, 78, 80, 81, 85, 86, 89, 93–95, 97, 99, 101, 105–108, 110, 112, 113, 115–118, 120, 122, 126, 128, 130, 131, 134, 135, 137, 140, 146, 147, 152–155, 158, 159, 161, 162, 167, 168, 174, 176, 178, 181, 187, 191, 193, 195, 197, 200–204, 207–211, 217, 220, 221, 224, 225, 228, 229, 231, 232
einfache, 175, 222
Einfluss ausgeübt, 198
Einfluss von, 12, 14, 36, 48, 64, 95, 119, 130, 214, 221, 222
einflussreichsten, 1, 213, 221
Einflüssen oder, 211
einfängt, 8
eingehen müssen, 20
eingeschränkt, 1, 16, 42, 125, 134
eingesetzt, 2, 52, 69, 77, 98, 104, 174, 195
einhergehen, 55, 124, 131, 209, 220
einhergingen, 27, 154, 203
Einige der, 49
Einige Kritiker, 78
Einige Rückschläge haben, 59
einigen, 30, 80, 181, 182
Einklang mit, 155
Einklang oder, 115
Einsatz von, 75, 176

Index

einschließlich feministischer Bewegungen, 103
einschließlich seiner, 191
einseitigen Repräsentationen können, 94
einsetzen, 2, 7, 8, 16, 17, 20, 21, 62, 69, 144, 176, 192, 198, 201, 205, 229, 232
einwirken, 169
einzelnen Merkmals, 184
einzigartige, 77, 184
einzigartigen, 11, 23, 73–76, 85, 157
einzigartiger, 75
Einzigartigkeit, 229
einzusetzen, 8, 21, 24, 30, 55, 110, 142, 152, 154, 163, 171, 192, 194, 200, 207, 215, 226, 232
einzutreten, 20, 36, 40, 117, 171, 204
Elemente des Storytellings mit, 46
Elemente mit, 68
Elisabeth Kübler-Ross beschrieben, 155
emotionale, 16, 28, 29, 41, 55, 59, 60, 80, 122, 128–131, 149, 153, 157, 192, 224
emotionaler, 85, 135, 156
Emotionen, 150
empfinden, 75, 130
eng mit, 132
Engagement gezeigt, 21
Engagement miteinander, 3
Engagement zusammen, 7
engagieren, 142, 152, 174, 222, 232
engagiert, 210
engagierte, 2, 171
enge, 128, 129
engen Freundes, 142

engen Freundes oder, 155
entdecken, 3
enthalten, 77, 220
entmutigen lässt, 58
entscheidend, 4, 8, 16, 17, 20, 21, 24, 26, 28–30, 33, 35, 42, 46, 47, 51, 53, 58, 59, 64, 86, 93, 95, 101, 103, 104, 110, 117, 120, 123, 128–130, 134, 137, 147, 149–151, 155, 157, 165, 167, 169, 183, 186, 198, 202, 205–207, 214, 225, 226, 228, 230
entscheidender, 7, 16, 30, 43, 45, 49, 66, 74, 93, 98, 99, 116, 131, 135, 141, 148, 154, 168, 177, 178, 181, 182, 194, 200, 221, 231
entschlossener, 32
Entschlossenheit, 158
Entschlossenheit gestärkt, 218
Entschlossenheit mit, 165
entspricht, 75
entweder, 170
entwickeln, 24, 26, 30, 36, 37, 41–43, 47, 75, 94, 125, 128, 136, 137, 149, 150, 161, 173, 185, 191, 214
entwickelte, 39, 72, 101
Entwicklung geprägt, 30, 36, 143, 219
Entwicklung spiegelt, 204
Erfahrungen teilen konnten, 154
Erfahrungen von, 74
Erfolge sah sich, 68
Erfolgen, 60
Erfolgen führen, 83
erfolgreiche, 47, 177, 183, 197

erforderlich, 228
erfordert, 80, 82, 105, 116, 121, 122, 132, 136, 173, 174, 177, 183
ergeben, 48, 117, 129, 152
erhalten, 78, 85, 157, 175, 185
erheben, 2, 16, 21, 24, 30, 32, 43, 45, 51, 59, 73, 103, 109, 153, 154, 162, 174, 196, 200, 203, 204, 215, 221, 232
erheblich verändert, 99
erhebliche, 18, 58, 63, 80, 94, 97, 109, 146, 162, 211
erhält, 58, 109, 145, 200
erhöhen, 17, 63, 91, 95, 99, 107, 169, 191, 196, 198, 205, 206, 218, 228
erhöhte, 197
Erik Erikson, 30, 42
erinnerte, 45, 46
erkannt, 62
erkannten, 47
erklärt, 27, 28, 184
erklärte, 191, 198
Erkrankungen wie, 19, 39, 168
erleben, 34, 37, 103, 120, 127, 128, 130, 146, 168, 229, 230
Erlebnis, 46
Erlebnissen geprägt, 73
Erlebnissen können, 134
erlebte, 11, 24–29, 32, 35–37, 39, 41, 42, 46–48, 80, 116, 154, 162, 203
ermordeten, 201
ermutigt, 212
ermutigt seine, 121
ermutigt sie, 125
Ermutigung darstellten, 16

ermöglichen, 51, 63, 81, 83, 101, 103, 129, 132, 137, 149, 153, 165, 168, 173, 176, 177, 205, 215, 216
ermöglichte, 24, 29, 45, 46, 68
ermöglichten, 29, 35, 45, 73
ermöglichtten, 26
ernste, 151
ernsten, 75
erprobt, 158
erreichen, 60, 63, 79, 83, 101, 106, 158, 161, 165, 173, 198, 200, 205, 206
Errungenschaften von, 107, 231
erscheinen, 158
erschwerte, 121
erste, 31, 33, 41, 46, 47, 69, 76, 91, 99
ersten, 11, 16, 35, 41, 45, 46, 67, 88, 116
erster, 154
erstreckt, 1, 4, 191, 212, 215
erwarten, 10
Erwartung, 75
erweitert, 6, 87, 130, 208
erweiterten, 30
erwiesen, 16, 109, 110, 157, 224
erzielt, 18, 21, 103, 106, 172, 174, 217
erzählen, 2, 16, 33–35, 40, 42, 63, 68, 74, 75, 80, 86, 89, 92, 95, 102, 107, 109, 137, 141, 143, 155, 156, 171, 189, 191, 196, 200, 207, 216, 230
Erzählen von, 215
Erzähler, 85
erzählt, 64, 120, 211, 221
Erzählung, 7, 34, 76, 103, 135, 230

Index 249

Erzählungen, 120
Erzählungen oft, 1
Erzählungen oft von, 229
Erzählungen verbindet, 68
eröffnet, 10, 168
eröffneten Coyote, 26
erörtern, 172
es, 7, 11, 13, 15–18, 20, 21, 24,
    26–30, 32, 35, 36, 40, 43,
    45, 46, 48, 51, 52, 55, 56,
    58–60, 63, 64, 68, 72–77,
    80–83, 85–87, 92–94,
    97–101, 103, 105–107,
    109, 110, 116, 117, 120,
    121, 124, 126, 128, 129,
    131, 132, 134–137, 142,
    144, 145, 147, 149–151,
    153, 156, 158, 160–162,
    165, 168, 170, 172–178,
    180–182, 186, 187, 193,
    194, 197, 200, 201,
    204–208, 210, 211, 214,
    216, 221–226, 229–232
Es bietet, 66
Es wurde, 184
etabliert, 5, 67, 175, 213

Facetten des Weges zu, 130
Faktoren, 39
Faktoren betrachtet, 5
Familie Coyote, 23
Familie oder, 136
Familie spielte eine, 24, 28, 41
Familie spielten auch, 29
Familienmitgliedern geschrieben, 142
familiäre, 130
familiären, 11, 23, 29–31, 108

fand, 16, 26, 28, 29, 39, 41, 42, 72, 116, 118, 162
fanden, 35, 45, 46, 157
fassen, 31, 40, 76
fasst, 7, 13
faszinierende, 208
Fehlende Unterstützung kann, 152
Fehler, 158
Feier der, 231
Feier von, 126
feiert, 8, 124, 128, 187, 230
feindlich, 42, 130
feindlichen, 43, 51, 116, 120, 135, 161
Feindseligkeit von, 80
Feld sind, 183
feministische, 184, 214
Fernsehprogrammen vorgestellt wurde, 200
Fernsehsendungen, 94
festigen, 43, 199
festigen können, 128
festzuhalten, 155
finanzielle, 175, 195
Finanzierung, 195
Finanzierungsmöglichkeiten angewiesen, 180
finden, 8, 11, 16, 20, 24, 26, 29, 31, 32, 36, 40, 41, 43, 47, 76, 86, 87, 106, 116, 120–122, 125, 129, 133, 134, 136, 149, 153, 156, 162, 175, 176, 192, 195, 200, 204, 208, 210, 221, 223
findet, 34, 73, 148, 166, 211, 226, 228
Flucht, 41
fluid, 3
Fluidität lässt, 117

Fluidität von, 5
Folgenden detailliert beschrieben, 13
folgt, 10, 149, 150
fordert, 3, 41, 186, 207
Foren, 109
Formen der, 140
Formen erfolgen, 221
formt, 146
formte, 32
formulieren, 20, 223, 225
formuliert, 184
Forschung spielt, 13
Fortschritte erzielen, 208
fortwährenden Kampf, 165
fortzusetzen, 167
frei, 204
Freunde spielt, 121
Freundes sie, 59
Freundschaften können, 129
frühe, 68
frühen, 27
frühen Gedichten, 31
fungieren, 5, 52, 77, 121, 129, 212, 215
funktioniert, 174
Fußstapfen der, 205
Fähigkeit, 169
Fähigkeit abhängen, 103
Fähigkeit beschrieben, 159
Fähigkeiten, 48, 79
Fälle von, 201
fördern, 6, 17, 20, 34, 35, 46, 49, 51, 63, 64, 69, 74–77, 81, 91, 97, 100–103, 107, 112, 117, 119, 132, 158, 166, 169, 170, 173, 176–178, 182, 183, 185, 186, 191, 193, 196–198, 202, 205–207, 214, 219, 222, 228
fördert, 3, 29, 57, 66, 102, 162, 163, 170, 193, 197, 199, 212, 231
fühlt, 209
führen, 2, 7, 29, 43, 48, 63, 78, 82, 83, 86, 94, 98, 100, 102, 112, 118, 120, 121, 129, 131, 132, 141, 142, 144, 152, 155–157, 166, 168, 171, 176, 178, 182, 184–186, 197, 206, 207, 211, 222, 225, 227, 229
führt, 6, 11, 39, 94, 97, 98, 106, 137, 170, 171, 192, 193, 216
führte, 24, 26, 27, 36, 37, 41, 46, 72, 110, 118, 142, 154
führten, 16, 26, 28, 30, 32, 36, 43, 46, 48, 65, 69, 72, 73, 116, 118, 155
für, 1–8, 10–13, 15–17, 19–21, 23–37, 39–43, 45–55, 57–60, 62–69, 72–83, 85, 86, 91–95, 97–101, 103–110, 116–119, 121–126, 128–132, 134–137, 140–148, 150–163, 165, 167–177, 179–181, 183–187, 189, 191–212, 214–219, 221–232
Für Ivan Coyote, 29, 33–35, 117, 133, 135, 149, 153, 198

gab, 28, 30, 32, 46, 121, 129, 201
gaben Coyote, 31
ganze Gemeinschaften, 217
ganzen Welt gehört, 153

Index

ganzheitlichen Geschichten zu, 63
geben, 79
geboren, 1
Geborgenheit, 23
geboten, 109, 208
gebracht, 20
Gedanke, 34
Gedanken, 24, 31, 132, 133, 150, 198, 209
Gedanken kämpfte, 142
gedeihen, 73, 225
Gedichte, 163
geebnet, 68
geeignete Unterstützungsangebote, 168
gefeiert wird, 204, 229
gefolgt von, 11
geformt, 74, 97, 203
gefunden, 2, 3, 43, 56, 77, 109, 158, 210
gefördert, 62, 68, 69, 86, 97, 98, 104, 167, 179, 181, 196, 199, 200
Gefühl, 32, 72, 161
Gefühl der, 1, 24, 26–28, 31, 36, 41, 43, 49, 66, 73, 89, 94, 98, 108, 116, 118–121, 131, 132, 134, 142, 144, 153, 163, 177, 185, 211, 212, 216, 222
Gefühl einer, 115
Gefühl von, 45
Gefühle, 24, 209
Gefühle Ausdruck, 40
Gefühle auszudrücken, 142
Gefühle zu, 32, 132, 133, 150
gegeben, 11, 12
gegen, 41
gegen gesellschaftliche, 41, 86, 92

gegen ihren, 6
gegen Ungerechtigkeiten, 178
Gegensatz dazu, 100, 182
gegenseitig ermutigen können, 60
gegenseitigen Unterstützung, 20
gegenwärtigen Schwierigkeiten hinauszusehen, 161
gegenüber, 6, 21, 42, 97, 130, 134, 200
gegenübersehen, 143
gegenübersieht, 205, 226
geht, 77, 82, 172, 177, 207, 230
Gehör zu, 32
gehören, 13, 14
gehört, 17, 21, 31, 35, 79, 82, 94, 97, 123, 142, 153, 155, 165, 169, 216, 221, 227, 228
gekennzeichnet, 75, 92
Gelegenheiten, 51, 79, 92, 143, 153, 163, 191, 192
Gelegenheiten zum, 59
gelehrt, 74, 110, 230
geliebten, 141, 142
gelingt es, 75
gemacht, 26–28, 31, 74, 89, 103, 108, 120, 124, 131, 141, 151, 181, 197, 198
Gemeinden, 169
gemeinsame, 105, 129, 157, 177, 178, 186, 225
Gemeinschaften, 16, 30, 53, 60, 81, 103, 105, 132, 144, 151, 154, 173, 177, 178, 181–183, 215, 221, 225
Gemeinschaften bieten, 122, 123
Gemeinschaften dazu, 223
Gemeinschaften gebildet, 153
Gemeinschaften ihre, 8
Gemeinschaften leben, 119

Gemeinschaftliche Veranstaltungen, 145
Gemeinschaftsbildung basieren, 172
Gemeinschaftsbildung bezieht sich, 177
Gemeinschaftsorganisationen spielten eine, 35
genannten, 19
genutzt, 6, 13, 34, 58, 63, 64, 196
genährt, 224
gepflegt, 208
geprägt, 1, 16, 17, 22-27, 29-32, 35-37, 40, 41, 45, 49, 52, 56-58, 62, 64, 67, 68, 72-74, 76, 77, 79, 81, 85, 89, 110, 117, 128, 132, 133, 135, 137, 143, 153, 154, 161, 162, 167, 176, 177, 181, 194, 201, 203, 205, 208, 210, 219, 227, 231, 232
gerechte, 103, 169, 187, 197
gerechteren Gesellschaft, 7
gerechteren gesellschaftlichen, 62
Gerechtigkeit, 4, 16, 55, 62, 93, 105, 108, 155, 165, 185, 195, 198, 213, 215
Gerechtigkeit befassen, 196
Gerechtigkeit kämpft, 187
gesamten Prozess von, 85
geschehen, 19, 21, 129, 222, 226
Geschichte, 210
Geschichte verbunden, 203
Geschichten authentisch, 57
Geschichten Authentizität, 74
Geschichten Brücken, 6
Geschichten helfen Individuen, 215
Geschichten inspirierte sie, 33
Geschichten lebendig, 74

Geschichten Macht, 28
Geschichten oft von, 89
Geschichten sind, 215
Geschichten spielen, 33
Geschichten verbunden, 80
Geschichten vortrug, 28
Geschlecht, 5, 42, 62, 117, 125, 154, 227
Geschlecht beschäftigen, 104
Geschlecht stehen, 115
Geschlechter-, 126
Geschlechterrollen, 26, 124
Geschlechterrollen einhergingen, 154
Geschlechterrollen hinzuweisen, 125
Geschlechterrollen oft starr, 121
Geschlechtertheorie formuliert wurde, 93
Geschlechtsidentität, 25, 26, 72, 108, 116, 117, 195, 213
Geschlechtsidentität auseinandersetzte, 130
Geschlechtsidentität beinhaltet, 117
Geschlechtsidentität bezieht sich, 115
Geschlechtsidentität einhergingen, 203
Geschlechtsidentität erkannte und, 154
Geschlechtsidentität gemacht, 124
Geschlechtsidentität kann, 129
Geschlechtsidentität kämpfte, 30
Geschlechtsidentität oft auf, 6
Geschlechtsidentität oft missverstanden, 29
Geschlechtsidentität verspottet, 140
Geschlechtsidentität von, 154
geschrieben, 142

Index

geschärft, 69, 78, 99, 199, 200, 215, 231, 232
geschützten, 29
gesehen, 62, 151
gesellschaftliche, 3, 5, 16, 21, 41, 45, 51, 60, 68, 69, 75–78, 81, 86, 92, 97, 99, 101, 105, 110, 111, 117–119, 124, 125, 130, 137, 155, 167, 181, 193, 197, 203, 209–212, 215, 220, 221, 227, 229, 232
gesellschaftlichen, 1, 3, 17, 19, 24, 35, 37, 39, 42, 55, 60, 62, 80, 85, 87–89, 93, 97, 110, 116–118, 122–125, 128, 130, 142, 219, 220, 230
Gesetze, 193
Gesetzgebung, 224
gespielt, 62, 79, 174, 179, 214
gesprochen, 34, 52, 58, 80, 82, 109, 127, 129, 130, 140, 143, 148, 149, 163, 193, 200
gestaltet, 162, 206
gestellt wird, 75
gestärkt, 64, 101, 149, 151, 218
gesunde, 30
Gesundheit, 128, 134, 147, 157
Gesundheit anerkennen, 148
Gesundheit ist, 109
Gesundheitsdienste mit, 140
Gesundheitsproblemen konfrontiert, 147
Gesundheitswerte aufweisen, 119
Gesundheitswesen, 201
Gewalt, 21, 92, 182, 201, 205, 211
Gewalt betroffen, 211
Gewalt bis, 226
Gewalt gegen, 59, 92, 100, 201, 224

Gewalt sind, 124
Gewalt ums Leben, 142
Gewalt äußern, 168
Gewalttaten führen, 100
gewesen, 16
gewinnen, 13, 33, 41, 69, 75, 87, 103, 150, 157, 168
gewonnen, 69, 172
gewünschte, 157
gezwungen fühlen, 211
gezwungen sah, 46
gibt, 18, 48, 52, 60, 63, 80, 82, 94, 97, 99, 100, 120, 124, 132, 134, 160, 162, 170, 175, 176, 180–182, 186, 195, 201, 205, 208, 211, 216, 222, 224
gilt, 134, 222
glauben, 150
glaubt, 2, 60, 207
gleich, 176
Gleichaltrigen auszutauschen, 35
gleichberechtigtere Welt, 229
gleichen Ressourcen wie, 85
gleichgeschlechtliche, 181, 182
gleichgeschlechtlichen Ehe, 224
Gleichgesinnte, 116, 120
Gleichgesinnte treffen, 65
Gleichgesinnte versammeln, 154
Gleichgesinnten von, 35
Gleichheit, 4, 104, 105, 232
Gleichheit einzutreten, 171
Gleichheit oft, 214
Gleichheit spielen, 232
Gleichheit und, 6–8, 16, 40, 93, 107, 110, 169, 183, 187, 198, 223, 225, 231
Gleichung, 184

gleichzeitig, 20, 26, 36, 43, 179, 196, 206, 231
Gleichzeitig bieten, 169
globale, 155, 181, 183, 198, 207
globaler, 196
Grenzen, 25
Grenzen Kanadas, 2
Grenzen von, 76
Grenzsetzung, 146
großer Bedeutung, 29, 72
großer Bedeutung sind, 85
Grundlage, 15
Grundlagen, 223
Grundlagen der, 159
grundlegender, 160
grundlegendsten, 135, 172
größere, 155, 176
größeren Ganzen, 230
größeren gesellschaftlichen, 24, 110
größte Herausforderung, 20
größten, 18, 57, 75, 82, 85, 99, 108, 143, 166, 184, 186
größter, 146
Gründen geschehen, 19
gut, 30, 171

haben, 2, 16, 17, 19, 21, 27–30, 36–39, 48, 53, 57–59, 62, 63, 68, 69, 73, 74, 77, 78, 80, 81, 85, 87, 89, 94, 97, 101, 102, 107–110, 112, 117, 118, 120, 128–132, 137, 143, 146, 149, 151–153, 157, 158, 165, 166, 168, 171, 172, 174–176, 178, 181, 183, 193, 195, 198, 199, 203–206, 208, 210, 217–221, 224, 225, 232

half, 16, 24, 26, 30, 32, 35, 36, 41, 43, 46, 48, 117, 136
halfen Coyote, 48
halfen ihm, 28
halfen ihr, 33, 37
Hassverbrechen gegen, 21
hat, 2–6, 16, 17, 20, 21, 33–35, 40, 43, 51–53, 56–60, 62–64, 67–69, 72–80, 82, 83, 86–89, 91, 92, 94, 96–100, 103–110, 112, 116, 119, 120, 124, 126, 127, 129–131, 135, 140–145, 147–152, 156–158, 162, 163, 169, 172, 174, 175, 177, 179, 182–184, 186, 187, 189, 191, 193–202, 204, 205, 208–221, 225, 229–232
hatte, 26, 46, 116, 127
hatten, 26, 28, 30, 31, 48
Hauptzielgruppen gehören, 9
heben, 77
hebt, 76, 120, 207
Heilung, 34, 47
helfen auch, 74
helfen ihr, 148
helfen können, 131, 226
Henri Tajfel, 27, 29, 128, 193
herausfordernden Welt zu, 146
herausfordernder Prozess, 43, 126, 130
Herausforderung, 41, 119, 140, 146, 205
Herausforderung dar, 24
Herausforderungen, 18, 36, 55, 123, 194
Herausforderungen hinzuweisen, 92
Herausforderungen sind, 210, 219

Index

Herausforderungen zu, 131, 153, 169
herausgestellt, 59
herausragende, 49, 208, 231
herauszufinden, 176
herbeiführen, 163
hervorgehoben, 9, 12, 33, 59, 104, 105, 132, 134
hervorging, 197
Herzen, 89
Heute, 210
heutigen, 12, 63, 78, 87, 101, 165, 173, 186, 195, 227, 229
hielt, 80
Hier lernte, 26
Hier sind, 147
Hier wird auch, 12
Hier wird beschrieben, 11
Hier wird deutlich, 224
Hier wird ein, 11
hierfür, 21, 33, 43, 63, 65, 94, 149, 152, 169, 182, 206, 218, 222
hilft, 3, 150, 192, 214
hinaus, 2, 4, 13, 16, 21, 32, 52, 74, 77, 81, 97, 105, 107, 112, 130, 135, 142, 143, 171, 175–177, 191, 201, 207, 212, 218, 222, 226, 231
Hinblick auf, 148
Hindernisse, 32, 57, 108, 110
hingegen ist, 223
hingegen zielt oft darauf ab, 143
hinter, 158
hinterfragt, 3, 117
Hintergründe oder, 129
hinterlassen, 58, 140, 194, 215, 231
historisch, 62, 104

Hoffnung, 93, 158, 161–163, 190, 223–225, 232
Hoffnung allein nicht, 224
Hoffnung fungiert, 223
Hoffnung geprägt, 41
Hoffnung innerhalb der, 224
Hoffnung nutzen, 163
Hoffnung nährt, 225
Hoffnung verbunden, 71
Hoffnung wird oft als, 223
hängt, 163
härtesten treffen, 105
hätte, 142
häufig, 24, 48, 63, 77, 78, 80, 94, 100, 140, 143, 147, 149, 151, 159, 182, 185, 192, 216, 218
häufige Begleiter, 200
häufigsten gehören, 147
hören, 217
Hürden, 18, 75, 86
Hürden ist, 82, 99

Idee der, 136
identifizieren, 74, 157, 162
identifizierte, 32
Identität performativ, 216
Identitäten heraus, 3
Identitäten innerhalb der, 99
Identitäten kriminalisiert, 182
Identitäten können, 185
Identitäten noch, 42
Identitäten stehen, 62
Identitätsbildung, 33, 42, 215, 217
Identitätsfindung spielt, 122
Identitätsmerkmale wie, 184
ignoriert, 227
ignoriert oder, 170

ihm, 23, 24, 28, 35, 41, 77, 79, 85,
    129
ihn herum, 83
ihr, 1, 2, 5, 10, 16, 21, 26, 29, 31–33,
    36, 37, 45–48, 59, 68, 72,
    73, 75, 81, 106, 107, 109,
    116, 124, 136, 148–151,
    155–158, 162, 165, 173,
    191, 202, 203, 208, 210,
    214, 215, 218, 219, 221,
    225, 232
Ihr Einfluss zeigt sich, 194
Ihr Engagement, 110
Ihr Leben, 2
Ihr Mut, 2
Ihr Stil, 68, 76
Ihr Umgang mit, 60
ihre, 2, 3, 5, 6, 8, 10, 16, 17, 21,
    25–27, 29–34, 36, 37,
    41–43, 45–48, 51, 53–56,
    58–60, 63, 67–69, 72–76,
    78–80, 85–87, 89, 94, 95,
    98, 101–103, 106, 107,
    109, 110, 116–119, 121,
    125, 127–129, 132–137,
    140–143, 145, 146,
    148–159, 161, 162, 165,
    167, 168, 171–177, 180,
    183, 189–192, 194–196,
    198–205, 207–212,
    214–219, 221–227, 230,
    232
Ihre Auftritte, 68
Ihre Auftritte sind, 52
Ihre Freundschaften, 30, 208
Ihre frühen literarischen, 32
Ihre Fähigkeit, 2, 6, 69, 89, 107, 109,
    125, 136, 167, 200
Ihre Geschichte, 143

Ihre neuesten, 191
Ihre persönlichen Erfahrungen, 204
Ihre Reise, 27, 208, 210, 221
Ihre Teilnahme, 48
ihrem Aktivismus, 14, 83, 210
ihrem Aktivismus wird, 79
ihrem Leben, 20, 73, 81, 109, 126,
    142, 203, 204, 210, 211,
    214, 229
ihrem Mut, 46
ihrem persönlichen Leben, 210
ihrem persönlichen Wachstum
    spielten, 47
ihrem Umfeld, 29
ihrem Umfeld konfrontiert, 192
ihrem Weg, 60, 74, 217
ihrem Weg begleitet, 17
ihrem Werk, 31, 210, 225
ihren, 1–3, 6, 16, 26, 27, 29–31, 46,
    47, 56–59, 68, 72–74, 76,
    79, 86, 87, 93, 94, 98, 102,
    105, 107, 108, 116, 117,
    122, 124, 125, 127, 135,
    136, 140, 143, 147, 150,
    155–158, 162, 163, 165,
    171, 175, 198, 200, 203,
    208, 209, 211, 214, 218,
    229
ihrer, 1–3, 5, 6, 15, 16, 21, 25, 26,
    29–35, 37, 43, 45, 46, 48,
    49, 57, 58, 68, 72–76,
    79–81, 86, 87, 89, 103,
    105, 106, 108, 109, 113,
    116, 117, 124, 125, 127,
    130, 132, 135, 136, 140,
    142, 144, 145, 148, 150,
    151, 154–156, 161–163,
    166, 169, 174, 195, 196,
    198–200, 203–205, 208,

Index 257

210, 216–219, 221, 229, 230
illustrieren, 53, 152
illustriert, 105
immer, 18, 20, 24, 36, 46, 59, 60, 68, 92, 95, 97, 124, 145, 149, 163, 180, 186, 201, 208, 210, 221
implementiert, 172
Implikationen, 212
Implikationen seiner, 77
in, 1–8, 11–13, 16–18, 20–37, 39–49, 51–60, 62–69, 71–83, 85–89, 91–95, 97–102, 104–110, 112, 113, 115–137, 139–143, 146–159, 161–163, 165–172, 175–178, 180, 182–187, 189–195, 197–208, 210–232
indigene, 105
indigenen, 74, 182, 208
individuelle, 18, 29, 34, 40, 66, 137, 152, 155, 156, 217, 230
individueller, 16, 17, 132, 133, 179, 198
Individuen, 17, 63, 73, 117, 161, 177, 215, 223
Individuen beeinflussen kann, 193
Individuen ihre, 16, 27, 119, 121, 128, 221, 230
Individuen lernen, 132
Individuen sich, 42, 43, 129, 211
informierte Gesellschaft ist, 171
Inhalte neuer, 195
initiieren, 78
initiierte, 192
Inklusion, 99
inklusiv, 170, 206

inklusiven, 4, 178, 201, 221, 228
inklusiveren, 17, 62, 105, 112, 178, 202, 232
innen, 6, 8, 10–13, 31, 47–49, 68, 73–75, 81–83, 85–87, 98, 105, 117, 128–130, 132, 134, 141, 143, 144, 146–149, 151–153, 159–161, 165–167, 170–174, 180, 181, 185, 190, 191, 194–198, 204–208, 210, 213–215, 219, 221, 232
inneren, 24, 26, 36, 41, 72, 116, 118, 120, 128, 130, 149, 154, 162, 208, 210, 229
Inneren fühlt, 209
innerhalb der, 20, 62, 91, 166, 178, 206
insbesondere, 17, 29, 30, 41, 42, 47, 58, 60, 64, 68, 82, 101, 103, 126, 128–130, 134, 139, 142, 143, 146, 159, 169, 172, 174, 176, 177, 193, 194, 201, 205, 208, 211, 227–229
Insgesamt, 33, 37, 110
Insgesamt bietet, 15
Insgesamt lässt sich, 215
Insgesamt markieren Coyotes erste, 69
Insgesamt spielt, 135
Insgesamt zeigt, 101, 198, 208
Insgesamt zeigt sich, 31, 183, 225
Inspirationsquellen, 33
inspirieren, 16, 36, 43, 80, 134, 156, 191, 192, 198, 207, 209, 210, 215, 231, 232
inspirierend, 75, 76, 81, 199, 211,

221
inspirierende, 10, 55, 107, 165, 200
inspiriert, 2, 17, 44, 50, 55, 59, 68, 69, 83, 102, 117, 150, 163, 200, 205, 219, 224, 225
institutionelle, 140
instrumentelle Unterstützung, 29
integrieren, 62, 75, 82, 97, 98, 205, 232
integriert, 13, 85, 151, 227
intensiven Auseinandersetzung mit, 116
internationale, 2, 155, 183, 206, 207
interne, 222
intersektionale, 167, 168, 183, 184, 205
intersektionalem, 12
intersektionalen, 105, 184–186, 191, 201, 206–208, 227
Intersektionaler Aktivismus, 184
Iran, 182
isoliert betrachtet, 104, 184
isoliert fühlen, 152
ist, 1–10, 13, 15–21, 23, 26, 27, 29–36, 39–44, 46–49, 51, 53–60, 62–66, 68, 69, 71–83, 85–89, 91–94, 97–101, 104–110, 115–117, 119–126, 128–137, 140–163, 165–174, 176–178, 180–186, 190–211, 214–219, 221–232
Ivan, 23, 40
Ivan als, 40
Ivan Coyote, 1, 2, 5, 7, 8, 10, 11, 13, 16, 17, 20, 21, 23, 25, 27, 28, 31, 34, 35, 37, 39, 40, 42, 45, 47, 50, 51, 53, 55–57, 60, 62–67, 69, 72, 74, 75, 79, 81, 83, 85–87, 92–94, 97, 98, 101–103, 106–108, 110, 115, 119, 121, 126–130, 132, 135, 137, 139–143, 146–148, 152, 153, 156, 161, 162, 171, 174, 177, 178, 186, 189, 191, 193, 194, 196, 198–200, 202, 205, 208, 210, 213, 216, 217, 219, 221, 225, 228–232
Ivan Coyote hören, 128
Ivan Coyote selbst, 33, 153, 224
Ivan Coyote wird ein, 13
Ivan Coyote zeigt, 20
Ivan Coyotes, 77, 116
Ivan Coyotes Aktivismus, 49, 51, 64, 91, 95, 97, 111, 112
Ivan Coyotes Ansatz zeigt, 151
Ivan Coyotes Arbeit zeigt, 230
Ivan Coyotes Bedeutung, 11
Ivan Coyotes Einfluss auf, 6, 98, 215
Ivan Coyotes einzigartigem Schreibstil ein, 76
Ivan Coyotes Engagement, 95, 105, 194
Ivan Coyotes Erfahrungen, 117, 143
Ivan Coyotes Erfahrungen zeigen, 158
Ivan Coyotes erste, 47
Ivan Coyotes Leben, 10, 15, 31, 42, 48, 119, 130, 132, 156, 163, 221, 226, 231
Ivan Coyotes Lebenswerk, 219
Ivan Coyotes literarischer Karriere, 81
Ivan Coyotes literarisches Schaffen, 78

Index

Ivan Coyotes Medienpräsenz und, 200
Ivan Coyotes persönliches Leben zeigen, 210
Ivan Coyotes Reflexion über, 204
Ivan Coyotes Reise, 137
Ivan Coyotes Reise zeigt, 43
Ivan Coyotes Schreibprozess, 85
Ivan Coyotes Schreibstil, 74
Ivan Coyotes Werk, 77, 78, 124, 125, 217
Ivan Coyotes Werk reich, 71
Ivan entdeckte früh seine, 24
Ivan fand, 39
Ivan konfrontiert, 38, 39
Ivan musste, 39
Ivan oft mit, 24
Ivan schon früh, 23
Ivans Entwicklung, 24
Ivans Familienhintergrund, 25
Ivans Selbstwertgefühl, 24

Jahren geboren und, 1
Jahrhundert, 7
Jahrzehnten zugenommen, 220
James Baldwin, 31
jeden Menschen, 27
jeder, 4, 35, 59, 187, 207, 215, 226, 229, 232
Jeder Einzelne kann, 207
Jeder von, 21, 187
jedoch auch, 87
jedoch gelernt, 75
jedoch gleichzeitig, 26
jedoch nur, 32
jedoch oft mit, 43, 194
jedoch verändert, 62
jeher eine, 179
John Bowlby, 128

John Turner, 27, 29, 128, 193
Journalisten konfrontiert, 99
Judith Butler, 5, 42, 93, 154, 215
Judith Herman, 34
Jugendlichen, 21, 205
Jugendlichen unterstützt, 192
junge, 2, 48, 106, 112, 166, 204, 210, 214
jungen Menschen, 192
jungen Stimmen, 165, 167
junger, 106, 152, 195
Juristin Kimberlé, 21

Kampf, 37, 232
Kampf gegen Diskriminierung, 177
Kanada, 1, 18, 181
kanadischen Gesellschaft, 23
kann, 2, 3, 5–7, 16, 18–21, 27, 28, 35, 37, 38, 40, 42, 48, 52, 54, 57, 60, 63, 66, 73, 75, 79, 80, 82, 83, 86, 87, 93–95, 97–102, 104, 112, 115, 116, 118, 120, 121, 123, 128–134, 140–144, 146, 148, 150–152, 155–157, 160, 166, 168, 170–174, 176, 178, 180, 182, 184–187, 193, 197, 202, 205–209, 211, 212, 216, 217, 219, 221, 222, 224, 226, 227, 230, 231
Kapitels, 110, 158
Karriere, 218
Karriere zeigen, 12
Katastrophen erscheinen, 158
Kategorien hinausgeht, 26
Kategorien wie, 201
kathartische, 80
keine Ausnahme dar, 74

Kimberlé Crenshaw, 62, 184, 186, 201, 227
Kinderliteratur, 33
kindlichen Entwicklung, 33
klar, 60
klaren, 10, 20
klarer Beweis dafür, 48
Klarheit zu, 150
Klima, 98, 194
Klima der, 182
Kluft bleibt ein, 176
Kolleg, 86
kollektive, 16, 18, 19, 29, 42, 59, 60, 66, 110, 137, 146, 152, 153, 155, 186, 191, 207, 215, 222, 229
kollektiven Bewusstseins, 65
kollektiven Einsatz, 163
kollektiven Veränderungen führen, 156
kollektiver Ebene einen, 198
kollektiver Unterstützung, 17
kollektives Unterfangen, 44
kolonialen Einflüssen, 182
Kommentare, 58, 222
Kommentaren, 80
Kommentaren konfrontiert, 204
kommerzialisierten Umfeld zu, 78
komplexen, 76, 89, 99, 183–186, 208, 218, 227
komplexer Prozess ist, 76
Komplexität, 8, 31, 64, 69
Komplexität der, 100, 195, 201
Komplexität von, 10, 14, 23, 72, 125, 193
Komponente auf, 131
Komponenten, 161, 231
Konferenzen, 198

Konferenzen angesprochen wurde, 197
Konferenzen sowohl, 198
Konferenzen teilgenommen, 196, 199
Konflikt, 24
Konflikt zwischen, 130
Konflikte, 41, 75
Konflikte innerhalb der, 222
Konflikten, 229
konfrontiert, 1, 2, 12, 17, 19, 21, 24, 27, 32, 34, 37–40, 42, 43, 48, 49, 52, 54, 57, 60, 65, 67, 68, 75, 76, 80, 83, 85, 86, 92, 99, 106–108, 110, 116, 136, 140, 141, 147, 159, 161, 168, 172, 180–184, 186, 192, 194, 196, 201, 203, 204, 211, 217, 225, 228, 232
konkrete Beispiele, 152
konkreter Maßnahmen, 225
konnte, 32, 36, 46, 72
konservativen Gemeinschaften, 134
konservativen Kreisen, 6
konstruiert, 5, 42, 154, 216
Konstrukte betrachtet, 201
Konstruktive Kritik bietet, 143
konstruktive Kritik von, 58
Konstruktivismus, 3
Kontakt, 191, 192
Kontexte, 97
Kontexten geprägt, 132
kontinuierlich erneuern, 163
kontinuierlich für, 151
kontinuierlichen, 93
konzentrieren, 151, 158, 168, 172, 184, 186, 206
Konzept, 21, 172, 184

Index

Konzept betrachtet, 227
Konzept ist, 201
konzipiert, 10
Kosten, 86
Kosten beschrieben, 211
kraftvolle, 5, 16, 73, 93, 203, 207, 213, 224
kreative, 29, 81–83, 109, 116, 148, 157, 175, 207, 209
kreativen Ausdruck können, 146
kreativen Ausdrucksformen, 161
kreativen Prozess, 86
kreativen Raum, 82
kreativen Therapien, 133
kreativer Ausdruck, 32
Kreatives Schreiben, 150
Kreatives Schreiben wird oft als, 142
kriminalisiert, 182
Krisenzeiten Resilienz entwickeln, 161
Kritik, 146, 204
Kritik auseinandergesetzt, 109
Kritik ausgesetzt, 144
Kritik kann, 86, 143
Kritik von, 157
Kritiken bleibt Coyotes Einfluss unbestreitbar, 78
Kritiken hinaus, 77
kritisch zu, 64
kritische Diskussionen über, 193
Kritische Stimmen, 200
kritische Stimmen, 46
kritischen, 42, 77, 78
kulturelle Artefakte, 34
kulturelle Aspekte, 181
kulturelle Narrative herauszufordern, 34
kulturelle Normen, 130
kulturelle und, 182

Kulturelle Unterschiede spielen, 182
kulturellen Einflüssen, 74
kulturellen Einflüssen und, 76
Kulturszene, 81
Kunstinstitutionen, 180
kurzfristige Erfolge, 172, 174, 206
Kämpfe durchleben, 37, 41, 218
Kämpfe durchlebten, 116
Kämpfe Teil, 134
Kämpfen verstanden zu, 117
können, 5, 6, 8–10, 16, 17, 22, 28–30, 34, 35, 38–40, 43, 47–49, 53, 58, 60, 63, 65, 66, 72, 73, 83, 85–87, 92, 94, 95, 97–99, 102, 103, 105, 106, 109, 112, 113, 117–119, 121, 126, 128, 129, 131, 132, 134, 137, 141–144, 146, 148, 150–152, 154–159, 161, 163, 166–174, 177, 178, 184–187, 192, 211, 216–218, 222, 225, 226, 229–232
kümmern, 58, 147, 226
Künstler, 47, 48, 83, 130, 180, 194–196, 207, 210, 215
künstlerische Ausdrucksformen können, 150
Künstlerische Ausdrucksformen wie, 224
Künstlern konnte, 36
kürzlichen, 191

Lachen brachten, 46
Lachen kann, 151
Landrechte kämpfen, 105
langfristige, 97, 98, 107, 140, 151, 172, 174, 206, 219

langfristigen Auswirkungen von, 111, 171, 215
langfristigen Partnerschaften mit, 173
las Werke, 31
Lassen Sie, 187, 226
Laufe der, 99
Laufe ihrer, 106, 196, 205
Laufe seiner, 191
Laut Berichten, 211
Laut dem, 20, 201, 210
Laut der, 154
Leben, 7, 27, 132, 142, 153, 156, 158, 232
Leben gewann, 31
Leben von, 40, 47, 115, 143, 146, 152, 159, 160
Lebensbedingungen anzupassen, 159
Lebensgeschichte, 72
Lebensgeschichte von, 161
Lebensweg von, 10
lebt, 210
lediglich als, 227
Legalisierung der, 224
legt, 3, 11, 97, 128, 193, 225
legte, 27, 154
legten, 25, 28, 31, 33, 47
Lehrer, 141
lehrreich, 36
lehrt, 136, 137
leichteren Momenten, 75
Leichtigkeit und, 75
leidet, 21
leisten, 200, 207, 224, 225
Leitfaden, 151
Lektion, 136, 158
Lektionen gezogen, 158
Lektionen wichtiger, 137
Lektüre von, 26

Lernen, 59
lernen, 30, 36, 40, 87, 110, 119, 129, 132, 133, 136, 146, 149, 150, 163
Lernens, 132
lernte, 24, 26, 32, 36, 46
Leser, 6, 8, 10, 73–75, 87, 117, 121, 136, 190, 191, 213, 214
Leser ermöglicht, 77
Lesungen gestaltet, 162
Lesungen oft über, 143
Lesungen sind, 79
letzten, 21, 62, 88, 169, 172, 174, 181, 182, 189, 220
letztendlich eine, 136
letztendlich einen, 157
Letztendlich ist, 57
LGBTQ-Geschichten, 69
LGBTQ-Personen können, 92
LGBTQ-Veranstaltungen, 51
Licht der, 181
liegen, 12, 163, 226
Linse der, 5
literarisch als, 85
literarisch wertvoll, 73
literarischen, 1, 2, 6, 11, 12, 16, 31, 32, 34, 40, 41, 55, 63, 68, 69, 72, 74, 76, 77, 79, 85, 97, 98, 102, 115, 127, 155, 203, 204, 208, 218, 219
Literatur hinzuweisen, 69
Lobbyarbeit, 169
logischen Aufbau, 10
Lösungen, 20, 105

macht, 2, 67, 72, 73, 75, 79, 81, 100
machte sie, 68
machten, 24, 29

Index

man, 32, 60, 79, 116, 120, 133, 136, 148, 205, 209, 231
manchmal sensationalisiert, 100
manifestieren, 211
Manuel Castells, 101
marginalisieren, 231
marginalisiert, 31
marginalisiert fühlen, 192
marginalisierte, 34, 44, 57, 93, 103, 144, 209, 227
marginalisierten, 17, 22, 30, 41, 55, 105, 169, 177, 184, 195, 214, 220, 227
marginalisierter, 228
Markenzeichen ihres Schreibens, 74
Markenzeichen von, 190
markierte, 154
Mary Ainsworth, 128
mechanischer, 20
Medienpräsenz gibt, 63
Medienpräsenz nicht, 198
Medienpräsenz und, 198
Medienvertreter sich, 101
mehr, 2, 41, 52, 69, 79, 142, 185, 195
mehrere Phasen, 83
mehreren marginalisierten, 227
mehreren Schlüsselbereichen erkennen, 213
Mehrheit der, 182
Meinung, 182
Menschen verändert, 232
menschlichen, 8, 158, 230
menschlicher, 27, 64, 68, 137, 201, 212
mentale, 149, 157
Mentees erschweren kann, 48
messen, 14
Michel Foucault, 154

Mikhail Bakhtin, 215
Mikrokosmos der, 23
mildern, 39
Mindset kann, 150
Mindsets könnte wie, 150
minimieren, 209
Mischung aus, 23, 45, 52, 68, 73, 77, 80
Misserfolge bieten, 157
Misserfolge können, 158
Misserfolge menschlich, 158
Misserfolgen gezogen, 156
Misserfolgen kann, 157
Misserfolgen umzugehen, 158
Missverständnisse hinzuweisen, 145
Missverständnissen konfrontiert, 24
mit, 1, 2, 4–6, 11, 12, 17, 19, 21, 24, 26, 27, 30–32, 34–43, 45, 46, 48, 49, 51, 52, 54–60, 63–69, 71–76, 79–83, 85–88, 92, 94–97, 99, 103–110, 115–125, 129–133, 135, 136, 140–149, 151, 154–159, 161–163, 165, 167, 168, 172, 173, 175, 180–186, 191–196, 198, 201–208, 210, 211, 214, 216–218, 220, 224, 225, 228–232
Mit Blick, 191
miteinander, 3, 11, 22, 62, 93, 184, 201, 203, 207, 225, 227
Mitgefühl, 135
Mitgestaltung seiner, 64
mitgewirkt, 106, 107, 202
Mitglieder oft mit, 225
Mitstreiter, 161
Mitstreitern, 108
Mitwirken, 223

mobilisieren, 28, 79, 81, 153,
    174–176, 181
Motiv, 190
Motiven, 11, 69
Motiven ist, 71
motivierte sie, 30, 32
musste, 26, 30, 39, 40, 43, 45, 46,
    68, 218
Mut, 232
Männer, 185
männlich, 115
möchten, 196, 219, 232
Möglichkeiten, 48, 64, 87, 129, 155,
    175, 176
Möglichkeiten führen, 86
Möglichkeiten weiter, 87
müssen daher, 206
müssen verschiedene, 172

nach, 1, 5, 27, 32, 42, 67, 72, 77, 85,
    94, 95, 99, 105, 109,
    119–121, 123, 130, 132,
    135, 140, 149, 154, 158,
    162, 168, 201, 205, 211,
    215, 221, 224
Nachdenken anregen, 46
nachhaltige, 105, 111, 174
nachhaltigen, 57, 172–174, 206
Nachhaltiger Aktivismus, 172–174
Nachteil sein, 176
nachzudenken, 46, 80, 125, 213, 231
nachzuvollziehen, 11
nannte, 48
Natur sein, 85
natürlicher, 105
Neben, 2, 108, 133, 199
Neben der, 29
Neben Ivan Coyote, 232
negativ, 39, 57

negativen Auswirkungen von, 39
negativen Einfluss zu, 209
negativen Erfahrungen Stärke zu,
    204
negativen Kommentaren, 58
negativen Reaktionen, 121, 200
Netzwerk können, 152
Netzwerke, 64
Netzwerken kann, 118
Netzwerkgesellschaft, 101
Netzwerks von, 64, 66, 197
neu definiert, 59
neuen, 110, 158, 165, 205
neuer, 174, 176, 195, 206
neuesten, 12, 87, 191
nicht, 2–8, 10, 13, 16–18, 20, 21,
    23–27, 30–37, 40–49,
    51–60, 62–64, 66–69,
    72–81, 83, 85–87, 89,
    91–93, 95–101, 103–111,
    116, 118–125, 127–131,
    133–135, 137, 139–143,
    146, 148–151, 153–163,
    165, 167, 169–172,
    174–181, 183–186, 189,
    191–196, 198–200,
    202–219, 221, 224–228,
    230–232
Normen zeigt sich, 118
notwendig, 20, 58, 165, 171, 195,
    226, 231
notwendige Fähigkeit, 157
notwendiger, 126, 224
Notwendigkeit, 66, 69, 141, 154
Notwendigkeit betonen, 185
Notwendigkeit betont, 104
Notwendigkeit hingewiesen, 63, 140
Notwendigkeit von, 46, 63, 107,
    125, 141

Index 265

Nuancen seiner, 69
Nur, 101, 186
nur, 2–8, 10, 13, 16–18, 20, 21,
	23–25, 27, 30–37, 40–48,
	51, 53–60, 62–64, 66–69,
	72–81, 83, 87, 89, 91–93,
	96–101, 103, 105–111,
	116, 118–120, 122–125,
	127, 129–131, 133–135,
	137, 139–143, 146,
	148–151, 153–159,
	161–163, 165, 167, 169,
	171, 172, 174–179, 181,
	184–186, 189, 191–196,
	198–200, 202–219, 221,
	224–228, 230–232
Nur durch, 22, 167, 229
nutzen, 21, 103, 135, 145, 157, 163,
	167, 169, 176, 206, 207
nutzt, 2, 5, 6, 41, 55, 79, 85, 102,
	119, 125, 143, 148, 153,
	191, 192, 198, 201, 203,
	210
nutzte, 30, 204
Nutzung verbunden, 103
Nutzung von, 205
nächste, 163, 165–167, 196, 204,
	210
nächsten, 12, 158, 205
näher beleuchtet, 57
näher betrachten, 135

ob sie, 115, 142
oder, 4, 21, 29, 30, 32, 34, 40, 43, 45,
	56–58, 63, 72, 75, 78,
	85–87, 92, 94, 99, 108,
	113, 115, 129, 130, 134,
	136, 140–144, 155, 157,
	169, 170, 175, 184–187,
	192, 201, 207, 211, 214,
	216, 221–223, 225, 227,
	230, 232
offen, 2, 29, 45, 58, 68, 109, 117,
	134, 140, 141, 148, 200,
	214, 222
offener mit, 158
oft darüber, 58
oft das Ergebnis von, 60
oft das Gefühl, 41
oft dazu, 155
oft herausfordernder Prozess, 117
Oft kämpfte sie, 32
oft langwierig und, 116
oft manifestiert durch, 223
oft stigmatisiert, 108
oft versucht, 44
oft über, 205
Oftmals wird die, 99
Oftmals wird von, 75
ohne, 16, 46, 49, 56, 75, 100, 108,
	136, 152, 218, 227, 230
organisieren, 63, 165
organisiert, 16, 134, 175
Orientierung, 4, 93, 113, 168, 186,
	227, 232
Orientierung geführt, 220
Orientierung kämpfen, 133
Orientierung oder, 169
Orientierungen anerkennen, 182
Orte zu, 175

Paradebeispiel dafür, 72
passen, 41, 108
passte, 27
Performancekunst, 196
performativ konstruiert, 42
Performerin, 154
Personen als, 100

Personen geschärft, 231
Perspektiven zu, 53
persönliche, 2, 3, 5, 6, 10, 12, 16, 17,
    29–32, 36, 40–42, 44, 47,
    48, 54, 55, 57–60, 69,
    72–74, 78, 79, 81, 89, 106,
    108, 110, 117, 119, 125,
    126, 128–130, 134, 135,
    137, 139, 141, 143, 146,
    153, 155–159, 163, 189,
    191, 193, 195, 204, 210,
    215–217, 219, 221, 231
persönlichem Ausdruck, 62
persönlichem Zweifel, 208
persönlichen Geschichte, 37, 219
persönlichen Reise, 87
persönlichen Reise basieren, 144
persönlichen Umfeld, 143
persönlichen Umfeld von, 141
Phasen durchlaufen, 155
plant, 191
Planung kann, 151
plädiert, 117, 206
Plädoyer, 204
politisch, 41
politische, 6, 20, 32, 91, 97, 100,
    101, 169, 175, 186, 200
politischem, 62
politischen, 77, 95–97, 107, 171,
    193, 194, 201, 216, 232
positiv, 182, 194
positive, 9, 30, 39, 41, 93–95,
    99–101, 103, 119, 137,
    153, 212, 221, 223
positiven, 25, 26, 29–31, 36, 48, 51,
    52, 58, 63, 80, 92, 99, 121,
    134, 136, 141, 150, 151,
    156, 162, 180, 192, 195,
    209, 211, 216, 222, 224

Praktiken helfen, 149
Praktiken wie, 157
praktiziert, 42
prekären Situationen weiter, 183
Prinzip der, 20
professionelle, 135, 148
prominente, 5, 63, 117, 126, 200,
    215
propagierte, 118
Proteste, 223
Proteste sind, 91
protestierte, 140
Prozess, 132, 177
Prozess der, 132
prägende, 25, 27
prägnante, 204
prägten ihren, 26
präsentieren, 41, 45, 53, 68, 72, 74,
    85, 191, 195, 231
Präsenz von, 93
psychische, 19, 21, 30, 39, 57, 58,
    109, 119, 122, 131, 146,
    148, 168, 229
psychischen Gesundheitsresultaten,
    171
Psychologen wie, 34, 132, 135
psychologischen, 144, 211, 224
psychologischer Unterstützung
    kann, 134
Publikum erreichen, 200

qualitativen Forschung wird eine, 14
quantitativen Ansätzen ermöglicht
    es, 15
queer, 32, 185, 214, 225
Quelle der, 16
Quellen genutzt, 13

r, 222

Index

Rahmenbedingungen betrachtet, 3
Rand gedrängt, 20
Rasse, 62, 184
Rassismusbekämpfer, 105
Rassismusbekämpfern, 104
raue, 31
reagieren, 151
Reaktionen von, 77, 109
Realität sein, 52
Rechten von, 110
rechtliche, 18, 92, 181, 183, 192, 224
rechtlichen, 97, 181, 182, 226
reflektieren, 33, 34, 64, 72, 74, 77, 80, 189, 219
reflektiert, 13, 64, 86, 120, 121, 148, 203, 208, 209, 218
reichen von, 140, 142
Reise, 26, 31, 41, 44, 89, 122, 132, 133, 135, 136, 229, 230
Reise dokumentiert, 216
Reise von, 17, 57, 60, 108, 135
Reisen begeben, 122
relevant, 29, 71, 73, 78, 128, 195, 211, 227
relevanter, 42
repressiven Regierungen durch, 183
repräsentieren, 68
repräsentierten, 23
Resilienz, 39
Resilienz auf, 159
Resilienz der, 146, 161
Resilienz ein, 110
Resilienz ist, 59, 135, 149, 163
Resilienz stärken, 161
Resilienz zu, 36, 37, 58
Resonanz gefunden, 77
Respekt gegenüber, 97
respektieren müssen, 172
Ressourcen effektiv, 206

Ressourcen gebündelt, 173
resultiert, 73, 162
Rezensionen wird oft auf, 77
Rezeption seiner, 78
richtigen, 32
Richtlinien, 85
Ringen, 27
Rolle bei, 62, 72, 99, 129, 182, 195
Rolle spielen, 161
Rolle spielt, 57
Räume konzentrierte, 65
Rückkehr, 142
Rückmeldungen von, 80, 141, 192
Rückschau, 204
Rückschläge bleibt, 158
Rückschläge dazugehören, 121
Rückschläge können, 157
Rückschläge sind, 149, 151
Rückschläge Teil des Prozesses, 110
Rückschläge zu, 150, 151
Rückschlägen, 60, 151
Rückschlägen entwickelt, 218
Rückschlägen geprägt, 57
Rückschlägen konfrontiert, 194
Rückschlägen untersuchen, 149
Rückschlägen verbunden, 132
rückt, 93

sah sie, 32
sammeln, 175
Schaffen, 1
schaffen, 3, 20, 32, 35, 36, 51, 66, 80, 82, 98, 103–105, 107, 119, 125, 137, 140, 141, 154, 163, 167–169, 171, 174, 176–178, 182–185, 187, 192, 195, 198, 204, 206, 208, 217, 222, 225, 229, 230, 232

Schaffen eng miteinander, 203
Schaffen wurde, 155
schafft, 2, 21, 55, 57, 60, 75, 94, 101, 102, 125, 132, 162, 209, 211
Schaffung von, 227
schlagen können, 6
Schließlich, 158
Schließlich ist, 110, 151, 156
schließt, 11–13
Schlüsselthema, 200
Schmerz, 34
Schmerz verbunden, 142
Schmerz verursacht, 108
schmerzhaft, 32, 36, 80, 140, 231
schmerzhaften, 108
schnell Unterschriften zu, 175
Schreiben, 5, 42, 72, 83, 109, 116, 132, 134, 190
Schreiben ihre, 32
Schreiben sah sich, 32
schreibt, 41, 87, 89, 163
schrieb, 32
Schriften, 143, 218
Schriften oft, 135
Schriften thematisiert, 214
Schriftsteller, 11, 16, 23, 25, 28, 68, 75, 85, 191
Schriftstellerei, 29
Schriftstellerin definiert, 110
Schriftstellerin spielt, 72
Schritt, 49, 91, 99, 121, 135, 141, 154, 224
Schritte, 150
Schritte geschehen, 222
Schulen, 171
schulische, 98
schwer, 40
schwierig machen, 87

schwierig machen können, 85
schwierige, 39, 46, 68, 149, 151, 159
Schwierigkeiten, 136
Schwierigkeiten bis, 142
Schwierigkeiten hingewiesen, 131
Schwierigkeiten Stärke zu, 73
Schwierigkeiten verbunden, 205
schwul, 225
schärfen, 2, 53, 76, 79, 97, 107, 141, 145, 168, 172, 183, 193, 197, 198, 203, 207, 210, 211, 214, 219, 228
schärft, 3, 55, 170
schärfte, 28
schätzen, 132
Schüler, 98, 141, 170
schützen, 142, 193
sehen, 49, 68, 94, 144, 180, 212
sei es, 221
sein, 63, 142, 157, 173, 229
sein authentisches Selbst, 4
Sein Einfluss, 191
Sein Engagement, 85
sein Leben, 11
sein Werk, 11
Seine, 29, 192
seine, 11, 12, 16, 23–25, 28, 29, 34, 35, 39–43, 63, 64, 69, 78, 79, 83, 85, 97, 98, 121, 122, 129, 130, 132, 192, 194
Seine Arbeiten, 78
Seine Auftritte als, 77
Seine Erzählungen, 71
Seine Fähigkeit, 78
Seine Werke, 41
seinen, 11, 34, 40, 63, 79, 85, 105, 120, 129, 130, 215

Index

seiner, 11–13, 24, 25, 33, 35, 37, 41, 42, 64, 69, 77, 78, 92, 120, 121, 130, 131, 184, 187, 191, 207, 226, 229, 232
selbst, 27, 30, 31, 33, 43, 48, 56, 58, 72, 80, 86, 92, 102, 108, 116, 120, 124, 130–132, 135, 143, 147, 148, 153–156, 158, 162, 163, 166, 167, 204, 211, 224, 225
Selbst zu, 124
Selbstakzeptanz, 132, 136, 229, 231
Selbstakzeptanz oft das Ergebnis, 209
Selbstbehauptung, 40, 44
Selbstbewusstsein, 35
Selbstentdeckung, 31, 42
Selbstfindung, 128
Selbstfürsorge, 174
Selbstfürsorge ist, 147–149, 157
Selbstfürsorge könnte wie, 149
Selbstfürsorge sind, 148
Selbstfürsorge umfasst, 157
Selbstfürsorge zu, 210
Selbsthilfegruppen, 132
Selbstliebe der, 135
Selbstverlagstiteln kann, 87
Selbstvertrauen zu, 41
Selbstwahrnehmung von, 94
Selbstzensur, 86
Selbstzweifel führen, 144
Sensibilität, 57
sensiblen, 101
setzen, 55, 151, 175, 232
setzt, 8, 206
Sexualität als, 201
Sexualität auseinandersetzt, 42
Sexualität fördern, 182

Sexualität können, 118
Sexualität miteinander, 201
Sexualitätsnormen bewegen, 126
sexueller, 4, 93, 168, 186, 220, 227, 232
sich, 1–8, 10–14, 16, 17, 20, 21, 23–36, 39, 42–49, 51–60, 62–65, 67–69, 71–78, 80–83, 85, 87, 89, 92–94, 97–99, 101, 103–105, 107, 109, 110, 112, 115–122, 124, 126, 129–132, 134–137, 140–149, 151–159, 161–163, 167–169, 171, 172, 174–178, 180–185, 191–202, 204–207, 210–217, 219, 221–230, 232
sicheren Hafen, 40
sicherer, 16, 65, 80, 98, 121, 157
sichtbar, 5, 21, 43, 68, 97, 212
Sichtbarkeit, 32, 93, 110, 119, 131, 155, 176
Sichtbarkeit kann, 93
Sichtbarkeit kämpfen, 225
Sichtbarkeit von, 81
sie, 1–3, 5, 8, 16, 21, 23, 24, 26, 27, 29–36, 41–43, 45–49, 51, 52, 54–56, 58, 59, 65, 67–69, 72–76, 80, 81, 86, 87, 89, 93, 94, 101, 102, 104, 107–110, 115–118, 124, 125, 127–130, 134–136, 140–143, 145, 148, 152, 154, 156–158, 162, 163, 165, 167, 170, 171, 174–177, 179, 186, 189, 191, 192, 196,

198–200, 202–205,
208–212, 214–216, 218,
219, 221, 224, 225, 227,
229–232
sieht, 6, 21, 184, 200, 204–207
signifikant, 119
sind, 1–3, 5, 6, 8, 9, 11, 12, 16–19,
21, 22, 24, 28–31, 33–37,
39–42, 47–60, 62, 63, 66,
69, 71–74, 77, 79–83, 85,
86, 89, 91, 93–95, 97, 99,
101, 103–108, 110–112,
116, 118, 120, 121,
123–125, 127–137,
139–143, 146–149, 151,
153, 155–159, 161–163,
165, 167–169, 171, 173,
174, 176–178, 180–183,
186, 187, 189, 191, 192,
194–196, 198–203,
205–208, 210, 211,
213–232
Sinne ermöglichen, 216
Sinne möchten, 232
Situationen anzupassen, 149
Situationen befinden, 33
skeptisch, 46
Snyder definiert, 161
Solche Ansätze, 176
solchen, 16, 30, 36, 74, 100, 129,
192
solcher, 51, 66, 87, 110, 206
solidarisieren, 21
Solidarität innerhalb der, 36, 59, 74,
206
Solidarität kann, 20
sollten, 80, 174
sonst, 175
sowie, 11, 13, 37, 52, 81, 83, 95, 99,
108, 111, 112, 117, 141,
146, 152, 162, 165, 175,
194, 215, 229
sowohl, 2, 6, 10, 13, 20, 21, 23,
25–29, 31, 35, 36, 62, 64,
65, 69, 71, 75–78, 85, 87,
89, 93, 99, 101, 105–107,
110, 117, 129, 131, 135,
143, 149, 151, 154, 155,
166, 167, 169, 176, 180,
183, 189–191, 198, 200,
204, 206, 208, 210, 211,
217, 218, 221, 224, 231
sozial konstruiert, 5, 154
soziale, 2–4, 18, 20, 21, 24, 28, 30,
39, 53, 55, 62, 63, 80, 91,
97, 101–103, 105, 124,
128, 148, 153, 162, 165,
173, 174, 177, 181–185,
193, 195, 198, 199, 201,
205, 207, 213, 227
sozialem, 186
sozialen, 3, 5, 6, 12, 21, 24, 26–31,
39, 58, 77, 93, 97, 101,
103–105, 107, 109, 112,
128, 132, 142, 153–155,
165, 167, 168, 175,
179–181, 185, 186, 194,
198, 201, 205, 222, 223,
231
sozialer, 26, 34, 41, 101, 105, 169,
182, 196, 226
Sozialwissenschaftler Émile
Durkheim ist, 20
Spannungen führen, 82, 166
Spannungen zwischen, 222
spezialisiert, 85
speziell, 16, 192
Spiegelbilder der, 141

Index

spiegeln, 1, 9, 24, 37, 57, 108, 125, 127, 154
spiegelt, 53, 67, 73, 89, 99, 204
spielen, 26, 33, 47, 49, 62, 81, 93, 99, 103, 117, 119, 132, 133, 161, 169, 182, 195, 198, 208, 215, 232
spielt, 3, 13, 26, 42, 57, 72, 115, 121, 122, 128, 129, 133, 135, 145, 152, 159, 165, 176, 202, 207, 210
spricht, 102, 125
späten, 67, 184
später, 24, 30, 42, 225
späteren, 23, 26, 29, 31, 33, 40
spürbar, 107, 108, 142
stabiler, 128
Stadt, 35
starkes Motivationsinstrument, 223
starren, 121, 125
statt, 35, 45
stattdessen haben, 218
Stattdessen müssen wir, 184
steht, 155, 167, 169, 186
stellt einen, 95
stellte sie, 46
stellten, 116, 204
stereotype, 63, 117, 119, 182, 212
stereotypisiert, 94
Stil, 47, 75, 76
Stimme innerhalb der, 200
Stimme noch kraftvoller zu, 204
Stimmen aus, 97, 153
Stimmen bieten, 198
Stimmen der, 1, 20, 25, 67, 169, 216
Stimmen derjenigen zu, 20, 183, 231
Stimmen gegenübersehen, 214
Stimmen gehört, 82, 228
Stimmen innerhalb der, 72, 123, 186

Stimmen stärken, 66
Stimmen von, 7, 17, 32, 62, 94, 104, 128, 220
Stimmen wie, 221
Strategien anzupassen, 176
Streben nach, 154, 211
strukturelle Barrieren, 195
ständig, 183, 194
ständige, 32, 38, 41, 109, 118, 120, 146, 214, 218
Stärke betrachtet, 225
stärken, 16, 20, 34, 58, 59, 66, 148, 158, 161, 183, 186, 206, 216, 220
Stärken der, 23
Stärken stehen junge, 166
stärkeren kollektiven Handeln, 207
stärksten marginalisierten, 105, 177
stärkt, 44, 174
stößt, 6, 141
stützen, 143
Suizidversuchen, 21, 224
Symbiose zwischen, 7
systematischen, 37
systemischen, 57, 108

Tat umzusetzen, 224
Techniken, 74
Techniken gekennzeichnet, 75
Techniken geprägt, 76
Techniken wie, 58
technologische, 167, 169, 205
teilgenommen, 2, 52, 91, 104, 193, 196, 199
Teilnahme kann, 221
teilt, 129
teilte, 43
temporär, 151
Thema, 62, 73

Thema Geschlechtsidentität, 170
thematisieren, 94, 191
thematisiert, 6, 11, 12, 27, 41, 57, 72, 73, 108, 125, 126, 162, 208, 214
Thematisierung von, 141
theoretische, 3, 14, 126, 177, 185, 193, 201
theoretischen Perspektiven dabei eine, 161
theoretischer Rahmen ist, 42
Theorie betrachtet, 20
Theorie von, 155
Theorien beleuchten, 74
Theorien gehören, 14
Theorien von, 154
therapeutischen, 190
tief, 18, 19, 46, 60, 77, 79, 137, 141, 182, 223
tiefe, 58
tiefen, 1, 26, 28, 41, 71–73, 131, 154, 208, 210
tiefere, 75, 191
tiefgehende, 10
tiefgreifend, 80, 112, 139, 171, 196, 215
tiefgreifende, 72, 83, 107, 118, 141
tiefgreifenden Einfluss auf, 74, 97, 130, 217
tiefgreifenden persönlichen, 219
Tokenisierung, 227
toleriert wird, 186
traditionellen, 23, 26, 27, 29, 37, 121, 126, 154, 205
traditioneller, 25, 124
Traditionen, 182
tragen, 3, 34, 44, 101, 212, 217, 228, 229
transformieren, 4, 34, 99, 217

Trauerbewältigung, 143
Trauerverarbeitung, 155
treffen, 16, 26, 65, 105
treibenden Kräfte, 158
treten, 87, 191, 192, 205
Triumphe der, 128, 219
Triumphe des Lebens, 199
Triumphe teilen, 94
trotz, 59, 73, 110, 121, 133, 136, 223
Trotz der, 21, 26, 28, 30, 36, 39, 45, 48, 51, 52, 59, 63, 66, 75, 76, 78, 80–83, 85, 92, 94, 97, 103, 109, 116, 118, 134, 136, 141, 162, 168, 170, 176, 178, 180, 183, 196, 201, 211, 216, 222, 224
Trotz des positiven, 195
Trotz dieser, 99, 160
Trotz ihres Erfolgs, 6, 214
Trotz seiner, 184
trugen, 29, 40, 67
trägt, 125, 192
Twitter ermöglichen, 165
täglichen Interaktionen, 226

Uganda, 182
umfassen, 69, 83, 88, 132, 144, 150, 151
umfassende, 181
umfassender Einblick, 11
umfasst, 1, 3, 15, 117, 149, 157, 181, 183, 186, 200, 206
umfassten, 108
Umfeld, 26, 29–31, 35, 62, 98, 108, 112, 161, 177, 178, 192
Umfeld aufzuwachsen, 30
Umfeld schuf, 24

Index 273

Umgang, 2, 143, 145, 146
umgeben, 131, 145, 151
Umgebung, 107, 169, 225
Umgebungen aufwachsen, 152
umgehen, 140
umgewandelt, 29, 73
umwandelt, 143
umzugehen, 31, 58, 109, 142, 144, 149, 151, 157, 158, 218
umzusetzen, 224
umzuwandeln, 16
unbestreitbar, 2, 78, 81, 176, 215
und, 1–37, 39–60, 62–69, 71–83, 85–87, 89, 91–95, 97–113, 115–137, 139–163, 165–187, 189–232
unermüdlich, 7, 231, 232
unermüdliche Aktivistin, 231
unerwartete, 151
Ungerechtigkeiten, 184
Ungerechtigkeiten aufmerksam, 2
Ungerechtigkeiten vorzugehen, 92
ungleichen Verteilung von, 86
universell, 2, 21, 89, 107, 189
universelle, 5, 6, 32, 69, 77, 135, 231
universellen, 2, 127
universelles Gefühl, 141
unliebsamen, 156
uns, 17, 20, 21, 66, 137, 143, 155, 163, 186, 187, 226, 229, 230, 232
unschätzbarem, 35, 49, 130, 157, 167, 231
unsere, 21, 137, 155, 232
unserer, 18, 105, 226
Unsicherheiten geprägt, 35
unter, 21, 130, 160, 170, 171, 175, 224

untergraben, 141, 163, 211, 218
unternahm, 11, 41
unternommen, 99
Unterschiede, 231
unterschiedliche, 82, 92, 102, 129, 166, 178, 225
unterschiedlichen Identitäten, 172, 197
unterschätzen, 77, 119
unterstützen, 20, 21, 48, 58, 104, 132, 153, 180, 183, 186, 193, 225, 226, 232
unterstützenden, 30, 45, 87, 118, 119, 122, 130, 216
Unterstützer müssen weiterhin, 225
Unterstützungsnetzwerke oft nicht, 183
untersuchen, 33, 45, 53, 72, 74, 77, 83, 95, 99, 108, 111, 117, 128, 135, 141, 143, 146, 149, 152, 161, 165, 174, 177, 191, 194, 198, 223, 229
untersucht, 11, 55
untrennbar, 105, 203, 210
unverzichtbarer Bestandteil von, 97
unverzichtbarer Faktor, 153
Unvollkommenheit Teil des menschlichen, 158
USA, 201

Vancouver, 191, 192, 210
veranschaulicht, 184, 197
veranstaltet, 98
Veranstaltungen, 191, 194, 200
Veranstaltungen geschehen, 226
Veranstaltungen nicht, 51
Veranstaltungen teilgenommen, 104
Veranstaltungen umfassen, 132

Veranstaltungen wie, 35
verantwortungsbewusst, 63, 64
verbessern, 17, 98, 106, 148
verbieten, 201
verbinden, 46, 52, 78, 81, 94, 110, 148, 167, 206, 217
verbindet, 2, 68
Verbindungen, 55, 64, 66, 103, 105, 129, 130, 137, 208, 230
verbreiten, 17, 63, 93, 101, 107, 149, 153, 158, 165, 168, 172, 173, 198, 232
Verbreitung von, 101, 195
Verbundenheit, 208
verdeutlichen, 11, 38, 42, 75, 95, 106, 111, 141, 175, 190, 201, 221
verdeutlicht, 5, 17, 52, 105, 110, 119, 137, 209, 230
verdient, 226
verfeinern, 48, 85, 157
verfeinerte, 46
verfolgt, 13, 214
Vergangenheit, 163
Vergangenheit kann, 80
Vergänglichkeit des Lebens, 155
Verhalten von, 26
Verknüpfung von, 215
verkörpert, 162, 196
verlassen, 87
verleiht, 74
verletzen, 143
Verlust dazu, 142
Verluste, 58
Verluste erlebt, 108
vermitteln, 40, 73, 74, 78, 83, 131, 170, 198, 224
vermittelt, 135, 137
vermittelte, 23

vernetzen, 11, 51, 83, 101, 129, 153, 177
Verpflichtung, 20
verringern, 30, 128, 195
verschiedene, 3, 11, 13, 14, 21, 22, 42, 58, 62, 65, 102, 103, 126, 130, 133, 142, 144, 149, 155, 158, 161, 168, 172, 181, 184, 186, 193, 198, 201, 227
Verschiedene Gruppen, 166, 178
verschiedenen, 6, 8, 18, 19, 23, 31–33, 37, 43, 46, 53, 57, 73, 79, 81, 83, 93–95, 104, 107, 109, 110, 128–130, 143, 152, 157, 168–170, 173, 174, 183–186, 191, 194, 198, 199, 205–207, 215, 219, 221, 222, 232
verschiedener, 5, 200
verschleiern, 176
verstehen, 5, 33, 120, 126, 128, 137, 141, 171, 184, 186, 208, 214, 215, 221, 227
Verstorbenen, 143
verstärken, 93, 94, 99, 120, 170, 216
verstärkt, 100, 108, 173, 222
versuchen, 78
Versuchen verarbeitet, 72
vertreten, 104, 116, 165
verwandeln, 6, 69, 73, 74, 109, 150
verwandelt, 85
verwendet, 73, 75, 79, 150, 182, 201
verwendete, 46
verwoben, 3, 62, 74, 161, 201, 203
Verwundbarkeit, 132
verwurzelt, 18, 19, 26, 46, 74, 77, 79, 137, 182, 223
verwurzelte, 60

verwurzelten, 141
verzerrt, 63, 216
Verzweiflung, 41
verändern, 3, 34, 53, 57, 89, 137, 151, 218–220
verändert, 59, 62, 99, 174, 176, 181, 182, 215, 232
Veränderung möglich ist, 20
Veränderungen, 55, 69, 77, 87, 97, 99, 129, 171, 191, 194, 206, 210, 212, 220, 221
Veränderungen als, 167
Veränderungen anzustoßen, 203
Veränderungen bewirken, 66, 95, 154, 155, 174
Veränderungen herbeizuführen, 17, 20, 29, 150, 187, 210
Veränderungen oft langsam, 157
Veränderungen sind, 107
Veränderungen verbunden, 88
Veränderungen voranzutreiben, 101, 103
Veröffentlichen, 85, 86
veröffentlichen, 16, 33, 68, 69
veröffentlichten, 69, 155
Veröffentlichung, 68, 87, 102
Viele, 130, 195
viele, 1, 2, 16, 19, 21, 22, 24, 26, 27, 30, 32–35, 37, 39, 40, 43, 57, 62, 66, 68, 73, 75, 78–80, 85, 86, 95, 97, 104, 110, 118–122, 125–128, 130–135, 141, 149, 151, 155, 166, 168, 183, 184, 186, 192, 200, 211, 214, 216, 217, 219, 222, 223, 225, 229, 230
Viele Leser, 221
Viele Schulen, 97
Viele Verlage, 85
Viele von, 195
vielen Fällen sind, 29
vielen Kulturen jedoch bleibt die, 182
vielen Ländern, 18
vielen Schulen wird das, 170
vielen seiner, 33, 131
vielen Städten gibt, 132
vieler, 17, 21, 41, 47, 67, 106, 152, 194, 212, 219, 221, 232
vielfältigen Kämpfe, 105
vielmehr, 204, 225
vielschichtig, 4, 111, 112, 196, 200, 215
vielschichtiger Prozess, 133
Vielzahl, 75
Vielzahl von, 1, 3, 16, 23, 35, 69, 72, 85, 147, 152, 159, 165, 167, 191, 195, 214, 227
Visionen, 82
voller, 28
vollständig, 26, 184
von, 1–8, 10–14, 16, 17, 19–37, 39–43, 45–53, 55–58, 60, 62–69, 71–83, 85–89, 91–99, 101–113, 115–126, 128–137, 139–149, 151–163, 165–178, 180–184, 186, 187, 190–198, 200–208, 210–212, 214–232
Von den, 11
Von ihren, 87
Von ihrer, 74
voneinander, 105, 117, 119, 129, 132, 133, 149
vor, 12, 16, 32, 43, 45, 75, 86, 92, 94, 99, 140, 162, 163,

166–169, 181, 186, 193, 195, 201, 205, 211, 222, 224, 226, 230
Vordergrund, 93, 191
Vordergrund stellt, 75
Vorfall, 140
Vorfälle sind, 140
vorgegebene, 27, 118
Vorgänger treten, 205
vorherrschen, 108, 117
vorherrschenden gesellschaftlichen, 118
vorschreibt, 120
Vorträge, 202, 214
Vorurteile gegenüber, 134
Vorurteilen geprägt, 17, 40, 49, 135, 153, 177
Vorurteilen konfrontiert, 48, 65, 116, 140
vorzustellen, 68, 79, 161, 175

wahre Identität leben, 212
wahre Identität zu, 118, 132, 211, 230
wahren, 130
Wahrheit, 130
Wahrheit leben, 133
Wahrnehmung, 63, 93, 182, 220
Wahrnehmung verzerren, 100
Wandels, 101, 154
war, 1, 12, 16, 17, 23–32, 35, 36, 38, 39, 41, 42, 45, 46, 49, 57, 65, 67, 68, 72, 75, 76, 80, 89, 108–110, 116, 130, 154–157, 197, 203, 204, 208, 218
waren, 1, 11, 12, 16, 24–27, 29–33, 35–37, 41, 43, 45–47, 67, 68, 72, 73, 89, 117, 129, 133, 153, 156
Wechsel der, 75
wechseln, 158
Wechselwirkungen zwischen, 62, 184, 185, 223
weder noch identifiziert, 115
Weg begegneten, 11
Weg oft mit, 132
wehren, 6, 141, 224
weiblich, 115
weil sie, 8
Weise, 1, 3, 34, 42, 45, 68, 71, 73–75, 77, 83, 93, 98, 140, 162, 165, 174, 176, 231
Weise behandelt, 170
weiter, 41, 43, 46, 87, 183, 228
weitere, 24, 136
weiteren Wendepunkt dar, 154
weiterentwickelt, 225
weiterer, 3, 31, 36, 42, 58, 68, 73, 74, 86, 106, 107, 119, 121, 154–156, 158, 172, 182, 192, 214
Weitergabe von, 34
weiterhin, 6, 123
weiterhin aktiv, 210
weiterhin bestehen, 225
weiterhin Einfluss auf, 12
weiterhin neue literarische, 191
weiterhin präsent, 194
weiterhin von, 79
weiterhin vor, 181
weiterhin zusammenarbeiten, 169
weiterzukämpfen, 93
welche Themen bei, 176
Welle von, 219
Welt, 33, 120
Welt geprägt, 203

Welt verbunden, 120
weltweit erheblich verändert, 181
weltweit kann, 207
weltweit konfrontiert, 183
Wendepunkt betrachtet, 155
Wendepunkte, 153
wenig, 121
weniger, 30, 48, 86, 152, 171
wenn es, 230
wenn man, 32
Wenn Menschen, 171
Wenn Menschen Geschichten von, 94
Wenn Menschen sehen, 212
Wenn Menschen sich, 174
werden, 2, 3, 5, 6, 8–13, 16, 17, 20, 21, 27–29, 32–35, 37, 40, 43, 45, 46, 49, 53, 57, 60, 64, 65, 68, 69, 72–74, 77–80, 82, 83, 86, 93–95, 97–101, 103–106, 108, 111, 112, 117, 118, 123, 124, 126, 128, 130, 135, 141, 143, 146, 149, 151–153, 155–161, 165, 167, 169, 172–175, 177, 181–186, 191, 193, 194, 198, 205–207, 214–217, 221–223, 225, 227–230
Werk, 8, 20, 115
Werken, 6, 72, 85, 150, 155, 203, 209, 228
Werken oft über, 127
Werken stellte eine, 155
Werkzeug, 63, 203
Wert, 35, 49, 130, 167, 231
Werte, 177
Werten geprägt, 23
Wertigkeit minderte, 30

wertvolle, 36, 62, 110, 117, 143, 146, 158, 168, 175, 189
wesentliche Komponente von, 83
wesentliche Rolle, 49, 133, 208
wesentlichen, 77, 95, 200
wesentlicher Bestandteil des Aktivismus, 151
wesentlicher Bestandteil des psychologischen, 211
wesentlicher Bestandteil ihres Einflusses, 214
wesentlicher Bestandteil von, 191
wesentlicher Faktor, 122
wesentlicher Wendepunkt, 156
westlichen, 182
Whitehorse, 1, 11, 23, 25, 27, 35, 37, 41, 54, 72, 116, 192, 203, 208
wichtig, 8, 9, 12, 17, 20, 21, 24, 27, 29–32, 35, 36, 40, 41, 43, 46, 48, 54, 58, 60, 64, 68, 74, 86, 87, 92, 105, 110, 116, 117, 120, 124, 126, 129, 131, 132, 135, 144, 145, 147, 149–151, 156–159, 166, 167, 171, 173, 178, 186, 192, 194, 197, 198, 200, 206, 208, 210, 215, 221, 222, 224–226, 229, 230, 232
wichtige gesellschaftliche, 51
wichtige Themen, 192
wichtigen, 2, 75, 81, 89, 110
wichtiger, 31, 36, 68, 73, 109, 119, 121, 137, 156, 158, 172, 192, 209, 218
wichtigsten, 13, 14, 60, 120, 156
widerspiegeln, 41, 95, 165, 217

widerspiegelt, 73, 76, 78, 87, 157, 182, 230
Widerspruch zu, 115, 209
Widerstands, 42
widriger, 73, 110, 223
Widrigkeiten, 133
wie, 1, 3, 5–7, 11, 12, 17, 19–21, 27, 29, 31–36, 39–43, 45–48, 51, 52, 58, 60, 62–64, 68, 69, 72–74, 77, 79, 85–87, 89, 92–95, 97–101, 103, 110, 116, 117, 120, 124, 128, 129, 131–137, 140, 141, 143, 145–157, 161, 162, 165, 168, 173–177, 181–186, 192, 194–202, 204, 205, 208–211, 214, 217–219, 221, 222, 224–227, 229–231
wieder, 20, 59, 73, 92, 124, 145, 149, 163, 186, 195, 221
wiederholte, 216
wiederkehrenden, 31
wiederum, 73, 170, 197
wir, 5, 10, 17, 20–22, 33, 35, 37, 38, 40, 45, 49, 53, 66, 72, 74, 77, 79, 81, 83, 95, 99, 103, 106, 108, 111, 117, 123, 128, 130, 135, 136, 141, 143, 146, 148, 149, 152, 153, 155, 159, 161, 163, 165, 167, 169, 171, 172, 174, 177, 184, 186, 187, 191, 194, 198, 205, 217, 219, 223, 226, 229, 230, 232
wird, 40
wird Resilienz oft als, 149
wird weiterhin als, 196

Wirkung von, 94, 111, 119
Wissen über, 172
wobei sie, 31
wodurch ihre, 200
Wohlbefinden, 122, 146, 148, 152, 159, 168, 173, 230
Wohlbefindens, 135, 146, 211
Wohlergehen, 225
wollte, 26
Wort, 20, 225
wurde, 1, 22–24, 27, 29, 31, 32, 36, 41–43, 45, 47, 54, 62, 64, 73, 93, 115, 116, 125, 136, 140, 154, 155, 184, 186, 193, 197, 200, 201, 204, 208, 225, 227
wurden, 16, 17, 21, 26, 31, 32, 48, 50, 72, 108
während, 20, 39, 43, 46, 52, 93, 179, 197, 209, 225
Während einige ihn bedingungslos akzeptierten, 121
Während einige Zuschauer von, 46
Während kulturelle Normen, 119
Wäldern, 31
Würde, 20
Würde leben kann, 187

Yukon, 1, 11, 23, 25, 27, 35, 37, 41, 72, 116, 192, 203, 208
Yukon-Region, 31

z, 31, 48, 92, 201, 214
Zahl von, 21
zahlreiche, 69, 99, 124, 136, 160, 170, 183, 201, 222
zahlreichen Kampagnen, 193
zeichnen, 13, 15

Index

zeigen, 12, 16, 19, 30, 38, 41, 42, 48, 51, 80, 103, 117, 118, 124, 128, 156, 158, 168, 171, 182, 186, 192, 194, 208, 210, 221, 225, 226
zeigt, 33, 226
zeigt ihre, 76
zeigt seine, 132
zeigt sich, 16, 34, 87, 171
zeigte sich, 31
Zeit braucht, 136
Zeiten, 171, 208, 218
Zeiten des Misserfolgs, 156
Zeitungen, 62
zentral, 1, 161, 195
zentrale, 3, 12, 13, 29, 81, 93, 95, 110, 117, 135, 139, 143, 163, 177, 198, 201, 202, 207, 227
zentraler, 30, 31, 37, 42, 51, 64, 79, 81, 91, 115, 125, 132, 149, 153, 154, 156, 158, 163, 165, 170, 180, 203, 208
zentrales Konzept, 210
zentrales Motiv, 40
Ziele, 60, 151, 158, 161, 177, 178, 186
Ziele verbunden, 225
Ziele verfolgen, 173
Zielen, 161
zielen darauf ab, 170
Zielgruppe, 8, 10, 176
zitiert, 199
zu, 2–11, 13–17, 20, 21, 24–48, 51–53, 55–60, 62–64, 66–69, 71–83, 85–87, 89, 91–95, 97–112, 115–122, 124–137, 140–159, 161–163, 165–178, 180–186, 189–212, 214–232
Zudem, 206
Zugehörigkeit, 189
Zugehörigkeit konfrontiert, 54
Zugehörigkeit oder, 186, 227
Zugehörigkeitsgefühl, 193
zugewiesen wurde, 115
zugänglich, 67, 76, 231
zugänglicher, 151
Zuhause aufzuwachsen, 29
Zuhörer, 79, 106
Zuhörer dazu, 80
zukünftige Generationen, 112
zum, 3, 12, 20, 29, 44, 46, 59, 64, 67, 74, 78, 85, 89, 116, 142, 143, 163, 205, 218, 224
Zunahme von, 171, 205
zunehmenden, 168
zunächst, 43, 46
zur, 2, 3, 6, 8, 11–14, 20–22, 25–27, 29, 31, 34, 46, 64, 67, 74, 77, 78, 85, 89, 93, 94, 99–102, 112, 119, 122, 126, 131–133, 135, 136, 141–143, 146, 148–151, 154, 156–158, 161–163, 168–171, 175, 178, 182, 183, 187, 190, 197, 198, 203–206, 208, 210, 214, 217, 218, 221, 225–227, 229–232
zurückzog, 142
zurückzuziehen, 204
zusammen, 7, 8, 13, 161
Zusammenarbeit, 81, 95–97, 102, 104, 149, 167, 168, 174, 183, 186
Zusammenfassend lässt sich, 2, 6,

10, 25, 28, 47, 53, 57, 62, 64, 71, 74, 76, 78, 81, 83, 85, 97, 98, 103, 105, 107, 112, 121, 130, 151, 158, 163, 169, 171, 176, 178, 185, 194, 200, 202, 204, 221, 226, 228
Zusammenhalt einer, 20
Zusätzlich können, 102
zwar liebevoll, 26
zwischen, 2, 6, 7, 20, 24, 46, 62, 73, 75, 79, 103–105, 116, 120, 130, 144, 168, 183–186, 201, 206, 207, 210, 215, 219, 222, 223
zählt, 53

Ängsten, 121
Émile Durkheim und, 225
Übergang von, 154, 155
Überleben, 8
Überlegungen geprägt, 85
Überschneidungen von, 168, 183, 186
ähnlichen, 24, 30, 33, 37, 49, 95, 118, 163, 219
ältere, 167
äußern, 92, 118, 140, 168, 199

öffentliche, 2, 58, 94, 100, 175, 182, 191, 198
öffentlichen, 62, 63, 81, 99, 116, 140, 147, 150, 154, 163, 198–200, 222
öffentlicher, 154
ökologische, 105
üben, 136
über, 1, 2, 4–8, 11–13, 16, 17, 21, 26, 32, 34, 36, 41, 42, 46, 47, 52, 54, 56, 58, 62–64, 69, 72, 74, 76, 77, 79, 80, 82, 86, 87, 97–102, 107–110, 112, 117, 120, 121, 124, 125, 127, 129, 130, 133–137, 140–143, 148, 149, 151, 155, 156, 161, 163, 168, 170–172, 175, 177, 179, 182, 190–194, 198, 200, 202–210, 212–216, 218, 219, 221, 222, 231
überall, 207
überdenken musste, 46
übernimmt, 222
überprüft, 151
übersehen oder, 40
übersehener Aspekt nachhaltigen, 173